ulmer

Matthias Loidl

BROT BACKEN MIT DEN JAHRESZEITEN

Über 80 Rezepte mit saisonalen Zutaten aus Garten und Natur

Matthias Loidl

BROT BACKEN MIT DEN JAHRESZEITEN

Über 80 Rezepte mit saisonalen Zutaten aus Garten und Natur

INHALT

Frühlingskräuter dominieren dieses Kapitel, doch auch erste Blüten wie Löwenzahn und Holunder verbacken wir, junges Gemüse wie Hopfensprossen und grünen Spargel. Frische Fichtentriebe oder Birkenlaub dürfen hier ebenfalls nicht fehlen.

Zahlreiche Gemüse wie Tomaten, Paprika, Spinat, Karotten oder Zucchini, Beeren und Früchte wie Heidelbeeren, Brombeeren und Johannisbeeren, Zwetschgen oder Kriechen-Pflaumen – all dies setzen wir sinn- und geschmackvoll zum Backen ein.

Wir verbacken nicht nur Nüsse, darunter Bucheckern und Eicheln, sondern bedienen uns einer nahezu unerschöpflichen Vielfalt an Zutaten: Wilde Hagebutten, Vogelbeeren, verschiedene Obstsorten, Salatpflanzen, außerdem Pilze, Mais und Kürbisse.

Im Winter backen wir nicht nur mit Herbst- und Wintergemüse wie Kraut und Rüben, sondern auch mit Zutaten, welche wir bereits im Sommer oder Herbst konserviert haben, darunter schwarze Nüsse, fermentierter Knoblauch oder Essiggurken.

Dieses Kapitel enthält Gebäcke, kleine Snacks und Knabbergebäck, welche besonders gut für Partys, Buffets oder als Mitbringsel und Geschenke geeignet sind. Hierbei verwenden wir Zutaten aus dem gesamten Jahreslauf.

Ein kleines Kochbuch im Backbuch – hier finden Sie vielerlei Rezepte, welche nicht nur zum Backen geeignet sind. Manches aus diesem Kapitel werden Sie sicher gerne auch pur genießen oder für andere Gerichte einsetzen.

LIEBE LESERIN, LIEBER LESER,

meines Wissens ist dies das erste Backbuch, welches ausschließlich Rezepte für Brote und Kleingebäck enthält, die neben den Grundzutaten wie Mehl, Wasser, Salz und Sauerteig auch Zutaten enthalten, welche wir in der freien Natur sammeln oder in unserem Garten selbst anbauen können. Diese können ein Brot zu etwas ganz Besonderem, zu einer Delikatesse machen.

Möchten Sie erfahren, wie sich dieses spezielle Backthema bei mir im Laufe vieler Jahre entwickelt hat? Haben Sie Lust, eine kleine Reise durch meine persönliche Backgeschichte anzutreten? Wir beginnen in der Gegenwart und tauchen dann immer weiter in die Vergangenheit ein.

2021
In diesem Jahr – zugleich dem Ersterscheinungsjahr dieses Buches – feiern wir das zehnjährige Bestehen unseres traditionellen Brotbackhauses. Darin backen wir jeden zweiten Samstag größere Mengen Brot für unsere Nachbarn und Freunde, nach meinen eigenen Rezepten, welche zum Teil Eingang in dieses Buch gefunden haben. Rund zehntausend Laibe dürften wir in der Zeit aus dem Backhaus geholt haben, und der Duft frischer, knuspriger Brote zieht an den Backtagen durch die Straße und somit auch die Nachbarn an.

2016
Anfangs habe ich meine Brote verschenkt und bekam Gegengeschenke: Salat und Gemüse aus Eigenanbau, Hühnereier, Selbstgeräuchertes, Brennholz, Kuchen, einen Tisch und Sitzbänke, die mir mein Nachbar Heinz aus altem Holz für den Backhausvorraum maßgeschreinert hat, und Hans hat für das Backhaus die Rauchabzugsklappen und einen Aschebehälter angefertigt. Verkaufen durfte ich die Backwaren als nicht gelernter Bäcker ja nicht. Also beantrage ich eine Sondergenehmigung, büffle Fachliteratur und lege vor der Bäckerinnung eine Prüfung ab – und bin plötzlich wieder ein kleiner Schüler mit Prüfungsangst und nassen Händen. Doch es hat sich gelohnt: Seitdem bin ich in die Handwerksrolle für das Bäckerhandwerk eingetragen und habe somit als einer von wenigen Autodidakten in Deutschland alle Rechte eines Bäckermeisters.

2010
Grundsteinlegung für das Backhaus. Eine riesige Leserschaft aus dem deutschsprachigen Raum verfolgt über ein Jahr lang meine „Live-Berichterstattung“ im Internet, vom ersten Spatenstich bis zum ersten Brot. Mein Nachbar Wast bringt mir bei, wie man Mörtel anrührt, Wände aus Granitbruchsteinen hochzieht und Holz bearbeitet.

Ofenbauer Bernd erklärt mir, wie man einen Backraum mauert, die Rauchabzüge konzipiert und wie hoch der Schornstein sein muss. Mein damals noch 15jähriger Nachbarsfreund Daniel hilft monatelang mit, auch bei der Materialbeschaffung. Wir holen mehrere hundert Jahre alte Vollziegel und Holzbalken von Abbruchhäusern, Bruchsteine von den Granithalden der Innwerke – natürlich immer mit Erlaubnis und meist mit Broten als Gegengeschenke. Denn ich hatte mir in den Kopf gesetzt, nicht mehr als 1000 Euro für das Backhaus auszugeben, was zwar nicht ganz, aber doch annähernd gelungen ist.

1999

Einige Jahre lang hatte ich nicht mehr gebacken, dann steht eines Tages meine liebe Nachbarin Annemarie vor der Tür. Sie dürfe aus gesundheitlichen Gründen keine Bäckerhefe mehr essen, ich habe doch früher gebacken, aber ihre Versuche, Sauerteig zu züchten, wollen einfach nicht gelingen. Selbstverständlich ziehe ich ihr schnell mal einen Sauerteig heran, und schon bin ich wieder im Backfieber, behalte einen Teil des Anstellguts für mich, und es folgen viele Jahre, in denen Annemarie für ihre Familie backt und ich für meine Familie am Ofen stehe. Beinahe täglich bringen wir uns gegenseitig Brotscheiben zum Testen über die Straße. Es folgt eine Phase, in der ich neue Rezepte und Backtechniken ausprobiere, eigene Rezepte entwickle und dabei viel dazulerne. Und das Ende vom Lied? Es ist noch lange nicht beendet. Denn seit Bestehen des Backhauses bestreiten Annemarie und ich alle Backtage, es dürften mittlerweile etwa 250 gewesen sein, stets gemeinsam.

1978

Im Alter von 15 Jahren backe ich mein erstes Brot, dann jeden Samstag einen riesigen Laib nach dem immer gleichen und erprobten Rezept. Der Laib passte gerade eben in den Backofen und hat der Familie eine Woche lang gereicht. Damals kamen die ersten Bioläden auf, wir hatten lange Haare, waren aufsässig und sind nur mit Jutetaschen zum Einkaufen gegangen, so auch zum „Körndl-Eck". Dort habe ich das Getreide immer frisch mahlen lassen. Aus heutiger Sicht betrachtet, waren die Brote vermutlich ziemlich ungenießbar, aber immerhin habe ich damals nur mit Sauerteig und ohne Bäckerhefe gebacken. Den etwas zu säuerlichen Geschmack der Brote habe ich heute noch im Mund.

1969

Fast jedes Wochenende fahren wir zu Oma und Opa und kommen stets mit einem riesigen Korb voller Obst und Gemüse aus dem Bauerngarten nach Hause. Unsere Oma hat exorbitante Mengen zu Marmelade verarbeitet oder eingeweckt. Da reihten sich hunderte Gläser im feuchten Keller des 450 Jahre alten Bauernhauses. Aus

Spitzwegerich wurde Hustensirup gekocht, und natürlich wurden Kräuter und Blüten für Tee gesammelt. Nur Brot gebacken hat meine Oma nie. Damals als Kind begann ich bereits, die Schätze der Natur kennenzulernen. Wir sammelten Kräuter, Pilze und Beeren im Wald und auf den Wiesen, und wir lernten, gute von giftigen Beeren und Pilzen zu unterscheiden.

1942

Mein Vater erzählt, dass er und seine Kameraden im Krieg Eicheln und Bucheckern sammeln und abgeben mussten. Dafür bekamen sie eine Belobigung und manchmal sogar schulfrei. Aus den Bucheckern wurde Öl gepresst, oder sie wurden einfach so gegessen oder verbacken. Aus den Eicheln wurde Ersatzkaffee hergestellt oder sie wurden ebenfalls verbacken. Man hat mit Eicheln und Bucheckern den Brotteig gestreckt, weil Mehl Mangelware war und die Baumfrüchte kostenlos. Bis auf die Arbeitszeit, aber die war ja damals auch nichts wert. Naja, es gab immerhin schulfrei, das ist auch heute noch viel wert.

1936

Strömt etwa Bäckerblut durch meine Adern? Mein Großonkel Josef und seine Frau Therese übernehmen in Surheim eine Bäckerei, welche erstmals etwa im Jahr 1500 – damals noch als Gasthaus – urkundlich erwähnt wurde. In Kriegszeiten behielt Onkel Josef immer wieder Brotmarken zurück und schenkte sie, anstatt sie beim Amt abzugeben, seiner notleidenden Verwandtschaft. Die Bäckerei existiert heute noch, wird mittlerweile in dritter Generation von Michael und Barbara Wahlich (geb. Loidl) als Biobäckerei betrieben. Erst 2019 erfuhr ich durch eine Reihe von Zufällen davon, und es war sehr aufregend und schön, diese Bäckerei zu besuchen und meine Verwandtschaft kennenzulernen.

2021

Zurück in die Gegenwart. Sie wäre in ihrer jetzigen Form undenkbar ohne einen Blick in die Vergangenheit, ohne all die Erinnerungen und Erfahrungen, die wir gesammelt haben oder die von unseren Vorfahren an uns weitergegeben wurden. Streifzüge durch Garten und Natur, die ständige Ausschau nach Ess- und Verwertbarem, dies in Verbindung mit dem Backen, haben sich zu Hobby und Leidenschaft entwickelt, zu einer nahezu obsessiven Experimentierfreude. So ist dieses Buch entstanden.

Heute sind wir in der glücklichen Lage, keinen Brotteig mehr mit „Fremdzutaten“ strecken zu müssen. Was aber früher in Notzeiten geboren wurde, kann heute zu einer Delikatesse werden, zu einem ganz besonderen Brot oder zu geschmackvollen Brötchen. In diesem Buch finden Sie aufgrund der teils recht ausgefallenen Zutaten ein großes

Spektrum vieler verschiedener Aromen und auch Gebäckfarben. Darüber hinaus sind viele dieser Schätze aus Garten und Natur sehr gesund.

Die meisten Zutaten kann man im eigenen Garten anbauen oder in Wald und Wiesen sammeln, aber natürlich auch auf dem Markt oder in Onlineshops kaufen. Hierbei habe ich Wert darauf gelegt, dass überwiegend regionale, also im deutschsprachigen Raum wachsende Zutaten verwendet werden, dagegen solche, die bei uns nicht gedeihen – wie Mandeln, Pistazien, Oliven oder Zitronen – die Ausnahme bleiben, jedoch jederzeit verfügbar sind. Ebenso habe ich nur Mehlsorten verwendet, welche aus heimischem Korn gemahlen werden.

Bei der Entwicklung der Rezepte war mir besonders daran gelegen, dass möglichst viel Geschmack der Extrazutaten auch nach dem Backen erhalten bleibt. So setze ich gerne Säfte oder Pürees statt des Schüttwassers ein. Manche Früchte und Gemüse werden stark eingekocht oder gedarrt, um Geschmack und Farbe zu intensivieren. Dies bedeutet Arbeit und mitunter einen recht hohen Materialeinsatz. Im Backergebnis werden Sie aber einen großen Unterschied feststellen, welcher etwa vergleichbar ist mit dem zwischen Industriebrötchen und Bäckersemmeln oder gar selbstgebackenen Brötchen.

Die Rezepte sind nach unseren vier Jahreszeiten sortiert, was bei vielen Gebäcken intuitiv erfolgt ist. So sind die meisten Wildkräuterrezepte im Frühlingskapitel enthalten, obwohl viele Kräuter auch noch im Sommer oder Herbst gesammelt werden können. Ebenso verhält es sich mit zahlreichen Beeren, Früchten und Gemüsen, deren Ernte sich ebenfalls manchmal über mehrere Jahreszeiten erstrecken kann. Im Winterkapitel backen wir mit Zutaten, welche im Winter geerntet werden oder solchen, die zwar bereits im Herbst Saison haben, doch sehr gut lagerfähig sind, somit zu den klassischen Wintergemüsen zählen. Im fünften Kapitel finden Sie Snacks und Knabbergebäck, darunter einige Rezepte in mehreren Varianten, für welche Sie je nach Jahreszeit Frühlings-, Sommer- oder Herbstzutaten verwenden können.

Die Sortierung innerhalb der Kapitel erfolgte ebenfalls intuitiv und weder chronologisch nach Erntezeit noch nach Gebäckgröße. Denn dieses Buch soll auch zum Blättern, Schmökern und Entdecken einladen.

Nicht jeder Landwirt isst, was er nicht kennt. Sie und Ihre Gäste und Freunde vermutlich auch nicht. Tasten Sie sich vorsichtig oder auch mutig an die Rezepte in diesem Buch heran und entscheiden Sie, welches Brot als Pausenbrot für Ihre Kinder geeignet ist und welches eher für einen besonderen Anlass.

Dieses Backbuch soll keine reine Rezeptsammlung sein, sondern auch als Anregung dienen, kreativ neue Dinge auszuprobieren. Dabei wird nicht jedes Gebäck auf Anhieb zur vollen Zufriedenheit gelingen. Doch je weiter Sie sich vorwagen, je ungewöhnlichere Zutaten Sie verbacken, desto größere Erfahrung sammeln Sie.

Ein wenig Erfahrung, ein gutes Gespür für den Teig und dessen Konsistenz sind auch für manches Rezept in diesem Buch notwendig. So kann mal ein Teig etwas zu fest oder etwas zu weich geraten, je nach Wassergehalt der besonderen Zutaten aus Garten und Natur. Ist ein Teig zu fest, fügen Sie einfach noch etwas Flüssigkeit hinzu. Ist er zu weich, mischen Sie schrittweise ein wenig Mehl oder Flohsamenschalen darunter, um Flüssigkeit zu binden. Die Dauer der Stückgare hängt natürlich sehr stark von der Umgebungstemperatur ab und die Backzeit von Ihrem Ofen.

Nahezu alle Rezepte habe ich für Sie auf etwa 1 Kilogramm Fertiggewicht, also dem Gewicht nach dem Backen, umgerechnet. So können Sie leichter planen, wenn Sie größere oder kleinere Mengen zubereiten möchten.

Bei manchen Rezepten backe ich lieber zwei kleinere

Laibe als einen großen. Es sind meist Brote mit solch einem außergewöhnlichen Geschmack, dass man davon eher kleinere Mengen auf einmal benötigt. Den zweiten Laib friere ich für einen späteren Anlass ein. Dies kann auch bei Broten mit einem hohen Anteil an Obst und Gemüse sinnvoll sein, da diese – bei ungünstigen Witterungs- oder Lagerbedingungen – eher zu Schimmelbildung neigen.

Um Ihnen die Planung weiterhin zu erleichtern, habe ich die Zutaten in der Reihenfolge aufgelistet, in der Sie diese verarbeiten sollten, außerdem, welche Arbeitsschritte an welchem Tag notwendig sind. Sauerteige, Vorteige, Quell- und Brühstücke müssen bekanntlich immer am Vortag angesetzt werden, doch manche Vorbereitungen, welche ich persönlich lieber bereits am Abend tätige, können Sie selbstverständlich auch erst am Backtag ausführen.

Damit Sie einen schnellen Überblick über den Zeitbedarf erhalten, habe ich bei jedem Rezept zunächst die gesamte Zubereitungszeit angegeben, also vom ersten Arbeitsschritt bis zum fertigen Gebäck einschließlich aller Geh- und Ruhezeiten. Es folgt dann die reine (Netto-) Arbeitszeit, aufgeteilt auf die einzelnen Tage. Dies sind nur ungefähre Angaben, es hängt von der Arbeitsgeschwindigkeit ab und ob man die Zutaten bereits fertig abgewogen vorbereitet hat. Die Dauer der Teiggare soll Sie auf einen Blick informieren, ob es sich eher um ein Rezept mit kurzer, langer oder sogar sehr langer Teigführung handelt. Diese beginnt mit dem Anrühren der Vorteige und endet mit dem Einschießen in den Ofen, einschließlich aller währenddessen erfolgender Arbeitsschritte, da der Teig in dieser Zeit ja ebenfalls reift. Abschließend wird – als Richtlinie – die Backzeit angegeben.

Nun wünsche ich Ihnen viel Freude und Erfolg beim Backen und, so Sie wollen, beim Ausleben Ihrer Kreativität sowie beim Ernten und Sammeln von Zutaten – und vielleicht auch der einen oder anderen für Sie neuen Entdeckung in der Natur.

HERZLICH
IHR MATTHIAS LOIDL

FRÜHLING

SOBALD der letzte Schnee an den glucksenden Quellbächen in den Auwäldern geschmolzen ist, fragen meine Nachbarn, wann ich endlich wieder Bärlauchbrot backe – der Auftakt zur Kräutersaison. Diese dominieren das Frühlingskapitel, doch auch erste Blüten wie Löwenzahn und Holunder verbacken wir, junges Gemüse wie Hopfensprossen und grünen Spargel. Ausgefallenere, sehr aromatische Zutaten wie die jungen Triebe von Koniferen und Birkenlaub dürfen in diesem Kapitel nicht fehlen.

SPARGEL-ERDBEER-BROT

Ein sehr saftiges, wahres Wonnemonatsbrot. Die leichten Bitteraromen des Spargels und die Süße und Säure der Erdbeeren harmonieren hervorragend. Der Spargel wird nur sehr kurz blanchiert. Wenn Sie die Bitterstoffe von Spargel mögen, können Sie das Kochwasser für den Hefevorteig verwenden. Statt Wasser kommen in den Teig pürierte Erdbeeren und als kleiner Geschmacksakzent Erdbeerchips. Das Brot passt besonders gut zu Käse.

Zubereitungszeit: 19 ½ Stunden
Arbeitszeit Vortag: 20 Minuten
Arbeitszeit Backtag: 40 Minuten
Teiggare: 18 ½ Stunden
Backzeit: 50 + 5–10 Minuten

Für 2 Laibe à 500 g

Spargel
200 g Wasser
1 Prise Salz
1 Prise Zucker
500 g (netto 400 g) grüner Spargel

Sauerteig
65 g Wasser, lauwarm
7 g Anstellgut (Roggen)
65 g Roggenmehl 1370

Vorteig
140 g Wasser, lauwarm (oder Spargelwasser)
1 g Frischhefe
195 g Weizenmehl 1050

Erdbeeren
180–200 g (netto 160 g) Erdbeeren
30–40 g Erdbeerchips (Seite 187)

Hauptteig
Sauerteig
Vorteig
160 g Erdbeerpüree
11 g Salz
7 g Frischhefe
190 g Weizenmehl 550
30–40 g Erdbeerchips
Spargelstücke

Tag 1

SPARGEL

Etwa 200 g Wasser mit jeweils einer Prise Salz und Zucker zum Kochen bringen. 500 g grünen Spargel waschen, die Stielenden abschneiden und, falls nötig, im unteren Bereich schälen. In kleine Stücke (5–10 mm) schneiden. Den Spargel ins sprudelnd kochende Wasser geben. Abgedeckt kurz aufwallen lassen, dann maximal 1–2 Minuten kochen. Sofort in ein Sieb abgießen, dabei gegebenenfalls das Wasser für den Vorteig auffangen. Den Spargel sofort mit kaltem Wasser abschrecken, sehr gut abtropfen lassen und abgedeckt über Nacht kühlstellen.

SAUERTEIG

Wasser, Mehl und Anstellgut vermengen und abgedeckt 16 Stunden bei Raumtemperatur reifen lassen.

VORTEIG

140 g Wasser oder aufgefangenes Spargelkochwasser mit Mehl und Hefe verkneten. Abgedeckt 2 Stunden bei Raumtemperatur anspringen lassen und dann 14 Stunden in den Kühlschrank stellen.

Tag 2

VORBEREITUNGEN

Den Stielansatz von 180–200 g Erdbeeren entfernen und die Erdbeeren in der Küchenmaschine oder mit dem Pürierstab fein pürieren. Es sollten etwa 160 g Püree übrig bleiben. Die Erdbeerchips in kleinere Stücke schneiden.

HAUPTTEIG

Alle Zutaten bis auf den Spargel 4 Minuten langsam, dann 6 Minuten schnell kneten. Zum Schluss die Spargelstückchen im Langsamgang, besser von Hand, unterkneten. Den Teig 45 Minuten abgedeckt bei Zimmertemperatur oder wärmer ruhen lassen.

Den Teig teilen und zu 2 Laiben wirken. Mit etwas Mehl einpudern und mit dem Schluss nach unten in kleine Gärkörbe legen. 60 Minuten bei Raumtemperatur gehen lassen.

Die Laibe auf ein Backblech oder Schießholz stürzen, in den auf 250 °C (Ober-/ Unterhitze) vorgeheizten Ofen einschießen und schwaden. 15 Minuten anbacken.

Dann die Temperatur auf 190 °C herunterschalten und die Brote 35 Minuten fertig backen. Dabei ab und zu die Ofentür öffnen, um überschüssigen Wasserdampf zu entlassen. Noch 5–10 Minuten im ausgeschalteten, leicht geöffneten Ofen nachziehen lassen.

Variante

50 g geriebenen Parmesan und/oder 100–150 g gewürfelten Kochschinken in den Teig geben.

GREMOLATA-BRÖTCHEN

Gremolata in seiner klassischen Form enthält nur drei Zutaten. Das Zusammenspiel der Aromen von Petersilie, Zitronenschale und Knoblauch harmoniert so vorzüglich, dass man von einer Geschmacksexplosion sprechen kann. Diese Kräuter-Würzmischung stammt aus der lombardischen Küche und wird traditionell zu Ossobuco gegessen. Wir verwenden für diese netten kleinen Brötchen eine Würzpaste nach Gremolata-Art. Sie schmecken sommerlich-frisch mit dem dezent-säuerlichen Geschmack aus der Lombardei.

Zubereitungszeit: 41 Stunden
Arbeitszeit Vortag: 10 Minuten
Arbeitszeit Teigzubereitung: 25 Minuten
Arbeitszeit Backtag: 20 Minuten
Teiggare: 40 ¾ Stunden
Backzeit: 20 Minuten

Für 20 Brötchen à 50 g = 1 kg

Vorteig
200 g Wasser, lauwarm
0,2 g Frischhefe
200 g Weizenmehl 550

Mehlkochstück
130 g Wasser, kalt
14 g Salz
25 g Weizenmehl 550

Hauptteig
Vorteig
Mehlkochstück
140 g Joghurt, griechische Art (Seite 200)
3 g Frischhefe
10 g Ahorn- oder Birkensirup (Seite 198)
390 g Weizenmehl 550
100 g Gremolata-Paste (Seite 189)
1 Bund Petersilie

Außerdem
Sesamsaat, Kürbiskerne o.a. zum Bestreuen

Tag 1

VORTEIG

Die Zutaten vermengen und abgedeckt 16 Stunden bei Raumtemperatur stehen lassen.

MEHLKOCHSTÜCK

130 g kaltes Wasser in einen Topf geben und 14 g Salz sowie 25 g Weizenmehl 550 mit einem Schneebesen klümpchenfrei einrühren, kurz aufkochen lassen, den Topf von der Herdplatte ziehen und 1–2 Minuten weiterrühren. Abgedeckt über Nacht abkühlen lassen.

Tag 2

HAUPTTEIG

Alle Zutaten bis auf die Gremolata-Paste und die Petersilie in den Teigkessel geben. 4 Minuten langsam, dann 8 Minuten schnell kneten. Währenddessen die Petersilie von den Stängeln zupfen und gegebenenfalls grob hacken.

Nun teelöffelweise die Gremolata-Paste unterkneten, zum Schluss die Petersilie. Das dauert etwa 2–3 Minuten. Den Teig 60 Minuten abgedeckt ruhen lassen. Nach jeweils 30 und 60 Minuten den Teig dehnen und falten, dann abgedeckt für 22 Stunden im Kühlschrank parken.

Tag 3

Mit der Teigkarte 20 Teiglinge (à ca. 60 g) abstechen, zu Brötchen schleifen und mit dem Schluss nach oben auf ein mit Backpapier belegtes oder mit Backtrennspray besprühtes Backblech legen. Die Brötchen mit Wasser einsprühen und mit Sesamsaat, grob gehackten Kürbiskernen oder anderen Saaten nach Belieben bestreuen. Abgedeckt 60 Minuten bei Raumtemperatur ruhen lassen.

Das Blech auf die mittlere Schiene des auf 250 °C (Ober-/Unterhitze) vorgeheizten Ofens schieben und kräftig schwaden.

Nach 5 Minuten Backzeit den Dampf ablassen und den Ofen auf 220 °C herunterschalten. Etwa 17 Minuten fertig backen, bis die Brötchen die gewünschte Goldbräune erreicht haben.

BÄRLAUCHBROT

Von einigen Bäckern habe ich gehört, dass sie für Bärlauchbrot getrockneten Bärlauch verwenden, doch dieser hat den Großteil seines Aromas bereits eingebüßt. Wir dagegen verwenden Bärlauch-Paste – meiner Meinung nach die beste Methode, Bärlauch schonend zu verarbeiten und sämtliche Aromastoffe zu bewahren. In Verbindung mit einem Weizenmischteig ergibt sich ein leicht grünes, knuspriges Brot mit einem deutlichen, aber nicht zu intensiven Bärlauchgeschmack.

Zubereitungszeit: 17 ¼ Stunden
Arbeitszeit Vortag: 10 Minuten
Arbeitszeit Backtag: 20 Minuten
Teiggare: 16 ¼ Stunden
Backzeit: 60 Minuten

Für 1 kg Brot

Sauerteig
100 g Roggenmehl 1370
10 g Anstellgut (Roggen)
100 g Wasser, lauwarm

Vorteig
200 g Weizenmehl 1050
2 g Frischhefe
200 g Wasser, lauwarm

Hauptteig
130 g Wasser, lauwarm
9 g Salz
65 g Bärlauchpaste (Seite 186)
7 g Frischhefe
Sauerteig
Vorteig
100 g Roggenmehl 997
150 g Weizenmehl 1050
100 g Weizenmehl 550

Tag 1

SAUERTEIG

Die Zutaten vermischen und abgedeckt bei Raumtemperatur (besser wärmer) 14 Stunden gären lassen.

VORTEIG

Die Zutaten ebenfalls vermischen, abgedeckt 2 Stunden bei Raumtemperatur gehen lassen, dann für 12 Stunden in den Kühlschrank zur Reife stellen.

Tag 2

HAUPTTEIG

Das Wasser in den Teigkessel geben, Salz, Bärlauchpaste und Hefe darin auflösen. Dann die übrigen Zutaten dazugeben. 12 Minuten langsam, dann 2 Minuten schnell kneten. Es schließen sich 30 Minuten Teigruhe an, dabei den Teig abdecken. Nach 15 Minuten den Teig dehnen und falten.

Zu einem Laib wirken und mit dem Schluss nach unten in einen Gärkorb legen. 60 Minuten abgedeckt gehen lassen.

Das Brot auf ein Backblech oder Schießholz stürzen und in den auf 250 °C (Ober-/Unterhitze) vorgeheizten Ofen einschießen und schwaden.

Nach 15 Minuten die Temperatur auf 200 °C herunterschalten und das Brot 45 Minuten fertig backen.

Tipp: Wenn Sie statt der Paste lieber frischen Bärlauch verarbeiten möchten, so pürieren Sie 45–50 g frische Bärlauchblätter, geben 15 g Speiseöl mit in den Teig und erhöhen den Salzgehalt auf 13,5 g. Sie können auch zusätzlich frische Bärlauchblätter in Streifen schneiden und unterkneten.

FRÜHLINGSZWIEBELBROT

Dieses Rezept und die Verarbeitung sind an Brote im sogenannten „Tampa-Style“ angelehnt. Dazu zählt ein recht hoher Gehalt an Butterschmalz (im Original Schweineschmalz) und dass auf die Teiglinge Frühlingszwiebelstängel (im Original Palmblätter) gelegt werden, damit die Brote an den gewünschten Stellen aufreißen. Das Brot eignet sich besonders gut für launige Grillabende: Brotscheiben mit Butter bestreichen oder mit Olivenöl beträufeln und kurz auf dem Grill anrösten.

Zubereitungszeit: 18 Stunden
Arbeitszeit Vortag: 5 Minuten
Arbeitszeit Backtag: 60 Minuten
Teiggare: 17 ½ Stunden
Backzeit: 30 Minuten

Für 4 Brote à 250 g = 1 kg

Vorteig
85 g Wasser, lauwarm
1 g Frischhefe
85 g Weizenmehl 1050

Frühlingszwiebeln/Knoblauch
2 Bund Frühlingszwiebeln
2–4 Knoblauchzehen, je nach Größe
50 g Butterschmalz
1 Prise Salz für das Kochwasser

Hauptteig
Vorteig
340 g Wasser
13 g Salz
15 g brauner Zucker
12 g Frischhefe
625 g Weizenmehl 550
Frühlingszwiebeln
Knoblauch

Außerdem
etwas Speiseöl

Tag 1

VORTEIG

Die Zutaten gut vermischen und abgedeckt 1 Stunde bei Raumtemperatur anspringen lassen, dann für 13 Stunden in den Kühlschrank stellen.

Tag 2

VORBEREITUNGEN

Knoblauch schälen und in kleine Würfel schneiden. Die Frühlingszwiebeln waschen und trockentupfen, die Wurzeln entfernen und die Zwiebelchen von den Stängeln schneiden. Inzwischen das Butterschmalz in einer Pfanne erhitzen. Die Zwiebelchen in dünne Scheiben schneiden und im Schmalz leicht goldbraun anbraten, zum Schluss den Knoblauch dazugeben. Abkühlen lassen.

Etwas Wasser mit einer Prise Salz in einem Topf erhitzen. Eine Schüssel mit möglichst kaltem Wasser (gegebenenfalls einige Eiswürfel dazugeben) bereitstellen. 8 schöne Stängel zur Seite legen, mit denen wir später die Brote bestücken. Die übrigen Frühlingszwiebelstängel in Ringe schneiden und 1 Minute im sprudelnd kochenden Wasser blanchieren, abschöpfen und ins Eiswasser geben, damit sie ihren frischen Farbton behalten. Nach 1–2 Minuten in ein Sieb abschütten und gut abtropfen lassen.

HAUPTTEIG

Alle Zutaten bis auf die Frühlingszwiebeln und den Knoblauch in den Teigkessel geben und 4 Minuten langsam, dann 4 Minuten schnell kneten. Dann die Frühlingszwiebeln und Knoblauch mitsamt dem Butterschmalz sowie die blanchierten Zwiebelringe dazugeben und 4 Minuten im Langsamgang fertig kneten, bis sich der Teig von der Schüsselwand löst. Abgedeckt 90 Minuten gehen lassen. Nach jeweils 30 und 60 Minuten den Teig dehnen und falten.

Den Teig in 4 Teile teilen, vorsichtig rundwirken und 10 Minuten abgedeckt entspannen lassen.

Nun die Teiglinge zunächst mit den Händen zu ovalen Teigplatten ausziehen und von den Längsseiten her aufrollen. Nochmals 10 Minuten ruhen lassen.

Jetzt werden die Teigrollen auf ihre endgültige Länge (knappe Backblechlänge) ausgerollt und mit den Nähten nach unten auf zwei mit Backpapier ausgelegte Backbleche gelegt. Abgedeckt 60 Minuten bei Raumtemperatur gehen lassen. Inzwischen die 8 Lauchzwiebelstängel mit etwas Speiseöl einreiben, damit diese beim Backen nicht verbrennen. Den Backofen frühzeitig auf 210 °C (Ober-/Unterhitze) vorheizen.

Die Zwiebelstängel nun auf die Teiglinge legen und etwas andrücken – entweder zwei Stängel hintereinander längs oder aber kleinere Stücke parallel zueinander diagonal, so wie die Einschnitte von Baguettes.

Die Bleche in den Ofen schieben und etwa 30 Minuten ohne Schwaden backen, bis die Brote goldbraun sind. Nach der halben Backzeit die Bleche austauschen, damit Ober- und Unterhitze gleichmäßig auf alle Brote verteilt werden.

WILDKRÄUTER-BUTTERMILCH-DINKELBRÖTCHEN

Statt Wildkräutern können Sie auch Gartenkräuter in den Teig geben. Durch die Auswahl der Kräuter sowie deren Mengenverhältnisse werden die Brötchen jedes Mal anders, mal schmecken sie etwas säuerlicher, mal überwiegen Bitternoten oder andere Aromen. Ihrer Kreativität sind also keine Grenzen gesetzt. Aus diesem Teig backe ich immer sehr kleine Brötchen, da ich sie gerne auf Buffets anbiete. Die Brötchen passen zu allen pikanten Belägen und Aufstrichen, besonders gut zu Quark und Frischkäse.

Zubereitungszeit: 18 ¼ Stunden
Arbeitszeit Vortag: 15 Minuten
Arbeitszeit Backtag: 45 Minuten
Teiggare: 17 ¾ Stunden
Backzeit: 25 Minuten

Für 24 kleine Brötchen = ca. 1 kg

Sauerteig
100 g Wasser, lauwarm
10 g Anstellgut (Dinkel, ersatzweise Weizen)
75 g Dinkel-Vollkornmehl

Vorteig
115 g Wasser, lauwarm
0,5 g Frischhefe
115 g Dinkel-Vollkornmehl

Mehlkochstück
30 g Dinkel-Vollkornmehl
16 g Salz
150 g Buttermilch

Kräutermischung
35–50 g Wildkräuter (oder Gartenkräuter)
80 g Schalotten (2–3 Stück)
2 Knoblauchzehen
15 g Butterschmalz

Hauptteig
Sauerteig
Vorteig
Mehlkochstück
85 g Buttermilch
Kräutermischung
8 g Honig
6 g Frischhefe
380 g Dinkelmehl 630

Außerdem
Sesamsaat zum Bestreuen

Tag 1

SAUERTEIG
Die Zutaten gut vermengen, abgedeckt 16 Stunden bei Zimmertemperatur stehen lassen.

VORTEIG
Die Zutaten ebenfalls verrühren, 2 Stunden abgedeckt bei Raumtemperatur anspringen, dann für 14 Stunden im Kühlschrank reifen lassen.

MEHLKOCHSTÜCK
Mehl und Salz klümpchenfrei in die Buttermilch einrühren und unter Rühren erhitzen. Sobald die Masse beginnt, anzudicken, den Topf von der Herdplatte ziehen. 1–2 Minuten weiterrühren und über Nacht abgedeckt abkühlen lassen.

85 g Buttermilch für den Hauptteig bis zum nächsten Tag bei Raumtemperatur abgedeckt stehen lassen.

Tag 2

KRÄUTERMISCHUNG
Die Kräuter verlesen und fein hacken. Die Schalotten schälen und in kleine Würfelchen schneiden. Die Knoblauchzehen schälen und ebenfalls fein hacken. Das Butterschmalz in einer Pfanne erhitzen, die Schalotten darin glasig dünsten, dann den Knoblauch und die Kräuter dazugeben. Kurz mitdünsten und abkühlen lassen.

HAUPTTEIG
Alle Zutaten in den Teigkessel geben und 10 Minuten langsam kneten. Abgedeckt an einem warmen Ort 45 Minuten gehen lassen. Nach 20 Minuten den Teig dehnen und falten.

Nach der Ruhephase den Teig nochmals dehnen und falten, dann mit der Teigkarte 24 Teiglinge (à ca. 45–50 g) abstechen, zu Brötchen schleifen und mit dem Schluss nach oben auf ein mit Backtrennspray besprühtes oder mit Backpapier ausgelegtes Backblech legen. Die Brötchen mit Wasser einsprühen und mit Sesamsaat bestreuen. Abgedeckt 45 Minuten ruhen lassen.

Das Blech auf die mittlere Schiene des auf 230 °C vorgeheizten Ofens schieben, kräftig schwaden. Je nach gewünschter Bräune 20–25 Minuten backen.

WILDKRÄUTER-FARMERLAIB

Prasselndes Lagerfeuer, Farmer-Romantik, ein schönes Stück Fleisch oder würziger Käse – und plötzlich schwebt die Vision eines Brotlaibes vor unserem geistigen Auge, in den man – fernab jeglicher Erziehung und Contenance – einfach so hineinbeißen möchte: eine krachend knusprige Kruste, eine gaumenschmeichelnd weiche Krume und der Geschmack von Kräutern aus der freien Natur. Doch wohlerzogen wie wir sind, beißen wir dann doch nicht in den Laib, sondern schneiden aus freier Hand rustikale Scheiben davon ab.

Zubereitungszeit: 15 Stunden
Arbeitszeit Vortag: 10 Minuten
Arbeitszeit Backtag: 20 Minuten
Teiggare: 14 Stunden
Backzeit: 60 Minuten

Für 1 kg Brot

Sauerteig
220 g Wasser, lauwarm
20 g Anstellgut (Roggen)
220 g Roggenmehl 1370

Vorteig
130 g Wasser, lauwarm
1,5 g Frischhefe
130 g Weizenmehl 1050

Hauptteig
50 g Wildkräuter (Seite 202)
Sauerteig
Vorteig
130 g Wasser, lauwarm
7 g Frischhefe
16 g Rohrzucker
16 g Salz
385 g Weizenmehl 550

Tag 1

SAUERTEIG

Die Zutaten gut vermischen und 12 Stunden abgedeckt an einem warmen Ort gären lassen.

VORTEIG

Ebenfalls die Zutaten vermengen, abgedeckt 12 Stunden bei Kellertemperatur (ca. 12–16 °C) stehen lassen. Wer über keinen kühlen Raum verfügt, lässt den Vorteig 2 Stunden anspringen und stellt ihn dann in den Kühlschrank.

Tag 2

VORBEREITUNG

Wildkräuter waschen, gut trockenschleudern, verlesen und feinhacken.

HAUPTTEIG

Alle Zutaten bis auf die Kräuter 12 Minuten langsam kneten, dann die gehackten Kräuter dazugeben und 2 Minuten im Schnellgang unterkneten. Den Teig 30 Minuten abgedeckt bei Zimmertemperatur ruhen lassen.

Den Teig zu einem Laib wirken, mit dem Schluss nach oben in einen Gärkorb legen und 60 Minuten abgedeckt gehen lassen. 15 Minuten vor Ende der Gare den Teigling vorsichtig aus dem Gärkorb nehmen, nach Belieben längs ca. 1 cm tief einschneiden und behutsam in den Gärkorb zurücklegen.

Sobald sich das Brot leicht flauschig anfühlt, den Laib auf ein Backblech oder Schießholz legen und in den auf 250 °C (Ober-/Unterhitze) vorgeheizten Ofen einschießen und schwaden.

Nach 15 Minuten die Temperatur auf 200 °C herunterschalten und den Farmerlaib 45 Minuten fertig backen. Frühzeitig das Lagerfeuer entfachen und die weiteren Speisen vorbereiten.

BRENNNESSELBROT

Sehr gesunde, „warme“ (Hildegard von Bingen) Brennnesseln, gesunder Urdinkel, gesunder Buchweizen … wenn dieses Brot nicht unser Leben verlängert, welches dann? Im Gegensatz zu manch anderem Rezept, in dem schlichtweg Brennnesseltee statt des Schüttwassers eingesetzt wird, wovon man praktisch nichts schmeckt, verwenden wir die Nesseln gleich dreifach: Als Saft, als ganze Blätter sowie die hocharomatischen Samen der Brennnessel. Das Brot passt am besten zu Frischkäse oder Quark.

Zubereitungszeit: 26 ½ Stunden
Arbeitszeit Vortag: 35 Minuten
Arbeitszeit Backtag: 30 Minuten
Teiggare: 26 Stunden
Backzeit: 25 Minuten

Für 1 kg Brot

Sauerteig
- 135 g Wasser, lauwarm
- 12 g Anstellgut (Dinkel, ersatzweise Weizen- oder Roggen-Anstellgut)
- 120 g Dinkel-Vollkornmehl

Brennnesseln
- 1–1,5 kg junge Brennnesseln
- 20 g Butter
- 20 g Honig

Quellstück
- 40 g Sesamsaat
- 8 g Brennnesselsamen (Seite 202)
- 40 g Wasser

Mehlkochstück
- 150 g Wasser, kalt
- 30 g Dinkelmehl 630
- 12 g Salz

Hauptteig
- Sauerteig
- Quellstück
- Mehlkochstück
- 235 g Brennnesselsaft
- 6 g Frischhefe
- 335 g Dinkelmehl 630
- 85 g Buchweizenmehl
- Brennnesselblätter

Außerdem
- Brennnesselsamen zum Bestreuen
- Sesamsaat zum Bestreuen

Tag 1

SAUERTEIG
Die Sauerteigzutaten vermengen und abgedeckt 24 Stunden bei Raumtemperatur gären lassen.

BRENNNESSELN
Die zartesten Blätter von den Stielen zupfen, bis etwa 120 g beisammen sind, und zur Seite stellen. Die restlichen Brennnesseln mitsamt den Stielen in der Küchenmaschine zu Mus verarbeiten. Portionsweise in ein feines Sieb geben und mit einem Kochlöffel den Saft auspressen. Es entsteht Saft mit noch etwas feinem Blattpüree darin. Sollten mehr als die benötigten 235 g Saft entstehen, bei niedriger Temperatur einköcheln lassen, bis die Wunschmenge erreicht ist.

In einem Topf Butter und Honig bei niedriger Temperatur schmelzen lassen, die 120 g Blätter dazugeben und unter gelegentlichem Wenden abgedeckt einige Minuten zusammenfallen lassen. Nun ohne Deckel so lange weiter wenden, bis die Flüssigkeit vollständig verdampft ist.

QUELLSTÜCK
Sesamsaat ohne Fett in einer Pfanne goldbraun rösten, dann die Brennnessel-Samen dazugeben und kurz mitrösten, bis deren aromatischer Duft in Ihre Nase steigt. In ein Schüsselchen umfüllen, mit 40 g Wasser ablöschen, vermengen und abgedeckt quellen lassen.

MEHLKOCHSTÜCK
150 g kaltes Wasser in einen Topf füllen und mit einem Schneebesen das Mehl sowie das Salz klümpchenfrei einrühren. Unter Rühren kurz aufkochen lassen, bis die Masse andickt, dann den Topf von der Herdplatte ziehen und das Mehlkochstück 1–2 Minuten weiterrühren. Abgedeckt abkühlen lassen.

Tag 2

HAUPTTEIG
Alle Zutaten bis auf die Brennnesselblätter in den Teigkessel geben, 4 Minuten langsam, dann 6 Minuten schnell kneten. Nun bei langsamer Geschwindigkeit die Brennnesseln unterkneten. Den Teig 45 Minuten abgedeckt ruhen lassen. Nach jeweils 15 und 30 Minuten den Teig mehrmals dehnen und falten.

Den Teig in 2–4 Teile teilen, vorsichtig rundwirken und abgedeckt 15 Minuten ruhen lassen.

Nun die Teigkugeln zu Stangen ausrollen, in bemehltem Bäckerleinen, jeweils mit Stofffalten dazwischen, mit dem Schluss nach oben abgedeckt 30 Minuten bei Raumtemperatur gehen lassen. Sollten Sie größere Laibe oder den Teig zu Batards formen, verlängern sich Stückgare und Backzeit entsprechend. Den Ofen frühzeitig auf 240 °C vorheizen.

Die Teiglinge auf ein Backblech setzen, mit Wasser einsprühen oder mit dem Bräunwisch abstreichen und zunächst mit Brennnesselsamen, dann mit Sesam bestreuen. In den vorgeheizten Ofen einschießen und kräftig schwaden.

Nach 5 Minuten Backzeit die Ofentür kurz öffnen, um überschüssigen Dampf abzulassen. 15 Minuten fertigbacken.

Nach insgesamt 20 Minuten Backzeit den Ofen ausschalten und die Brote weitere 5 Minuten nachziehen lassen. Auf einem Gitterrost auskühlen lassen.

RHABARBERBRÖTCHEN

Der Ziegenfrischkäse dringt geschmacklich nur sehr dezent durch. Die Rhabarberstückchen verleihen den Brötchen eine angenehme Fruchtigkeit, der Rosmarin gibt einen gewissen Kick. Insgesamt sehr saftige Frühlings-Brötchen mit einem ausgewogenen Spiel zwischen Säure und Süße. Die Kruste ist fein-knusprig, wird allerdings durch die Saftigkeit recht schnell weich, so dass man die Brötchen direkt vor dem Verzehr nochmals kurz aufbacken sollte. Sie passen besonders gut zu Frischkäse und Leberpastete.

Zubereitungszeit: 22 ½ Stunden
Arbeitszeit Vortag: 70 Minuten
Arbeitszeit Backtag: 5 Minuten
Teiggare: 22 ¼ Stunden
Backzeit: 18–19 Minuten

Für 12 Brötchen à ca. 85 g = 1 kg

Vorteig
110 g Wasser, lauwarm
1 g (eine Messerspitze) Honig
1,2 g Frischhefe
100 g Weizenmehl 1050

Rosmarinmilch
300 g (netto ca. 250 g) Milch
einige Zweige Rosmarin

Rhabarber
300 g Rhabarber
10 g Butter
10 g Honig

Mehlkochstück
110 g Rosmarinmilch
20 g Weizenmehl 550
20 g Honig
10 g Salz

Hauptteig
Vorteig
Mehlkochstück
165 g Rosmarinmilch-Rhabarbersaft-Mischung
0,6 g Frischhefe
285 g Weizenmehl 550
40 g Roggenmehl 997
18 g Anstellgut (Weizen)
Rosmarin, sehr fein geschnitten, Menge nach Belieben
135 g Ziegenfrischkäse (oder normaler Frischkäse)
Rhabarber

Tag 1

VORTEIG
Alle Zutaten vermischen und bei Zimmertemperatur 4 Stunden gehen lassen.

ROSMARINMILCH
Die Milch zusammen mit einigen Zweigen Rosmarin in einen Topf geben und etwa 10 Minuten leicht simmern, dann abkühlen lassen. Durch ein Sieb abgießen. Es sollten etwa 250 g übrig bleiben.

RHABARBER
Den Rhabarber schälen und in kleine Würfel (gut 5 mm) schneiden. Butter und Honig in einer Pfanne schmelzen lassen, die Rhabarberwürfel maximal 60 Sekunden darin schwenken, sofort auf einem Teller verteilen und abkühlen lassen. In ein Sieb geben, die Flüssigkeit dabei auffangen. Diesen Saft für den Hauptteig mit Rosmarinmilch auf 165 g aufgießen und abgedeckt aufbewahren.

MEHLKOCHSTÜCK
110 g Rosmarinmilch mit 20 g Weizenmehl klümpchenfrei verrühren und zusammen mit Honig und Salz erhitzen. Kurz aufkochen lassen, bis die Masse andickt, den Topf von der Herdplatte ziehen und 1–2 Minuten weiterrühren. Abgedeckt abkühlen lassen.

WEITERE VORBEREITUNGEN
Den Rosmarin für den Hauptteig äußerst fein schneiden, die Menge richtet sich nach Geschmack, es dürfen ruhig mehrere Zweige sein. Den Frischkäse und gegebenenfalls die Milch-Saft-Mischung frühzeitig aus dem Kühlschrank holen.

HAUPTTEIG
Den Vorteig mit dem Mehlkochstück, 165 g Rosmarinmilch-Rhabarbersaft-Mischung und 0,6 g Hefe mit einem Schneebesen glattrühren.

Dann die übrigen Zutaten für den Hauptteig in den Teigkessel geben. 4 Minuten langsam, dann 10 Minuten schnell kneten. Zum Schluss am besten von Hand die Rhabarberwürfel unterkneten. Den Teig 60 Minuten abgedeckt ruhen lassen und nach jeweils 20 und 40 Minuten dehnen und falten.

12 Teiglinge (à ca. 100 g) abstechen und rundschleifen. 10 Minuten abgedeckt ruhen lassen.

Die Teiglinge mit dem Schluss nach unten auf ein Backblech legen, welches mit einem gut mehlierten Teigtuch bedeckt ist. Zwischen den Brötchenreihen das Tuch zu Falten hochziehen. Die Brötchen etwas mit Mehl bestäuben, mit einem Teigtuch abdecken und das Blech, gut in Frischhaltefolie gehüllt, für etwa 16 Stunden in den Kühlschrank stellen.

Tag 2

Die Brötchen aus dem Kühlschrank holen, umdrehen und auf ein mit Backtrennspray besprühtes oder mit Backpapier belegtes Backblech legen. 30 Minuten akklimatisieren lassen. Den Ofen auf 230 °C (Ober-/Unterhitze) vorheizen.

Das Blech im oberen Drittel des Ofens einschieben, kräftig schwaden. Nach einigen Minuten die Ofentür kurz öffnen, um überflüssigen Dampf abzulassen. Die Backzeit beträgt je nach gewünschter Bräune etwa 18–19 Minuten.

LÖWENZAHNBROT

Früher konnte man sich absolut darauf verlassen, dass Anfang Mai durch die Löwenzahnblüte die Wiesen in schönste Gelbtöne getaucht waren. Doch heutzutage findet man zu Beginn des Wonnemonats fast nur noch Pusteblumen, die zwar auch schön sind, aber zum Backen wenig geeignet. Löwenzahnblüten haben keinen sehr starken Eigengeschmack, deshalb kochen wir aus ihnen einen Sud. Außerdem geben wir gedünstete junge Löwenzahnblätter mit in den Teig. Sie haben einen leicht bitteren, nussigen Geschmack.

Zubereitungszeit: 16 ¾ Stunden
Arbeitszeit Vortag: 30 Minuten
Arbeitszeit Backtag: 30 Minuten
Teiggare: 16 Stunden
Backzeit: 50 Minuten

Für 2 Laibe à 500 g = 1 kg

Sauerteig
195 g Löwenzahnsud (Seite 190)
20 g Anstellgut (Weizen)
195 g Weizenmehl 1050

Brühstück
40 g Altbrot (Seite 198)
50 g Haselnüsse
95 g Löwenzahnsud

Löwenzahnblätter
150 g zarte Löwenzahnblätter (ca. 250–300 Stück, je nach Größe)
20 g Olivenöl
30 g Löwenzahnsud

Hauptteig
Sauerteig
Brühstück
165 g Löwenzahnsud, evtl. 10–20 g mehr
6 g Frischhefe
15 g Salz
22 g Honig
70 g Roggenmehl 997
240 g Weizenmehl 550
Löwenzahnblätter

Tag 1

SAUERTEIG

Den Löwenzahnsud mit Anstellgut und Mehl vermischen, 14 Stunden abgedeckt an einem warmen Ort gären lassen.

BRÜHSTÜCK

40 g Altbrot fein mahlen. 50 g Haselnüsse ebenfalls mahlen und ohne Fett in einer Pfanne goldbraun rösten, dabei immer wieder umrühren, damit die Nüsse nicht zu dunkel werden. Das Altbrotmehl dazugeben, mit 95 g heißem Löwenzahnsud übergießen, gut vermengen und bis zum nächsten Tag abgedeckt quellen lassen.

LÖWENZAHNBLÄTTER

Die Löwenzahnblätter waschen und trockenschleudern. In einem Topf 20 g Olivenöl zusammen mit 30 g Löwenzahnsud erhitzen, die Blätter dazugeben und einige Minuten dünsten, bis die Flüssigkeit verdampft ist. Die Blätter abkühlen lassen und vor der Weiterverarbeitung in grobe Stücke schneiden. Als Richtlinie: Nach dem Dünsten sollten etwa 120–140 g Löwenzahnblätter übrig bleiben. Abgedeckt kühl stellen.

Tag 2

HAUPTTEIG

Alle Zutaten außer den Löwenzahnblättern in den Teigkessel geben. 4 Minuten langsam, dann 10 Minuten schnell zu einem elastischen Teig kneten. Im Anschluss die Löwenzahnblätter langsam unterkneten. Erscheint Ihnen der Teig zu fest, noch 10–20 g Löwenzahnsud unterkneten. Den Teig 45 Minuten abgedeckt ruhen lassen. Nach jeweils 15 und 30 Minuten den Teig dehnen und falten.

Nun den Teig in 2 Teile teilen und zu Laiben wirken. In kleinen Gärkörben abgedeckt 45 Minuten an einem warmen Ort gehen lassen.

Die Brote auf ein Backblech oder Schießholz stürzen und in den auf 250 °C (Ober-/Unterhitze) vorgeheizten Ofen einschießen und schwaden.

Nach 15 Minuten den Ofen auf 200 °C herunterschalten und die Brote 35 Minuten fertig backen.

Sollten Sie aus diesem Teig einen großen Laib backen, erhöhen sich Stückgare und Backzeit auf jeweils etwa 60 Minuten.

BIRKENBROT MIT BIRKENSIRUP UND BIRKENLAUBKROKANT

Dieses Brot ist süßlich und würzig, mit leichter Schärfe sowie Bitteraromen, die den Gaumen etwas pelzig machen. Wir verwenden Birkensirup und kandiertes Birkenlaub, welches einen ungewöhnlichen Geschmack hat. Dafür ist nur junges Laub geeignet, da die Blätter später ledrig und ziemlich bitter werden. Wer den Sirup nicht selbst herstellen möchte, kann stattdessen Ahornsirup einsetzen. Aber das Selbstsammeln und Verarbeiten von Zutaten aus der Natur macht natürlich deutlich mehr Spaß.

Zubereitungszeit: 18 Stunden
Arbeitszeit Vortag: 20 Minuten
Arbeitszeit Backtag: 30 Minuten
Teiggare: 17 Stunden
Backzeit: 60 Minuten

Für 1 kg Brot

Sauerteig
105 g Wasser, lauwarm
11 g Anstellgut (Weizen)
105 g Weizenmehl 1050

Vorteig
215 g Wasser, lauwarm
0,7 g Frischhefe
215 g Weizenmehl 1050

Birkenlaubkrokant
35 g junges Birkenlaub (ca. 320 Blätter)
20 g Butter
15 g Birkensirup (Seite 198), ersatzweise Ahornsirup

Hauptteig
Sauerteig
Vorteig
60 g Wasser, lauwarm
6,5 g Frischhefe
15 g Salz
55 g Birkensirup
320 g Weizenmehl 550
Birkenlaubkrokant

Tag 1

SAUERTEIG
Die Zutaten vermischen und abgedeckt 15 Stunden an einem warmen Ort gären lassen.

VORTEIG
Die Zutaten ebenfalls gut verrühren, 2 Stunden abgedeckt bei Raumtemperatur stehen lassen, dann für 13 Stunden in den Kühlschrank stellen.

BIRKENLAUBKROKANT
Das Birkenlaub, falls notwendig, waschen und gut trockenschleudern. 20 g Butter in einer Kasserolle schmelzen lassen, das Birkenlaub dazugeben und in wenigen Minuten zusammenfallen lassen. Dann 15 g Birkensirup dazugeben. Etwa 10 Minuten unter gelegentlichem Rühren leicht köcheln lassen, bis die Flüssigkeit verdampft ist. Das Birkenlaub nun auf Butterbrotpapier verteilen und bis zum nächsten Tag an einem warmen Ort trocknen lassen.

Tag 2

VORBEREITUNG
Das kandierte Birkenlaub mit einem großen, scharfen Messer in kleinere Stücke schneiden.

HAUPTTEIG
Sämtliche Zutaten in einen Teigkessel geben und 6 Minuten langsam, dann 6 Minuten schnell kneten. Den Teig 45 Minuten abgedeckt ruhen lassen. Nach jeweils 15 und 30 Minuten muss der Teig gedehnt und gefaltet werden.

Nach der Ruhephase den Teig zu einem Laib wirken und mit dem Schluss nach unten in einen Gärkorb legen. 45 Minuten abgedeckt an einem warmen Ort gehen lassen.

Den Teigling auf ein Backblech oder Schießholz geben und nach Belieben einschneiden. In den auf 250 °C (Ober-/Unterhitze) vorgeheizten Ofen einschießen und schwaden.

Nach 15 Minuten die Temperatur auf 200 °C herunterschalten und das Brot 45 Minuten fertig backen, dabei regelmäßig beobachten, da der Birkensirup während des Backvorgangs karamellisiert und das Brot frühzeitig die Wunschbräune erreicht. Zu diesem Zeitpunkt das Brot mit Alufolie abdecken und fertig backen.

HOPFENSPROSSEN-FOCACCIA

Bei Hopfensprossen handelt es sich um die jungen Triebe von wildem Hopfen, welcher bevorzugt in Auwäldern wächst. Je nach Witterung können die Triebe ab etwa Mitte März bis Mitte April gesammelt werden. Wir backen Focaccias mit Sprossen im Teig und als Garnitur auf der Kruste. Da die Sprossen während der notwendigen Backzeit im Ofen verkohlen würden, werden die Fladenbrote zunächst in einer Bratpfanne vorgebacken und erst zum Schluss im Backofen fertiggebacken.

Zubereitungszeit: 18 ¾ Stunden
Arbeitszeit Vortag: 15 Minuten
Arbeitszeit Backtag: 80 Minuten
Teiggare: ca. 18 Stunden
Backzeit: jeweils 20–25 Minuten

Für 2 runde Focaccias à 26–28 cm Durchmesser = ca. 1 kg

Sauerteig
205 g Wasser, lauwarm
20 g Anstellgut (Weizen)
200 g Weizenmehl 1050

Brühstück
215 g Wasser
80 g Hartweizengrieß

Hopfensprossen
120–150 g Hopfensprossen (Seite 200)
35 g Butter

Hauptteig
Sauerteig
Brühstück
70 g Wasser, lauwarm
12 g Meersalz
5 g Frischhefe
25 g Weizen-Vollkornmehl
300 g Weizenmehl 550
Hopfensprossen

Außerdem
40–80 g Olivenöl
grobes Meersalz oder Fleur de Sel zum Bestreuen

Tag 1

SAUERTEIG

Die Zutaten vermischen und abgedeckt bei Raumtemperatur 14 Stunden gären lassen.

BRÜHSTÜCK

215 g Wasser zum Kochen bringen, 80 g Hartweizengrieß mit einem Schneebesen einrühren, den Topf vom Herd ziehen und 1–2 Minuten weiterrühren. Abgedeckt bis zum nächsten Tag quellen lassen.

Tag 2

VORBEREITUNGEN

Einen Teil der Hopfensprossen für den späteren Belag zur Seite legen. 35 g Butter in einer Pfanne oder in einem Topf schmelzen lassen, die übrigen Hopfensprossen hineingeben und 1–2 Minuten unter Rühren weich dünsten. Die Sprossen abkühlen lassen und in etwa 1 cm lange Stücke schneiden.

HAUPTTEIG

Alle Zutaten bis auf die Hopfensprossen 8 Minuten langsam, dann 8 Minuten schnell kneten. Zum Schluss im Langsamgang oder von Hand die gedünsteten Hopfensprossen unterkneten. Den Teig abgedeckt 2 ¼ Stunden bei Zimmertemperatur oder wärmer ruhen lassen. Nach jeweils 45 und 90 Minuten den Teig dehnen und falten.

Nach der Teigruhe den Teig nochmals dehnen und falten, in 2 Teile teilen und vorsichtig zu Kugeln formen, ohne ihn zu entgasen. Es schließen sich 15 weitere Minuten Teigruhe an.

Die Teiglinge werden jetzt vorsichtig mit beiden Händen zu runden Fladen geformt, welche die Größe Ihrer Bratpfanne (Durchmesser ca. 26–28 cm) haben. Dazu die Arbeitsfläche mit etwas Olivenöl einpinseln, die Teiglinge darauflegen, die Oberflächen nach und nach mit jeweils einigen EL Olivenöl einmassieren und dadurch die Teiglinge behutsam auf die Größe des Pfannenbodens ausdehnen. Die Dekorations-Hopfensprossen auf den Teiglingen verteilen und gut in den Teig drücken. Abgedeckt 45 Minuten bei Raumtemperatur ruhen lassen.

Den Backofen (falls Ihr Ofen dies ermöglicht, auf 250 °C Oberhitze [ohne Unterhitze], ansonsten auf 235 °C Umluft) vorheizen. Die Bratpfanne mit etwas Olivenöl einpinseln und auf der Herdplatte auf mittlere Temperatur erhitzen. Die Hopfensprossen nochmals etwas in die Teiglinge drücken. Die Focaccias mit grobem Meersalz oder Fleur-de-Sel-Flocken bestreuen. Nun werden die Focaccias nacheinander in einer Pfanne abgedeckt so lange vorgebacken, bis die Böden goldbraun sind, das dauert je nach Temperatur pro Focaccia etwa 10 Minuten.

Die Focaccias nach dem Vorbacken auf einem Gitterrost in den Ofen schieben und 10–15 Minuten so lange fertig backen, bis die Oberflächen goldbraun sind. Hierbei können die Backzeiten je nach Temperatur und Ofen stark variieren, also sollten die Backvorgänge genau überwacht werden.

Tipp

Mit der hier beschriebenen Backmethode können Sie sämtliche Focaccias mit Belägen, welche nicht zu lange gebacken werden sollten, beispielsweise Beeren, zubereiten.

MAIWIPFERL-BROT

Unter Maiwipferl versteht man die hellgrünen, frischen Triebe von Tannen oder Fichten. Sie müssen aber nicht befürchten, dass dieses Brot nach Badewasser schmeckt. Erst nach längerem Kauen kommen feine, säuerlich-harzige Aromen aus den enthaltenen ätherischen Ölen zum Vorschein, und die Tannine (nein, das Wort hat etymologisch nichts mit der Tanne zu tun) machen die Zunge etwas pelzig. Ein kerniges, saftiges, kompaktes, etwas wildes Brot, welches zu kräftigen, pikanten Belägen und Beilagen passt.

Zubereitungszeit: 17 ¼ Stunden
Arbeitszeit Vortag: 30 Minuten
Arbeitszeit Backtag: 30 Minuten
Teiggare: 16 Stunden
Backzeit: 60 + 20 Minuten

Für 1 kg Brot

Maiwipferl/Maiwipferlsud
ca. 250–300 Maiwipferl (Seite 200)
400 g Wasser

Sauerteig
180 g Wasser, lauwarm
18 g Anstellgut (Roggen)
155 g Roggen-Vollkornmehl

Brühstück
55 g Sonnenblumenkerne
100 g grobes Dinkelschrot
105 g Haferflocken
280 g Maiwipferlsud

Hauptteig
65 g Maiwipferlsud
Sauerteig
Brühstück
8 g Frischhefe
16–18 g Salz
Maiwipferl
30 g Zuckerrübensirup
55 g Roggenmehl 997
140 g Dinkelmehl 630

Tag 1

MAIWIPFERLSUD

Bereits im Laufe des Tages setzen wir den Sud an, den wir in der Folge für alle weiteren Arbeitsschritte benötigen. 55 g Maiwipferl von der Gesamtmenge abnehmen, in ein feuchtes Tuch wickeln und bis zum nächsten Tag kühlstellen. Die übrigen Wipferl mit etwa 400 g Wasser aufsetzen, 10 Minuten köcheln und dann abkühlen lassen. Den Sud durch ein Sieb abseihen, gegebenenfalls mit noch etwas Wasser auf 345 g auffüllen.

SAUERTEIG

Die Zutaten gut vermengen und 14 Stunden lang bei Raumtemperatur oder wärmer abgedeckt gären lassen.

BRÜHSTÜCK

Sonnenblumenkerne, Dinkelschrot und Haferflocken ohne Fett in einer Pfanne goldbraun rösten, zum Schluss den Sesam dazugeben und kurz mitrösten. 280 g Maiwipferlsud dazugeben, einige Minuten unter Rühren leicht köcheln, dann abgedeckt abkühlen lassen. Sollten Sie feineren Schrot verwenden, benötigen Sie etwas mehr Sud für das Brühstück.

Tag 2

VORBEREITUNG

Die Maiwipferl aus dem Kühlschrank holen, eventuell noch vorhandene, zu dicke Stielansätze mitsamt den braunen Häutchen abzupfen. Die Wipferl mit einem scharfen Messer sehr fein schneiden.

HAUPTTEIG

Je nach Konsistenz des Brühstücks benötigen Sie für den Teig eventuell etwas weniger Sud. Deshalb vorsichtshalber zunächst etwas weniger davon in den Teig geben und später bei Bedarf nachgießen.

Alle Zutaten in den Teigkessel geben und 10–12 Minuten langsam kneten. 30 Minuten abgedeckt ruhen lassen.

Den Teig zu einem Laib wirken, je nach Wunsch mit Wasser besprühen und mit Sesam bestreuen. Mit dem Schluss nach unten in einen Gärkorb legen. An einem warmen Ort 60 Minuten (gegebenenfalls bis zu 90 Minuten) gehen lassen.

Das Brot auf ein Blech oder Schießholz stürzen und in den auf 250 °C (Ober-/Unterhitze) vorgeheizten Ofen einschießen und leicht schwaden.

Nach 15 Minuten die Temperatur auf 200 °C herunterschalten und das Brot 45 Minuten fertig backen, dann noch 20 Minuten im ausgeschalteten Ofen ruhen lassen.

VINSCHGERL MIT KRÄUTERN UND SENFSAAT

Diese Vinschgauer Fladenbrote enthalten neben dem obligatorischen Schabzigerklee zusätzlich frische Kräuter sowie etwas Senfmehl. Dadurch erhalten die Fladenbrote einen frischeren Geschmack, ohne ihren ursprünglichen Südtiroler Charakter einzubüßen. Anstatt Dinkelmehl können Sie auch Weizenmehl 550 verwenden, welches sich in diesem weichen Teig besser verarbeiten lässt.

Zubereitungszeit: 16 ¾ Stunden
Arbeitszeit Vortag: 10 Minuten
Arbeitszeit Backtag: 35 Minuten
Teiggare: 16 ¾ Stunden
Backzeit: 25–30 Minuten

Für 12 Stück = ca. 1 kg

Sauerteig
160 g Wasser, handwarm
12 g Anstellgut (Roggen)
160 g Roggenmehl 1370

Hauptteig
Sauerteig
265 g Wasser
1 TL Zitronensaft
8 g Frischhefe
12 g Salz
225 g Roggenmehl 997
170 g Dinkelmehl 630
16 g Gerstenmalzmehl (Seite 214)
3 g Schabzigerklee

Zusätzlich für den Hauptteig
40 g Wasser
40 g Kräuter nach Belieben, gehackt
10 g Senfsaat, fein gemahlen

Tag 1

SAUERTEIG

Wasser mit Anstellgut und Mehl vermengen und abgedeckt 14 Stunden bei Zimmertemperatur gären lassen.

Tag 2

HAUPTTEIG

Die Zutaten für den Hauptteig 12 Minuten langsam kneten. Abgedeckt 15 Minuten ruhen lassen.

Inzwischen 40 g Wasser mit den gehackten Kräutern und dem Senfmehl vermengen.

Nach der Teigruhe am besten mit einem Handrührgerät/Knethaken löffelweise die Kräuter-Senfmehl-Mischung unterkneten. Den Teig nochmals 15 Minuten abgedeckt ruhen lassen.

Den Teig auf die reichlich mit Roggenvollkornmehl oder Roggenschrot bestreute Arbeitsfläche geben und mit Mehl bestreuen. Zunächst mit einer Teigkarte in 4 Teile teilen, dann jedes Stück in nochmals 3 etwa gleichgroße Teile.

Nun wird jedes Stück unter Zuhilfenahme von Mehl sanft rundgestoßen. Dafür die Teiglinge auf der Arbeitsfläche mit den Handflächen ein- bis zweimal um die eigene Achse drehen, so dass die Teiglinge rund und mindestens so hoch wie breit werden. Während der Stückgare werden die Vinschgerl dann flacher. Mit einer Teigkarte die Vinschgauer mit gutem Abstand auf ein mit Backpapier belegtes und mit Mehl bepudertes Backblech legen oder aber paarweise direkt nebeneinander, so dass sie beim Backen zusammenwachsen.

Abgedeckt 75 Minuten ruhen lassen. Nach 55 Minuten das Teigtuch entfernen und die Teiglinge weiter gehen lassen, bis sich an der Oberfläche Risse zeigen.

Das Backblech in den auf 250 °C (Ober-/Unterhitze) vorgeheizten Ofen schieben, nicht schwaden. Nach 5 Minuten Backzeit die Ofentemperatur auf 220 °C herunterschalten und die Vinschgauer weitere 20–25 Minuten gut ausbacken.

PANE BRUSCHETTA MEDITERRAN

Zielsetzung bei der Entwicklung dieses Brotes war, dass es in erster Linie für Bruschetta geeignet ist: Es soll sich besonders gut rösten lassen, dabei außen knusprig werden und innen saftig bleiben. Für diese traditionelle italienische Vorspeise schien mir ein eher rustikales Gaumengefühl erstrebenswerter als eine zu feine Krume. Durch die Kräuter im Teig hat dieses Brot bereits einen angenehm würzigen Grundgeschmack. Es lässt sich sehr gut scheibenweise einfrieren und dann rösten oder grillen.

Zubereitungszeit: 18 Stunden
Arbeitszeit Vortag: 10 Minuten
Arbeitszeit Backtag: 30 Minuten
Teiggare: 17 ¼ Stunden
Backzeit: 50 Minuten

Für 1 kg Brot

Vorteig
130 g Wasser, lauwarm
2 g Frischhefe
220 g Weizenmehl 1050

Kochstück
370 g Wasser
200 g Hartweizengrieß

Hauptteig
Vorteig
Quellstück
220 g Weizenmehl 550
12 g Apfelessig
13 g Salz
11 g Frischhefe
30–50 g mediterrane Kräuter nach Belieben (z. B. Oregano, Thymian, Rosmarin, Salbei)

Tag 1

VORTEIG

Die Zutaten gründlich verkneten und abgedeckt 15 Stunden bei Kellertemperatur (12–16 °C) ruhen lassen. Sollten Sie keinen kühlen Raum zur Verfügung haben, lassen Sie den Vorteig 2–3 Stunden bei Raumtemperatur anspringen und stellen ihn dann für 13 Stunden in den Kühlschrank.

KOCHSTÜCK

Das Wasser zum Kochen bringen, dann mit einem Schneebesen den Hartweizengrieß einrühren. Kurz aufkochen lassen, dann abgedeckt über Nacht quellen lassen.

Tag 2

KRÄUTER

Die Kräuter verlesen und fein hacken.

HAUPTTEIG

Vorteig, Kochstück und das Mehl 5 Minuten langsam kneten, dann 25 Minuten abgedeckt ruhen lassen.

Inzwischen Apfelessig, Salz, Hefe und Kräuter verrühren, so dass sich Salz und Hefe im Essig auflösen.

Nach der ersten Teigruhe die Salz-Hefe-Essig-Kräuter-Mischung zum Teig geben. 12 Minuten im Langsamgang kneten, dann den Teig 30 Minuten abgedeckt ruhen lassen. Nach 15 Minuten den Teig dehnen und falten.

Nun wird der Teig zu einem Laib gewirkt und mit dem Schluss nach oben in einen Gärkorb gelegt. 45 Minuten abgedeckt bei Raumtemperatur gehen lassen.

Den Laib auf ein Backblech oder Schießholz stürzen und nach Belieben einschneiden. In den auf 250 °C (Ober-/Unterhitze) vorgeheizten Ofen einschießen und schwaden.

Nach 15 Minuten Backzeit die Temperatur auf 200 °C herunterschalten und das Brot 35 Minuten fertig backen.

HOLUNDERBLÜTENBROT

Ein wirklich sehr zarter Holunderblütengeschmack, nicht übertrieben parfümartig, dazu eine saftige Krume und dünne, knusprige Kruste. Der Weizensauerteig verleiht dem Brot eine feine Säure, Holunderblütensud unterstreicht den Geschmack, und der Zuckergehalt sorgt für eine leichte Karamellnote. Dieses Rezept enthält auch eine Anleitung für das schöne Muster auf dem Laib.

Zubereitungszeit: 21 ½ Stunden
Arbeitszeit Vortag: 10 Minuten
Arbeitszeit Backtag: 45 Minuten
Teiggare: 20 ½ Stunden
Backzeit: 55 Minuten

Für 1 kg Brot

Sauerteig
195 g Wasser, lauwarm
20 g Anstellgut (Weizen)
180 g Weizenmehl 1050

Pflanzen für das Muster
1 Holunderblütendolde
1 Blattwedel

Hauptteig
30 g Holunderblüten (ca. 6–8 große Dolden)
Sauerteig
215 g frische Vollmilch
40 g Holunderblütensud (Seite 190)
4 g Frischhefe
15 g Salz
20 g Zucker
80 g Weizen-Vollkornmehl
390 g Weizenmehl 812 (Seite 202)

Tag 1

SAUERTEIG

Die Zutaten vermischen und abgedeckt 18 Stunden bei Raumtemperatur reifen lassen.

PFLANZEN FÜR DAS MUSTER

Eine schöne, nicht zu große Holunderblütendolde und einen Blattwedel in eine zusammengeklappte Zeitung legen und über Nacht mit etlichen Büchern beschweren. Die Pflanzen sollen gepresst, jedoch nicht getrocknet werden, damit sie sich am nächsten Tag noch an den Brotlaib anschmiegen lassen.

Tag 2

VORBEREITUNG

Von den Holunderblütendolden die Blüten abstreifen. Das geht recht gut mit einem Kamm. Dünne Stielchen dürfen ruhig dabei sein. Es sollten etwa 30 g Blüten übrig bleiben. Wenn Sie dieses Brot einmal außerhalb der Saison backen möchten, so können Sie dafür getrocknete Holunderblüten verwenden.

HAUPTTEIG

Im Teigkessel alle Zutaten zunächst 6 Minuten langsam, dann 4 Minuten schnell kneten. Abgedeckt 30 Minuten bei Zimmertemperatur ruhen lassen.

Einen Gärkorb mit einem Teigtuch auslegen, dieses gut mit Speisestärke einreiben. Den Teig kräftig zu einem Laib wirken und, ohne ihn mit Mehl abzustreuen, mit dem Schluss nach oben in den Gärkorb legen. 90 Minuten abgedeckt bei Raumtemperatur gehen lassen. Der Teigling sollte vor dem Einschießen Vollgare erreicht haben.

Den Teigling auf ein Backblech stürzen. Den Laib mit nur leicht angefeuchteten Händen rundherum abstreichen, dann die gepresste Blütendolde und den Blattwedel auflegen und leicht andrücken. 1–2 Minuten warten, dann den Laib mit Hilfe eines Teesiebes gleichmäßig mit Mehl bepudern.

Nun Blütendolde und Blattwedel sehr behutsam vom Laib heben. Dies funktioniert recht gut mit einer Pinzette. Wenn man die Pflanzen zu schwungvoll entfernt, wird das schöne Muster mit Mehl bestreut. Nun wird der Laib rund um das Pflanzenmotiv kräftig eingeschnitten, damit das Brot überwiegend dort aufreißt.

Das Blech in den auf 250 °C (Ober-/Unterhitze) vorgeheizten Ofen schieben. Nach 1 Minute schwaden, nach weiteren 3 Minuten die Ofentüre kurz öffnen, um überschüssigen Wasserdampf abzulassen.

Nach 15 Minuten Backzeit die Temperatur auf 190 °C herunterschalten. Das Brot 40 Minuten fertigbacken, bis die Kruste schön gebräunt ist.

Hinweis: Anstatt Holunderblütensud können Sie auch Holunderblütensirup nach eigenem Rezept oder einen gekauften verwenden. In dem Fall entfällt der Zucker im Hauptteig.

SOMMER

NATURGEMÄSS *beschert uns der Sommer neben dem Herbst die reichste Ernte in unserem Garten und in den Wäldern. Viele Gemüse wie Tomaten, Paprika, Spinat, Karotten oder Zucchini, Beeren und Früchte wie Heidelbeeren, Brombeeren und Johannisbeeren, Zwetschgen oder Kriechen-Pflaumen … all dies kann sinn- und geschmackvoll zum Backen eingesetzt werden. Außerdem verwenden wir Sommerblüten als Dekoration, und aromatisches Wiesenheu verleiht dem Heubrot einen sommerlichen Geschmack.*

BLÜTENLAIB MIT MANDELN UND PISTAZIEN

Immer wieder schreiben mir Leser, dass sie dieses Brot gebacken und zu einer Hochzeit verschenkt haben. Die essbaren Blüten dienen vorwiegend der Ästhetik, aber bei richtiger Auswahl schmeckt die Kruste wie eine gemähte Sommerwiese. Sie können auch in den Teig frische oder getrocknete Blüten geben, allerdings werden Sie davon nicht allzu viel sehen und schmecken, außer Sie verwenden sehr aromatische Blüten wie Borretsch oder Lavendel – diesen sollten Sie nur sehr sparsam einsetzen.

Zubereitungszeit: 18 Stunden
Arbeitszeit Vortag: 25 Minuten
Arbeitszeit Backtag: 25 Minuten
Teiggare: 17 Stunden
Backzeit: 60 Minuten

Für 1 kg Brot

Sauerteig
105 g Wasser, lauwarm
11 g Anstellgut (Weizen)
95 g Weizen-Vollkornmehl

Nussmischung
65 g Mandeln
40 g Pistazien (geschält, nicht geröstet)
30 g Wasser

Hauptteig
Sauerteig
295 g Wasser, lauwarm
12 g Salz
8 g Frischhefe
110 g Roggenmehl 997
290 g Weizenmehl 550
125 g Weizenmehl 1050
Nussmischung
frische oder getrocknete essbare Blüten, falls gewünscht

Außerdem
1 kleine Handvoll essbare Blüten, getrocknet (Seite 199)
Bäckerglanz (Seite 198)

Tag 1

SAUERTEIG

Die Zutaten für den Sauerteig vermischen und abgedeckt 15 Stunden bei warmer Temperatur gären lassen.

NUSSMISCHUNG

Selbstverständlich können Sie auch fertig gekaufte Mandelstifte verwenden, doch schmecken diese nicht so gut. – Die Mandeln mit heißem Wasser überbrühen, nach einigen Minuten das Wasser abgießen und die Mandeln nochmals überbrühen. Die Häute abziehen und die Mandeln in grobe Stücke hacken. In einer Pfanne ohne Fett goldbraun rösten. Während der letzten 2 Minuten die Pistazien dazugeben und leicht mitrösten lassen. Die Nussmischung in ein Schälchen umfüllen und mit 30 g kochendem Wasser überbrühen, über Nacht abgedeckt ruhen lassen, ab und zu umrühren.

Tag 2

HAUPTTEIG

Alle Zutaten für den Hauptteig in den Teigkessel geben. 9 Minuten langsam, dann 3 Minuten schnell kneten. Es entsteht ein wunderbar elastischer Teig, der sich von den Schüsselrändern löst. 30 Minuten abgedeckt ruhen lassen.

Dann den Teig zu einem Laib wirken. Mit dem Schluss nach oben in einen Gärkorb geben. 60 Minuten abgedeckt an einem warmen Ort gehen lassen.

Inzwischen können Sie den Bäckerglanz zubereiten und abkühlen lassen.

Das Brot auf ein Blech oder Schießholz stürzen und kreuzweise einschneiden. In den auf 250 °C (Ober-/Unterhitze) vorgeheizten Ofen einschießen und schwaden.

Nach 15 Minuten Backzeit die Temperatur auf 180 °C herunterschalten und das Brot 40 Minuten fertig backen.

Den Bäckerglanz nochmals kräftig durchrühren. Den Laib auf einen Gitterrost legen und sofort mit einem Bräunwisch oder großen Backpinsel mit dem Bäckerglanz einstreichen. Mit der Blütenmischung bestreuen und diese mit trockenen Händen oder unter behutsamer Zuhilfenahme eines Geschirrtuches leicht andrücken.

OLIVENSAMEN-BROT MIT GETROCKNETEN TOMATEN

Bislang habe ich Olivenkerne immer achtlos ausgespuckt, bis ich erfuhr, dass sich darin Samenkörner befinden, die zum Verzehr geeignet sind. Diese Samen kann man getrocknet kaufen, im Ganzen oder aber in pulverisierter Form. Der Geschmack ist außergewöhnlich, sehr würzig, natürlich mit Oliven-, aber auch mit Kaffeearomen, dazu mit einer leichten Schärfe sowie mit Bitterstoffen. Zusammen mit den süßlich-fruchtigen Tomaten eine spannende Kombination.

Zubereitungszeit: 70 Stunden
Arbeitszeit Vorteig: 5 Minuten
Arbeitszeit Hauptteig: 35 Minuten
Arbeitszeit Laibe formen: 10 Minuten
Arbeitszeit Backtag: 15 Minuten
Teiggare: 69 Stunden
Backzeit: 50 Minuten

Für 2 Laibe à 500 g = 1 kg Brot

Sauerteig
280 g Weizenmehl 550
45 g Anstellgut (Weizen)
240 g Wasser, lauwarm

Olivensamen/Tomaten/Öl
10 g ganze Olivensamen (Seite 201)
etwas Einweichwasser
80 g Tomaten, getrocknet und eingelegt (Seite 197)
15 g Tomatenkernöl (ersatzweise Öl von eingelegten getrockneten Tomaten)

Autolyseteig
Sauerteig
210 g Wasser, lauwarm (einschl. Einweichwasser)
290 g Weizenmehl 550
20 g Olivensamenmehl (Seite 201)

Hauptteig
Autolyseteig
3 g Frischhefe
11 g Salz
Tomatenkernöl
eingeweichte Olivensamen
Tomatenwürfel

Außerdem
etwas Tomatenkernöl zum Bestreichen
Olivensamenmehl zum Bepudern

Tag 1

SAUERTEIG
Die Zutaten für den Sauerteig vermischen und abgedeckt 16 Stunden bei Raumtemperatur ruhen lassen.

OLIVENSAMEN
Die Samen mit etwas lauwarmem Wasser bis zum nächsten Tag einweichen.

Tag 2

VORBEREITUNGEN
Die Olivensamen in ein Sieb geben und abtropfen lassen. Das Einweichwasser dabei auffangen und auf 210 g für den Autolyseteig auffüllen. Die eingelegten, getrockneten Tomaten zunächst in Streifen, dann in Würfelchen schneiden.

AUTOLYSETEIG
Die Zutaten für den Autolyseteig gut vermischen und abgedeckt 30 Minuten bei Raumtemperatur quellen lassen.

HAUPTTEIG
Hefe und Salz dazugeben und 4 Minuten langsam, dann 8 Minuten schnell kneten. 15 g Tomatenkernöl in einem dünnen Strahl in den Teigkessel fließen lassen, bis es vollständig untergeknetet ist, das dauert etwa 2 Minuten. Den Teig auf die Arbeitsfläche geben und von Hand die Samen und Tomatenwürfel unterkneten, dann abgedeckt 90 Minuten ruhen lassen. Nach jeweils 30, 60 und 90 Minuten den Teig dehnen und falten, dann für 22 Stunden gut abgedeckt in den Kühlschrank stellen.

Tag 3

Den Teig in 2 Teile teilen, behutsam zu Laiben wirken und mit dem Schluss nach oben in mit Mehl bepuderten Teigtüchern in Gärkörbe legen. Mit Folie umwickeln und für weitere 24 Stunden im Kühlschrank reifen lassen.

Tag 4

Die Teiglinge aus dem Kühlschrank nehmen und bei Raumtemperatur gut 1 Stunde akklimatisieren lassen.

Die Laibe vorsichtig mit dem Schluss nach unten auf ein Backblech oder Schießholz setzen und nach Belieben einschneiden. In den auf 250 °C (Ober-/Unterhitze) vorgeheizten Ofen einschießen und kräftig schwaden. Nach wenigen Minuten die Ofentür kurz öffnen, um überschüssigen Wasserdampf zu entlassen.

Nach 20 Minuten Backzeit den Ofen auf 200 °C zurückschalten und 25 Minuten weiterbacken.

Die Laibe aus dem Ofen holen, satt mit Tomatenkernöl einpinseln und unter Zuhilfenahme eines Teesiebes mit Olivensamenmehl bepudern. In den Ofen zurückschieben und die Brote 5 Minuten fertig backen.

HEUBROT MIT APFEL

Vom Heusüppchen zum Heubrot … würde es gelingen, ein Brot zu backen, das ebenso nach frischem Heu schmeckt wie Heusuppe? Da viele zarte Aromen durch den Backvorgang stark reduziert werden, müssen wir möglichst viel Heuaroma extrahieren. Dafür legen wir das Heu in heiße Milch und lassen es darin ziehen. Außerdem wird zu Beginn der Backzeit angefeuchtetes Heu auf ein separates, auf dem Ofenboden vorgeheiztes Blech gelegt. Ob man all dies dann wirklich schmeckt? Vielleicht ist es eine Glaubensfrage …

Zubereitungszeit: 23 Stunden
Arbeitszeit Vortag: 10 Minuten
Arbeitszeit Backtag: 45 Minuten
Teiggare: 21 Stunden
Backzeit: 50–55 Minuten

Für 1 kg Brot

Sauerteig
105 g Wasser, lauwarm
13 g Anstellgut (Roggen)
105 g Roggenmehl 997

Vorteig
75 g Wasser, kalt
2 g Frischhefe
75 g Weizenmehl 1050

Heumilch
35–40 g Heu (Seite 200)
390 g (netto 220 g) Frischmilch
Wer das Heuaroma intensivieren möchte, benötigt bis zu 160 g Heu und 750 g Milch

Hauptteig
Vorteig
Sauerteig
220 g Heumilch, lauwarm
2 g Frischhefe
14 g Salz
6 g Rohrzucker
440 g Weizenmehl 550
160–180 g (netto 120 g) säuerliche Äpfel

Außerdem
40 g Heu beim Einschießen

Tag 1

SAUERTEIG

Die Sauerteigzutaten vermengen und 20 Stunden abgedeckt bei Raumtemperatur reifen lassen.

VORTEIG

Die Zutaten vermischen und abgedeckt 2 Stunden bei Raumtemperatur anspringen lassen, dann für 18 Stunden in den Kühlschrank stellen.

Tag 2

HEUMILCH

Die Milch bis kurz vor dem Sieden erhitzen. Inzwischen 35–40 g Heu gegebenenfalls etwas kleiner schneiden, in eine große Schüssel legen und mit der heißen Milch übergießen. Das Heu 8 Minuten lang in der Milch ziehen lassen, nicht länger, da sonst Bitterstoffe freigesetzt werden. Das Heu in der Milch regelmäßig wenden. Die Milch durch ein feines Sieb gießen und 220 g davon für den Hauptteig abmessen. Das ausgelaugte Heu entsorgen, die übrige Milch können Sie trinken. Wer den Geschmack intensivieren möchte, wiederholt den Vorgang ein- oder mehrmals, benötigt aber pro Vorgang wiederum 35–40 g Heu und etwa 120 g Milch. Die Heumilch abkühlen lassen, bis sie lauwarm ist.

HAUPTTEIG

Zunächst die Äpfel waschen, vierteln, die Kerngehäuse, Stiel- und Blütenansätze entfernen und die Äpfel mitsamt den Schalen grob raspeln. Es sollten etwa 120 g Raspel entstehen.

Alle Zutaten in den Teigkessel geben und 4 Minuten langsam, dann 6–8 Minuten schnell kneten. Den Teig 45 Minuten abgedeckt ruhen lassen. Nach jeweils 15 und 30 Minuten den Teig dehnen und falten.

Nach der Teigruhe den Teig nochmals dehnen und falten, halbieren und zu zwei länglichen, rustikal geformten Laiben wirken, ohne den Teig zu sehr zu entgasen. Die Teiglinge leicht mit Mehl bestreuen und in Bäckerleinen 45 Minuten gehen lassen. Den Ofen auf 240 °C (Ober-/Unterhitze) vorheizen, auf dem Ofenboden ein Pizza- oder anderes Backblech mit vorheizen.

Rechtzeitig vor dem Einschießen etwa 40 g Heu in einer Schüssel mit etwas Wasser vermengen, bis das Heu vollständig feucht ist. Eine halbe Tasse Wasser zum Schwaden bereitstellen.

Die Teiglinge auf ein leicht mehliertes Backblech setzen. Den Ofen öffnen, das Heu auf das vorgeheizte Bodenblech verteilen, die halbe Tasse Wasser darübergießen und sofort das Blech mit den Broten einschieben. Das sollte sehr schnell gehen, damit der Heudampf möglichst vollständig im Ofen bleibt.

Die Brote 15 Minuten anbacken, dann den Ofen auf 190 °C herunterschalten und das Blech mit dem Heu aus dem Ofen nehmen, damit das Heu nicht verbrennt. Die Brote 35–40 Minuten fertigbacken. Die Kruste sollte mittel- bis dunkelbraun sein und wunderbar knusprig.

CHILI-FLÛTES

Bei Flûtes handelt es sich um Baguettes, welche nur den etwa halben Durchmesser normaler Baguettes haben. Wir reichern den Baguetteteig mit kleinen Chiliwürfelchen, Kräutern, Sonnenblumen- und Kürbiskernen an. Die Schärfe können Sie selbst bestimmen, indem Sie Chilischoten mit dem von Ihnen favorisierten Schärfegrad auswählen. Anstatt Chilischoten können auch kleine, dünnwandige Paprikaschoten („Snackpaprika"), verwendet werden. Die Flûtes passen besonders gut für einen gemütlichen Grillabend.

Zubereitungszeit: 41 ¼ Stunden
Arbeitszeit Vortag: 5 Minuten
Arbeitszeit Teigzubereitung: 20 Minuten
Arbeitszeit Backtag: 20 Minuten
Teiggare: 41 Stunden
Backzeit: 20 Minuten

Für 4 Flûtes à 250 g = 1 kg

Vorteig
195 g Wasser, lauwarm
0,3 g Frischhefe
195 g Weizenmehl 1050

Autolyseteig
Vorteig
195 g Wasser, lauwarm
390 g Weizenmehl 550

Chili/Kerne/Kräuter
120 g rote, gelbe und grüne Chilischoten
50 g Sonnenblumenkerne
50 g Kürbiskerne
3 EL Kräuter, gehackt

Hauptteig
20 g Wasser, lauwarm
4 g Frischhefe
13,5 g Salz
Autolyseteig
Chiliwürfel
Kerne
Kräuter

Tag 1

VORTEIG

Die Zutaten für den Vorteig gut vermengen und abgedeckt 14 Stunden bei Raumtemperatur ruhen lassen.

Tag 2

AUTOLYSETEIG

Den Vorteig mit Mehl und Wasser gut vermischen und 60 Minuten bei Raumtemperatur abgedeckt quellen lassen.

Inzwischen die Chilischoten längs vierteln, entkernen, den Stielansatz entfernen und die Chilis in kleine Würfelchen (ca. 4–5 mm) schneiden. Die Sonnenblumen- und Kürbiskerne in einer Pfanne ohne Fett goldbraun rösten. Die Kräuter hacken.

HAUPTTEIG

Wasser, Hefe und Salz zum Autolyseteig in den Teigkessel geben, Kerne, Kräuter und Chiliwürfelchen darüber verteilen. Den Teig 4 Minuten langsam, dann 4 Minuten schnell kneten und abgedeckt 40 Minuten ruhen lassen. Nach jeweils 20 und 40 Minuten den Teig dehnen und falten, dann gut abgedeckt für 24 Stunden im Kühlschrank reifen lassen.

Tag 3

Den Teig aus dem Kühlschrank nehmen und ohne Akklimatisieren in 4 gleich große Stücke teilen, diese vorsichtig zu Kugeln formen, ohne den Teig zu entgasen. Dazu mit den Fingerspitzen jeweils ein Stück Teigrand nach außen ziehen, zur Mitte einschlagen und mit den Fingerspitzen andrücken. Diesen Vorgang etwa zehnmal wiederholen, dabei den Teigling jeweils ein Stückchen weiterdrehen. Dadurch erhält der Teigling zusätzliche Spannung und wird schön rund. 15 Minuten mit dem Schluss nach unten ruhen lassen.

Die Teigkugeln wenden, zu ovalen Teigplatten auseinanderziehen und zu Teigrollen vorformen, dabei wiederum Spannung auf der Teigoberfläche erzeugen. 15 Minuten ruhen lassen.

Die Teigrollen mit beiden Händen zu etwa 2,5–3 cm dicken Stangen ausrollen. In gut bemehlten Leinentüchern nochmals 15 Minuten ruhen lassen.

Die Teiglinge vorsichtig auf ein mit Mehl bepudertes oder mit Backtrennspray besprühtes Backblech setzen und einschneiden, in den auf 250 °C (Ober-/Unterhitze) vorgeheizten Ofen einschießen und kräftig schwaden. Nach wenigen Minuten den Ofen kurz öffnen, um den überschüssigen Dampf abzulassen.

Nach 10 Minuten Backzeit den Ofen auf 190 °C zurückschalten und die Flûtes weitere 10 Minuten fertig backen.

LINDENBLÜTENBROT

Keine Angst, dieses Brot schmeckt überhaupt nicht nach Gesundheitstee. Der Geschmack der Blüten kommt sehr zart durch und wird mit den nussigen Aromen von Sonnenblumen- und Kürbiskernen kombiniert, außerdem durch ein wenig Honig abgerundet. Es ist doch schön, dass Linden eine der wichtigsten Nahrungsquellen für Bienen sind, und so schließt sich der Kreis. Für dieses Brot verwenden wir nur die Blüten und nicht die zungenförmigen Deckblätter.

Zubereitungszeit: 18 Stunden
Arbeitszeit Vortag: 15 Minuten
Arbeitszeit Backtag: 25 Minuten
Teiggare: 17 Stunden
Backzeit: 60 Minuten

Für 1 kg Brot

Sauerteig
100 g Lindenblütentee, lauwarm
10 g Anstellgut (Roggen)
100 g Roggenmehl 1370

Vorteig
200 g Lindenblütentee, lauwarm
2 g Frischhefe
200 g Weizenmehl 1050

Brühstück
90 g Sonnenblumenkerne
30 g Kürbiskerne
85 g Lindenblütentee

Hauptteig
Sauerteig
Vorteig
Brühstück
85 g Lindenblütentee
6 g Frischhefe
14 g Meersalz
24 g Honig
80 g Roggenmehl 997
220 g Weizenmehl 550
2 Handvoll frische Lindenblüten

Tag 1

SAUERTEIG
Den Tee mit dem Anstellgut und dem Mehl vermischen und abgedeckt 15 Stunden an einem warmen Ort gären lassen.

VORTEIG
Die Zutaten ebenfalls gut vermengen und 2 Stunden abgedeckt bei Raumtemperatur stehen lassen, dann für 13 Stunden im Kühlschrank zur Reife stellen.

BRÜHSTÜCK
Die Kerne ohne Fett in einer Pfanne rösten, etwas abkühlen lassen und mahlen, im Mixbecher oder in der Küchenmaschine. 85 g Lindenblütentee erhitzen und über das Saatenmehl geben. Über Nacht abgedeckt quellen lassen.

Tag 2

VORBEREITUNG
Die Blüten von den Stielen zupfen. Dabei schütteln Sie bitte gründlich die kleinen schwarzen Käferchen heraus, welche wenig Freude daran hätten, im Backofen zu landen.

HAUPTTEIG
Alle Zutaten in den Teigkessel geben und 6 Minuten langsam, dann 6 Minuten schnell kneten. 45 Minuten abgedeckt ruhen lassen. Nach jeweils 15 und 30 Minuten den Teig dehnen und falten.

Den Teig nach der Ruhephase zu einem Laib wirken und mit dem Schluss nach oben in einen Gärkorb legen. Abgedeckt 45 Minuten an einem warmen Ort gehen lassen.

Den Laib behutsam auf ein Backblech oder Schießholz stürzen und nach Belieben einschneiden. In den auf 250 °C (Ober-/Unterhitze) vorgeheizten Ofen einschießen und schwaden. Den Ofen nach 15 Minuten auf 200 °C herunterschalten und das Brot 45 Minuten fertig backen.

ZUCCHINI-TOMATEN-DINKELBROT

Der bisweilen in unseren Gärten auftretenden Zucchini-Schwemme wird man durch Backen dieser Brote zwar nicht Dame oder Herr, aber anstatt Ihre freundlichen Nachbarn kübelweise mit Zucchini zu versorgen, können Sie ihnen diese ja in Form eines Zucchinibrotes unterjubeln. Oder Sie empfehlen ihnen dieses Backbuch. Das Brot ist sehr saftig und hält besonders lange frisch. Es passt zu vielerlei Schinken, Salami, Käse und Frischkäse, schmeckt aber auch hervorragend nur mit Butter.

Zubereitungszeit: 17 Stunden
Arbeitszeit Vortag: 10 Minuten
Arbeitszeit Backtag: 30 Minuten
Teiggare: 16 ¼ Stunden
Backzeit: 50 Minuten

Für 2 Laibe à 500 g = 1 kg

Sauerteig
115 g Wasser
9 g Anstellgut (Dinkel oder Weizen)
115 g Dinkel-Vollkornmehl

Vorteig
75 g Wasser
0,7 g Frischhefe
85 g Dinkelmehl 630

Gemüse
340 g Zucchini, kleine
80 g Tomaten, getrocknet und in Öl eingelegt (Seite 197)

Hauptteig
Sauerteig
Vorteig
Zucchini
Tomaten
3,5 g Frischhefe
14 g Salz
430 g Dinkelmehl 630

Tag 1

SAUERTEIG

Die Zutaten für den Sauerteig vermengen und abgedeckt 14 Stunden an einem warmen Ort gären lassen.

VORTEIG

Die Zutaten ebenfalls vermischen und 2 Stunden abgedeckt bei Raumtemperatur anspringen lassen, dann für 12 Stunden in den Kühlschrank stellen.

Tag 2

GEMÜSE

Die Zucchini mit der Schale grob auf ein Geschirrtuch raspeln. Die Tuchenden darüber schlagen und die Zucchini-Raspel leicht ausdrücken. Es sollten etwa 270 g Zucchini-Raspel entstehen, sonst stimmt der Flüssigkeitshaushalt des Teiges nicht. Sie können das Zucchiniwasser auffangen und, sollten Sie zu stark gepresst haben, einen Teil davon wieder zu den Raspeln geben, bis 270 g erreicht sind.

Die getrockneten Tomaten in Streifen schneiden. Die Tomaten sollten nicht abgetropft sein, das Öl darf ruhig mit in den Teig.

HAUPTTEIG

Alle Zutaten in den Teigkessel geben und 12 Minuten langsam kneten. Es soll ein elastischer Teig entstehen, der nicht mehr am Schüsselrand klebt. 30 Minuten abgedeckt ruhen lassen.

Den Teig in 2 Teile teilen, jeweils zu einem Laib wirken und mit dem Schluss nach oben in kleine Gärkörbe legen. Gut 60 Minuten an einem warmen Ort abgedeckt gehen lassen.

Die Laibe auf ein Backblech oder Schießholz stürzen, nach Belieben einschneiden und in den auf 250 °C vorgeheizten Ofen einschießen und schwaden.

Die Temperatur nach 15 Minuten auf 190 °C herunterschalten und die Brote 35 Minuten fertig backen.

Wenn Sie aus dem Teig nur einen Laib zubereiten, verlängert sich die Backzeit um 10–15 Minuten.

Tipp

Brote mit frischem Gemüse halten zwar lange frisch, tendieren jedoch zur Schimmelbildung. Zur Aufbewahrung von Broten siehe Seite 219.

ERBSENBROT MIT KÖRNERN UND SAATEN, 100 % URDINKEL

Dieses Brot ist nicht nur saftig und schmeckt hervorragend, sondern ist mit seinen vielen Proteinen und Ballaststoffen auch eine wahre Energiebombe. Die Zutaten sind für ein 1,65-kg-Brot ausgelegt, für das wir eine 2-Liter-Kastenbackform benötigen. In eckigen Klammern stehen die Zutatenmengen für ein 1-kg-Brot, für welches wir eine Form mit einem Fassungsvermögen von etwa 1,2 Litern verwenden.

Zubereitungszeit: 18 Stunden
Arbeitszeit Vortag: 30 Minuten
Arbeitszeit Backtag: 35 Minuten
Teiggare: 16 ½ Stunden
Backzeit: 60 (+ 30) Minuten

Für ca. 1,65 [bzw. 1] kg Brot, je nach Größe der Backform

Erbsenpüree
600 [360] g Erbsen, frisch oder gefroren
1 Prise Salz
1 Prise Zucker

Sauerteig
200 [120] g Erbsenpüree
15 [9] g Anstellgut (Roggen)
105 [63] g Dinkel-Vollkornmehl

Koch-/Quellstück
80 [48] g getrocknete Erbsen
55 [33] g Einkorn (Körner)
250 [150] g Wasser
60 [36] g Haselnüsse
35 [21] g Sonnenblumenkerne
20 [12] g Haferflocken
40 [24] g Roggenflocken
250 [150] g Magerquark
20 [12] g Leinsaat
20 [12] g Sesam

Hauptteig
400 [240] g Erbsenpüree
Sauerteig
Koch-/Quellstück
5 [3] g Frischhefe
30 [18] g Anstellgut (Roggen)
20 [12] g Salz
15 [9] g Honig
250 [150] g Dinkelmehl 630 (oder Vollkorn)
30 [20] frische Minzblätter, in Streifen geschnitten (optional)

Tag 1

ERBSENPÜREE

Bereits im Vorfeld bereiten wir das Erbsenpüree zu. Etwa 50–100 g Wasser mit jeweils einer guten Prise Salz und Zucker zum Kochen bringen. 600 [360] g Erbsen dazugeben und abgedeckt etwa 5 Minuten garen. Eine große Schüssel mit möglichst kaltem Wasser bereitstellen. Die Erbsen in ein Sieb abseihen, dann für einige Minuten in das kalte Wasser geben, dadurch behalten sie ihre Farbe. Sehr gut abtropfen lassen und mit einem Pürierstab oder in einer Küchenmaschine zu feinem Püree verarbeiten. Abgedeckt abkühlen lassen.

SAUERTEIG

Das Erbsenpüree mit dem Anstellgut und dem Mehl verkneten und abgedeckt 14 Stunden an einem warmen Ort gären lassen.

KOCH-/QUELLSTÜCK

Getrocknete Erbsen und Einkorn grob schroten – es dürfen durchaus noch ganze Getreidekörner und halbe Erbsen sichtbar sein. Zusammen mit 250 [150] g Wasser aufkochen, dann bei sehr niedriger Temperatur 15 Minuten lang abgedeckt simmern lassen. Dabei immer wieder umrühren, damit die Masse nicht ansetzt. Die Körner und Erbsen sollten noch einen guten Biss haben, damit sie nach der Quellphase noch al dente sind.

Währenddessen zunächst die Haselnüsse zusammen mit den Sonnenblumenkernen, dann die Hafer- und Roggenflocken jeweils ohne Fett rösten.

Sobald Erbsen und Einkorn die richtige Konsistenz erreicht haben, den Quark untermengen, dann die Nüsse, Sonnenblumenkerne, Flocken, Leinsaat und Sesam. Abgedeckt über Nacht quellen lassen.

Tag 2

Etwa eine halbe Stunde, bevor wir mit der Zubereitung des Hauptteigs beginnen, das Erbsenpüree und das Koch-/Quellstück etwas temperieren, beispielsweise für 30 Minuten bei 50 °C abgedeckt in den Backofen stellen, dabei ab und zu vermengen.

HAUPTTEIG

Alle Zutaten 10 Minuten langsam, dann 2 Minuten schnell kneten.

Währenddessen die Backform mit Backpapier auskleiden oder mit Backtrennspray einsprühen und mit Dinkelvollkornmehl oder Dinkelschrot ausstreuen.

Den Teig direkt nach Beendigung des Knetvorganges, also ohne Teigruhe, in die Backform füllen, dabei darf die Oberfläche gerne unregelmäßig sein, der Laib erhält dann ein rustikaleres Aussehen. 120 Minuten gehen lassen, bis der Teig um etwa 50 % aufgegangen ist.

Die Teigoberfläche mit Wasser besprühen und mit Sonnenblumenkernen bestreuen. In den auf 230 °C (Ober-/Unterhitze) vorgeheizten Ofen schieben, nicht schwaden. 60 Minuten backen.

Noch 30 Minuten im ausgeschalteten Ofen ruhen lassen. Sollte das Brot zu dunkel werden, mit Alufolie abdecken. In der Form auskühlen lassen.

Zunächst etwas weniger Erbsenpüree verwenden, die benötigte Menge hängt vom Wassergehalt der Erbsen ab. Der Teig sollte recht fest, keinesfalls zu flüssig werden. Das restliche Erbsenpüree bei Bedarf gegen Ende der Knetzeit nach und nach unterkneten.

Tipp

PAPRIKABROT

Dieses knusprige, leicht pikante Brot passt zu allen deftigen Belägen und Aufstrichen. Um Geschmack und Farbe zu intensivieren, verwenden wir Ajvar, eine stark einreduzierte Paprikapaste.

Zubereitungszeit: 19 Stunden
Arbeitszeit Vortag: 10 Minuten
Arbeitszeit Backtag: 35 Minuten
Teiggare: 17 ½ Stunden
Backzeit: 60 Minuten

Für 1 kg Brot

Sauerteig
70 g Wasser, lauwarm
7 g Anstellgut (Roggen)
70 g Roggenmehl 1370

Vorteig
155 g Wasser, lauwarm
0,5 g Frischhefe
225 g Weizenmehl 1050

Hauptteig
Sauerteig
Vorteig
320 g Ajvar (Seite 184)
13,5 g Salz
8,5 g Paprikapulver (scharf oder edelsüß)
6 g Frischhefe
50 g Roggenmehl 997
225 g Weizenmehl 550

Tag 1

SAUERTEIG

Die Zutaten verrühren und 16 Stunden abgedeckt bei 24 °C stehen lassen.

VORTEIG

Wasser, Hefe und Mehl gut verkneten und abgedeckt bei Raumtemperatur 2 Stunden anspringen lassen, dann für 14 Stunden in den Kühlschrank stellen.

Tag 2

HAUPTTEIG

Sauerteig, Vorteig und alle weiteren Zutaten in den Teigkessel geben und 4 Minuten langsam, dann 8 Minuten schnell kneten. Den Teig abgedeckt 45 Minuten bei Raumtemperatur ruhen lassen.

Den Teig zu einem Laib wirken, mit Roggenmehl bestreuen und mit dem Schluss nach unten in einen Gärkorb legen. Abgedeckt 50 Minuten an einem warmen Ort gehen lassen.

Den Teigling auf ein Backblech oder Schießholz stürzen und in den auf 240 °C (Ober-/Unterhitze) vorgeheizten Ofen einschießen. Nach 2 Minuten kräftig schwaden. Nach 15 Minuten Backzeit den Ofen auf 210 °C zurückschalten und das Brot 45 Minuten fertig backen.

Hinweis

Falls Sie das Ajvar nicht nach meinem Rezept selbst kochen, sondern fertig gekauftes verwenden, sollten Sie die Paprikapaste unbedingt noch bei geringer Temperatur ohne Deckel so stark einreduzieren, dass die Konsistenz etwas fester ist als die von Tomatenmark, weil sonst der Teig zu weich wird.

UNTERREITER KARTOFFELBROT

Das vermutlich banalste Rezept in diesem Buch. Doch da es eines der absoluten Lieblingsbrote meiner Nachbarn und Freunde ist – vor allem die Kinder hier im Dorf lieben es –, darf es hier nicht fehlen, zumal dafür schon ältere oder bereits schrumpelige Kartoffeln aufgebraucht werden können. Es ist ein aromatisches, rustikales Brot mit krachender Knusperkruste, schön saftig mit einer weichen, elastischen und leicht klebrigen Krume.

Zubereitungszeit: 17 Stunden
Arbeitszeit Vortag: 25 Minuten
Arbeitszeit Backtag: 25 Minuten
Teiggare: 16 Stunden
Backzeit: 50–60 Minuten

Für 1 kg Brot

Sauerteig
120 g Wasser, lauwarm
11 g Anstellgut (Roggen)
110 g Roggenmehl 1370

Vorteig
110 g Wasser, lauwarm
1 g Frischhefe
110 g Weizenmehl 550

Kartoffeln
255 g (netto 230 g) Kartoffeln
Salz für das Kochwasser

Quellstück
40 g Altbrot, fein gemahlen (Seite 198)
75 g Wasser, heiß

Hauptteig
Sauerteig
Vorteig
Quellstück
Kartoffeln
80 g Wasser, lauwarm
355 g Weizenmehl 1050
20 g Roggenmehl 997
18 g Salz
5,5 g Frischhefe

Tag 1

SAUERTEIG

Die Zutaten für den Sauerteig vermengen und abgedeckt 14 Stunden bei warmer Temperatur gären lassen.

VORTEIG

Alle Vorteigzutaten vermischen und abgedeckt 2 Stunden bei Raumtemperatur anspringen, dann für 12 Stunden im Kühlschrank reifen lassen.

KARTOFFELN

Etwa 255 g Kartoffeln in leicht gesalzenem Wasser garen, schälen und noch warm durch eine Kartoffelpresse drücken. Es sollten etwa 230 g gepresste Kartoffeln übrig bleiben. Mit einem Tuch abgedeckt bis zum nächsten Tag ausdampfen lassen.

QUELLSTÜCK

Das fein geriebene Altbrot mit 75 g heißem Wasser übergießen, gut vermengen und abgedeckt abkühlen lassen. Anfangs noch einige Male durchmischen, um trockene Nester zu vermeiden.

Tag 2

HAUPTTEIG

Alle Zutaten in den Teigkessel geben, 4 Minuten langsam, dann 8 Minuten schnell kneten. Es entsteht ein elastischer, leicht klebriger Teig. 30 Minuten abgedeckt ruhen lassen.

Den Teig zu einem Laib wirken. Leicht bemehlt mit dem Schluss nach unten in einen Gärkorb geben. 60 Minuten abgedeckt bei Raumtemperatur oder wärmer gehen lassen.

Das Brot auf ein Backblech oder Schießholz stürzen und in den auf 250 °C (Ober-/Unterhitze) vorgeheizten Ofen einschießen und kräftig schwaden. Nach 15 Minuten den Ofen auf 200 °C herunterschalten und das Brot 35–45 Minuten fertig backen.

Tipp

Je älter die Kartoffeln, desto besser und aromatischer. Junge Kartoffeln enthalten noch sehr viel Wasser. Falls Sie solche verwenden, sollten Sie mit der Flüssigkeitszugabe vorsichtig sein und lieber zunächst weniger Wasser zuschütten.

HEIDELBEERBROT MIT MOHN UND KARTOFFELN

Ein ästhetisch reizvolles, fruchtiges Brot mit süß-säuerlichen Aromen. Die Beeren werden durch Darren und Einköcheln auf etwa die Hälfte ihres Gewichts einreduziert – somit bescheren sie dem Brot ein intensiveres Aroma und eine schönere Farbe. Dank der Beeren und Kartoffeln ist dieses Brot saftig und erhält durch die Zugabe von geröstetem Mohn einen nussigen Akzent. Besonders gut passt es zu Käse.

Zubereitungszeit: 22 ½ Stunden
Arbeitszeit Vortag: 40 Minuten
Arbeitszeit Backtag: 40 Minuten
Teiggare: 18 Stunden
Backzeit: 60 Minuten

Für gut 1 kg Brot

Heidelbeeren/Kartoffeln/Mohn
800 g (netto 365 g) Heidelbeeren, frisch oder gefroren
210 g (netto 190 g) Kartoffeln
Salz für das Kochwasser
55 g Blaumohn

Sauerteig
90 g Wasser, lauwarm
8 g Anstellgut (Roggen)
80 g Roggenmehl 1370

Vorteig
110 g Heidelbeerpüree
1,5 g Frischhefe
90 g Weizenmehl 1050

Hauptteig
Sauerteig
Vorteig
60 g Heidelbeerpüree
Mohn-Heidelbeer-Mischung
190 g durchgepresste Kartoffeln
280 g Weizenmehl 550
4 g Frischhefe
14 g Salz
7 g Essig
20 g Zuckerrübensirup
gedarrte Heidelbeeren

Tag 1

Bereits mehrere Stunden, bevor Sie die Vorteige ansetzen möchten, müssen die Heidelbeeren gedarrt sowie ein Beerenpüree hergestellt werden.

375 g Heidelbeeren auf einem mit Backpapier ausgelegten Backblech verteilen und bei 100 °C (Umluft) so lange darren, bis der aus den Beeren austretende Saft verdampft ist und etwa 150 g Beeren übrig bleiben. Dabei einen Kochlöffelstiel in die Ofentüre klemmen, damit der Wasserdampf entweichen kann. Das dauert etwa 2–3 Stunden. Ab und zu die Beeren wenden.

Die übrigen 425 g Heidelbeeren in einen Topf geben, etwas zerstampfen und bei niedriger Flamme unter gelegentlichem Rühren auf die Hälfte einreduzieren, so dass etwa 215 g übrig bleiben. Mit einem Pürierstab oder in der Küchenmaschine pürieren und abkühlen lassen.

SAUERTEIG

Die Zutaten für den Sauerteig gut vermengen und abgedeckt 16 Stunden bei angenehmer, warmer Temperatur gären lassen.

VORTEIG

Die Zutaten für den Hefevorteig verkneten. Abgedeckt 2 Stunden bei Raumtemperatur anspringen lassen, dann für 14 Stunden in den Kühlschrank verfrachten.

KARTOFFELN

Etwa 210 g Kartoffeln in leicht gesalzenem Wasser garen, schälen und noch warm durch eine Kartoffelpresse drücken. Es sollten etwa 190 g durchgepresste Kartoffeln übrig bleiben. Mit einem Tuch abgedeckt über Nacht ausdampfen lassen.

MOHN

Den Mohn in einer kleinen Pfanne ohne Fett einige Minuten lang rösten, bis der Mohn seine Aromen entfaltet und leicht zu knacken beginnt. Noch heiß mit 45 g Heidelbeerpüree vermengen, abgedeckt abkühlen lassen.

Tag 2

HAUPTTEIG

Alle Zutaten bis auf die gedarrten Heidelbeeren in den Teigkessel geben und 4 Minuten langsam, dann 8 Minuten schnell kneten. Es entsteht ein relativ fester, elastischer Teig. Dann im Langsamgang oder von Hand die gedarrten Heidelbeeren vorsichtig unterkneten. Abgedeckt 40 Minuten ruhen lassen. Nach 20 Minuten den Teig mehrfach dehnen und falten.

Den Teig zu einem Laib wirken. Leicht bemehlt in einen Gärkorb geben. Wenn Sie eine rustikal aufgerissene Kruste mögen, legen Sie den Teigling mit dem Schluss nach unten in den Korb, wollen Sie ihn einschneiden, mit dem Schluss nach oben. Abgedeckt 75 Minuten an einem warmen Ort gehen lassen.

Das Brot auf ein Backblech oder Schießholz stürzen, gegebenenfalls einschneiden und in den auf 250 °C (Ober-/Unterhitze) vorgeheizten Ofen einschießen und kräftig schwaden. Nach 15 Minuten den Ofen auf 200 °C herunterschalten und 45 Minuten fertig backen.

KAROTTENBROT MIT KAMILLE UND KÜRBISKERNEN

Im Gegensatz zu vielen anderen Karottenbroten hat dieses nicht nur eine intensiv orangene Farbe, sondern schmeckt auch sehr deutlich nach den gelben Rüben. Dies erreichen wir durch Verwendung von Karottensaft statt des Schüttwassers. Der Einsatz von getrockneten und gemahlenen Kamillenblüten mag zunächst irritieren, doch passen diese – sparsam eingesetzt – hervorragend zu den Karotten. Der Geschmack ist süßlich mit leichten Bitteraromen im Nachgang. Das Brot ist auch sehr gut zum Dippen geeignet.

Zubereitungszeit: 16 ¾ Stunden
Arbeitszeit Vortag: 15 Minuten
Arbeitszeit Backtag: 35 Minuten
Teiggare: 16 Stunden
Backzeit: 50 Minuten

Für 2 Laibe à 500 g = 1 kg

Sauerteig
115 g Karottensaft
15 g Anstellgut (Weizen)
100 g Weizen-Vollkornmehl

Vorteig
80 g Karottensaft
0,7 g Frischhefe
70 g Weizenmehl 550

Quellstück
100 g Kürbiskerne
40 g Wasser

Kamille/Karotten
2 leicht gehäufte EL Kamillenblüten, getrocknet
180 g Karotten

Hauptteig
Sauerteig
Vorteig
Brühstück
120 g Karottensaft
5 g Frischhefe
18 g Salz
30 g Roggenmehl 997
335 g Weizenmehl 550
gemahlene Kamillenblüten
geraspelte Karotten
20 g Kürbiskernöl

Tag 1

SAUERTEIG
Die Zutaten für den Sauerteig vermischen und abgedeckt 14 Stunden an einem warmen Ort gären lassen.

VORTEIG
Saft, Hefe und Weizenmehl vermengen, 14 Stunden abgedeckt bei Raumtemperatur gehen lassen.

QUELLSTÜCK
Die Kürbiskerne in einer Pfanne ohne Fett anrösten, in ein Schälchen umfüllen und mit 40 g Wasser übergießen. Über Nacht abgedeckt quellen lassen und anfangs ab und zu umrühren.

Tag 2

VORBEREITUNGEN
Die Kamillenblüten im Mixbecher oder in einer Schlagwerk-Kaffeemühle zu einem feinen Pulver verarbeiten. Die Karotten fein raspeln.

HAUPTTEIG
Alle Zutaten bis auf das Kürbiskernöl in den Teigkessel geben und 4 Minuten langsam, dann 8 Minuten schnell zu einem elastischen Teig kneten. Gegen Ende das Kürbiskernöl in einem dünnen Strahl einfließen lassen. Sollte sich dieses nicht gut unterkneten lassen, mit einer Teigkarte nachhelfen. Den Teig 30 Minuten abgedeckt ruhen lassen.

Den Teig in 2 Teile teilen und zu Laiben wirken. In kleinen Gärkörben 60 Minuten an einem warmen Ort abgedeckt gehen lassen.

Die Brote auf ein Backblech oder Schießholz stürzen und in den auf 250 °C (Ober-/Unterhitze) vorgeheizten Ofen einschießen und schwaden.

Nach 15 Minuten die Temperatur auf 200 °C herunterschalten und die Brote 35 Minuten fertig backen.

Sollten Sie statt zweier kleiner Brote einen großen Laib backen, erhöht sich die Stückgare auf etwa 70 Minuten, die Backzeit auf 60 Minuten.

Wer sich an den Karottengeschmack zunächst herantasten möchte, tauscht einen Teil des Saftes durch Wasser aus, verwendet aber nur etwa 90 % der Menge. Wer also 100 g Saft ersetzen möchte, nimmt nur 90 g Wasser. Die Kamillenblüten können Sie weglassen oder zunächst nur eine kleinere Menge verwenden.

Tipp

JOHANNISBEER-SAFRANBRÖTCHEN

Safran macht nicht nur den Kuchen gel, sondern auch diese Brötchen. Wer Safran mit seinen leichten Bitternoten im Abgang nicht mag, wird wenig Freude an diesen Brötchen haben, doch wer Safran liebt, wird die Kombination mit den leicht säuerlichen Johannisbeeren sehr schätzen. Hier verwenden wir getrocknete Beeren, welche man entweder selbst trocknen oder bereits fertig gefriergetrocknet kaufen kann.

Zubereitungszeit: 30 ½ Stunden
Arbeitszeit Vortag: 40 Minuten
Arbeitszeit Backtag: 25 Minuten
Teiggare: 30 ¼ Stunden
Backzeit: 20–25 Minuten

Für 16 Brötchen à 65 g = ca. 1 kg

Vorteig
180 g Wasser, lauwarm
0,8 g Frischhefe
160 g Weizenmehl 1050

Safran
0,5–0,6 g Safranfäden
5 g Zucker
40 g Wasser

Hauptteig
100 g Wasser, lauwarm
Safran
Vorteig
190 g Schmand
14 g Meersalz
40 g Honig
1 g Frischhefe
30 g Anstellgut (Weizen)
60 g Dinkelmehl 1050
390 g Weizenmehl 550
40 g Johannisbeeren, getrocknet

Tag 1

VORTEIG

Bereits morgens die Zutaten für den Vorteig vermischen, abgedeckt 2 Stunden bei Raumtemperatur stehen lassen, dann für 10 Stunden in den Kühlschrank stellen.

SAFRAN

Die Safranfäden zusammen mit dem Zucker im Mörser oder Mixer fein zermahlen. 40 g Wasser zum Kochen bringen, den Safran dazugeben und 2–3 Minuten lang leicht simmern, dann abgedeckt abkühlen lassen.

HAUPTTEIG

Alle Zutaten für den Hauptteig außer den Johannisbeeren in den Teigkessel geben. 4 Minuten langsam, dann 6 Minuten schnell kneten. Zum Schluss die Johannisbeeren im Langsamgang oder von Hand unterkneten. 60 Minuten abgedeckt ruhen lassen. Nach jeweils 20, 40 und 60 Minuten den Teig zweifach dehnen und falten, dann abgedeckt für 13 Stunden in den Kühlschrank stellen.

Tag 2

Mit der Teigkarte 16 Teiglinge (à ca. 75 g) abstechen, zu Brötchen schleifen und mit dem Schluss nach unten auf ein mit Backpapier belegtes Blech setzen. Mit einem Tuch abgedeckt etwa 90 Minuten gehen lassen, bis sich die Teiglinge flaumig anfühlen und eine leichte Haut gebildet haben.

Die Brötchen nach Belieben einschneiden. Das Blech auf die mittlere Schiene des auf 220 °C (Ober-/Unterhitze) vorgeheizten Ofens schieben, kräftig schwaden. Etwa 20–25 Minuten lang leicht goldbraun backen. Wenn die Brötchen auf zwei Bleche verteilt werden, verlängert sich die Backzeit um 5–10 Minuten, und die Bleche müssen nach der Hälfte der Backzeit ausgetauscht werden.

SPINATBROT

Dieses Brot schmeckt nicht so intensiv nach Spinat, als dass Kinder es nicht mögen würden. Im Gegenteil, vielleicht finden sie ja sogar die Farbe cool. Sie können frischen oder Tiefkühlspinat verwenden. Den Spinat muss man vor der Weiterverarbeitung sehr gut abtropfen lassen, deshalb sollten Sie beim Ernten oder Einkaufen eine deutlich größere Menge einplanen.

Zubereitungszeit: 19 Stunden
Arbeitszeit Vortag: 15–25 Minuten
Arbeitszeit Backtag: 20 Minuten
Teiggare: 17 ¾ Stunden
Backzeit: 60 Minuten

Für 1 kg Brot

Sauerteig
165 g Wasser, lauwarm
18 g Anstellgut (Weizen)
165 g Weizenmehl 1050

Quellstück
25 g Sesamsaat
30 g Wasser

Spinat
400–500 g (netto 305 g) Spinat, frisch oder gefroren

Hauptteig
Sauerteig
305 g Spinatpüree
6 g Frischhefe
12 g Salz
Quellstück
435 g Weizenmehl 550

Tag 1

SAUERTEIG

Die Zutaten gut vermischen und abgedeckt 16 Stunden bei Raumtemperatur oder wärmer gären lassen.

QUELLSTÜCK

Den Sesam in einer Pfanne ohne Fett einige Minuten lang goldbraun rösten, in ein Schüsselchen umfüllen und mit 30 g Wasser übergießen. Vermengen und abgedeckt bis zum nächsten Tag quellen lassen.

SPINAT

Wenn Sie frischen Spinat verwenden, diesen einige Minuten lang in sprudelnd kochendem Wasser blanchieren und dann in eine große Schüssel mit möglichst kaltem Wasser schöpfen, so behält der Spinat besser seine Farbe. Nach einer Minute in ein Sieb abgießen, etwas ausdrücken und dann in der Küchenmaschine oder mit dem Pürierstab zu möglichst feinem Püree verarbeiten. Über Nacht in einem feinen Sieb abtropfen lassen und gegebenenfalls noch etwas ausdrücken. (Tiefkühlspinat [bereits püriert] in einem feinen Sieb auftauen lassen und dann gründlich ausdrücken.)

Tag 2

HAUPTTEIG

Je nach Flüssigkeitsgehalt des Spinats benötigen Sie eventuell weniger als 305 g Spinatpüree. Deshalb empfehle ich, zunächst nur drei Viertel davon zu verwenden und nach Bedarf weiteren Spinat löffelweise unterzukneten, bis der Teig die richtige Konsistenz hat.

Sämtliche Zutaten zunächst 6 Minuten langsam, dann 6 Minuten schnell kneten. Abgedeckt 30 Minuten ruhen lassen.

Dann den Teig zu einem Laib wirken, mit dem Schluss nach unten in einen mit Speisestärke ausgeriebenen Gärkorb legen und 60 Minuten an einem warmen Ort abgedeckt gehen lassen.

Den Laib auf ein Backblech oder Schießholz stürzen, nach Belieben einschneiden und in den auf 250 °C (Ober-/Unterhitze) vorgeheizten Ofen einschießen und schwaden.

Nach 15 Minuten die Ofentemperatur auf 190 °C zurückschalten und das Brot 45 Minuten fertig backen.

Tipp

Deutlich grüner wird das Brot, wenn Sie einen Teil des Spinatpürees durch eine Spinatmatte (Seite 201) ersetzen. Die Herstellung ist etwas aufwändig, sollte bereits am Vortag erfolgen, und Sie benötigen eine deutlich größere Menge Spinat. Geben Sie am Backtag die fertige Spinatmatte in eine Schüssel und füllen diese mit Spinatpüree, welches bei der Spinatmattenproduktion übrig geblieben ist, auf das benötigte Gesamtgewicht von 305 g auf.

HOLUNDERBEERBROT

Für dieses Brot verwenden wir statt Wasser den aromatischen und sehr gesunden Saft von Holunderbeeren. Man könnte auch noch leicht gedarrte oder getrocknete Beeren mit in den Teig geben, doch für diese Geschmacksintensität muss man schon ein besonders ausgeprägter Holunderfreund sein. Haselnüsse runden den Geschmack dieses saftigen Brotes ab, außerdem Kräuterlikör, den wir zusammen mit Dinkelschrot zu einem Quellstück verarbeiten. Das Brot passt zu allen denkbaren Aufstrichen, Belägen und Beilagen.

Zubereitungszeit: 19 Stunden
Arbeitszeit Vortag: 20 Minuten
Arbeitszeit Backtag: 20 Minuten
Teiggare: 18 ¼ Stunden
Backzeit: 50 Minuten

Für 2 Laibe à 500 g = 1 kg

Sauerteig
150 g Holunderbeersaft
15 g Anstellgut (Roggen)
135 g Roggen-Vollkornmehl

Vorteig
75 g Holunderbeersaft
0,75 g Frischhefe
70 g Dinkel-Vollkornmehl

Quellstück I
45 g Haselnüsse
40 g Wasser

Quellstück II
60 g feines bis mittelfeines Dinkelschrot
60 g Kräuterlikör (z. B. Jägermeister oder Ramazotti)

Hauptteig
Sauerteig
Vorteig
165 g Holunderbeersaft
Haselnussquellstück
Dinkelquellstück
12,5 g Salz
6 g Frischhefe
15 g Honig
335 g Weizenmehl 550

Tag 1

SAUERTEIG
Die Zutaten vermengen und abgedeckt 16 Stunden an einem warmen Ort gären lassen.

VORTEIG
Den Saft mit Hefe und Vollkornmehl vermischen, abgedeckt 2 Stunden bei Raumtemperatur anspringen lassen, dann für 14 Stunden in den Kühlschrank stellen.

QUELLSTÜCK I
Die Haselnüsse mahlen und in einer Pfanne ohne Fett einige Minuten anrösten, bis sie ihr Aroma entfalten. Dabei die Nüsse ständig wenden, damit sie nicht zu dunkel werden. In ein Schüsselchen umfüllen, mit 40 g Wasser verrühren und abgedeckt über Nacht quellen lassen.

QUELLSTÜCK II
Den Kräuterlikör auf etwa 80 °C erhitzen und mit dem Dinkelschrot vermengen. Abgedeckt quellen lassen.

Tag 2

HAUPTTEIG
Alle Zutaten in den Teigkessel geben, 4 Minuten langsam, dann 8 Minuten schnell kneten. Abgedeckt 30 Minuten ruhen lassen.

Den Teig teilen und zu 2 Laiben wirken. Mit Mehl bestäuben und mit dem Schluss nach oben in kleine Gärkörbe legen. An einem warmen Ort abgedeckt 50–60 Minuten gehen lassen.

Die Brote auf ein Backblech oder Schießholz stürzen, hübsch einschneiden, in den auf 240 °C (Ober-/Unterhitze) vorgeheizten Ofen einschießen und kräftig schwaden.

Nach 15 Minuten Backzeit den Ofen auf 200 °C herunterschalten und die duftenden Brote etwa 35 Minuten fertig backen.

BROMBEERBROT MIT PISTAZIEN

Das Brombeeraroma ist dezent säuerlich und macht sich vor allem im Nachgeschmack bemerkbar. Die Pistazienkerne passen sehr gut zu den Beeren, doch arbeiten wir sie auch aus ästhetischen Gründen ein. Denn so schmackhaft dieses Brot auch ist – schön saftig, mit dünner, knuspriger Kruste – wir wollen mit ihm auch einen Augenschmaus bieten, da das Auge schließlich mitisst. Das Brot passt zu allen Belägen und Aufstrichen, besonders gut zu Käse.

Zubereitungszeit: 16 Stunden
Arbeitszeit Vortag: 10 Minuten
Arbeitszeit Backtag: 30 Minuten
Teiggare: 15 ¼ Stunden
Backzeit: 60 Minuten

Für 2 Laibe à 500 g = 1 kg

Sauerteig
- 120 g Wasser, lauwarm
- 20 g Anstellgut (Weizen)
- 120 g Weizenmehl 1050

Vorteig
- 100 g Brombeerpüree (Seite 199)
- 1,5 g Frischhefe
- 80 g Weizenmehl 1050

Hauptteig
- 240 g Brombeerpüree
- 10 g Butterschmalz
- 80 g Pistazienkerne
- Sauerteig
- Vorteig
- 15 g Salz
- 8 g Rohrzucker
- 0,6 g Muskatblüte, gemahlen
- 0,9 g Piment, gemahlen
- 7 g Frischhefe
- 60 g Roggenmehl 997
- 340 g Weizenmehl 550

Tag 1

SAUERTEIG

Die Zutaten vermischen und bei Raumtemperatur oder wärmer abgedeckt 14 Stunden gären lassen.

VORTEIG

Das Brombeerpüree frühzeitig an einen warmen Platz bringen, damit es Zimmertemperatur annimmt. Für den Vorteig ebenfalls die Zutaten vermischen und abgedeckt 2 Stunden bei Raumtemperatur anspringen lassen, dann in den Kühlschrank zur Reife stellen.

Tag 2

VORBEREITUNG

Das Brombeerpüree und das Butterschmalz aus dem Kühlschrank nehmen und auf Zimmertemperatur akklimatisieren lassen oder aber in einem Topf leicht temperieren. Die Pistazien ohne Fett leicht anrösten. Rösten Sie diese zu stark, verlieren sie ihre schöne grüne Farbe.

HAUPTTEIG

Alle Zutaten in den Teigkessel geben und 4 Minuten langsam, dann 12 Minuten schnell kneten und den Teig abgedeckt 30 Minuten ruhen lassen. Nach 15 Minuten den Teig dehnen und falten.

Zwei kleine Gärkörbe mit Teigtüchern auslegen, welche zuvor mit Speisestärke eingerieben wurden. Den Teig in 2 Teile teilen, zu Laiben wirken und in den Gärkörben 50 Minuten gehen lassen.

Die Laibe auf ein Backblech oder Schießholz stürzen und in den auf 250 °C (Ober-/Unterhitze) vorgeheizten Ofen einschießen und schwaden. Nach 15 Minuten Backzeit den Ofen auf 190 °C herunterschalten und die Brote 35 Minuten fertig backen. Wenn Sie aus dem Teig einen großen Laib formen, so verlängert sich die Backzeit um 10 Minuten.

SALBEIBROT

Der Teig für dieses Brot ist sehr weich und wird durch mehrfaches Dehnen und Falten stabilisiert. Vom fertigen Teig werden einfach Stücke mit der Teigkarte abgestochen und direkt aufs Backblech gegeben. Das Brot schmeckt frisch am besten, mit Butter oder in sehr gutes Olivenöl getunkt, dazu gewürfelter Parmesan, Schinken, Salami oder Rauchfleisch. Das Brot ist auch sehr gut als Beilage zum Grillen geeignet. Kurz auf den Grill gelegt, entfaltet der Salbei seinen vollen Geschmack.

Zubereitungszeit: 38 ½ Stunden
Arbeitszeit Vortag: 5 Minuten
Arbeitszeit Teigzubereitung: 25 Minuten
Arbeitszeit Backtag: 20 Minuten
Teiggare: 38 Stunden
Backzeit: 35 Minuten

Für 4 Brote à 250 g = 1 kg

Sauerteig
150 g Wasser, lauwarm
20 g Anstellgut (Weizen)
150 g Ruchmehl (Seite 201)

Salbei
2 EL Olivenöl
2 Handvoll Salbeiblätter, Menge nach Geschmack

Hauptteig
Sauerteig
375 g Wasser, kalt
16 g Salz
5 g Frischhefe
410 g Ruchmehl
10 g Gerstenmalzmehl, enzymaktiv (Seite 214)
Salbei

Tag 1

SAUERTEIG

Die Zutaten gut vermengen und abgedeckt 18 Stunden bei Raumtemperatur oder wärmer stehen lassen.

Tag 2

SALBEI

Olivenöl in einer kleinen Pfanne erhitzen. Die Salbeiblätter in grobe Streifen schneiden und bei mittlerer Temperatur einige Minuten andünsten, bis die Blätter weich sind. Abkühlen lassen.

HAUPTTEIG

Alle Zutaten bis auf den Salbei in eine Teigschüssel geben und mit dem Handrührgerät/Knethaken 6 Minuten lang intensiv kneten, dann die Salbeiblätter langsam unterkneten. Den Teig 120 Minuten abgedeckt gehen lassen. Nach jeweils 60 und 120 Minuten den Teig intensiv dehnen und falten, dann in eine leicht eingeölte Teigschüssel geben und abgedeckt für 18 Stunden im Kühlschrank parken. Der Teig sollte mindestens 8 Stunden lang, kann aber auch 24 Stunden oder länger kühl gelagert werden.

Tag 3

Die Arbeitsfläche dick mit Ruchmehl bestreuen und den Teig vorsichtig daraufgleiten lassen. Nun den Teig nochmals behutsam von allen vier Seiten leicht dehnen und zur Teigmitte überschlagen, so dass ein grobes Rechteck entsteht. Den Teig umdrehen, mit Mehl bestreuen und abgedeckt 10 Minuten ruhen lassen. Ein Backblech mit Backpapier auslegen.

Den Teig mit der Teigkarte in 4 Teile teilen und diese auf das Backblech legen. Abgedeckt 20 Minuten ruhen lassen.

Das Blech in den auf 250 °C (Ober-/Unterhitze) vorgeheizten Ofen schieben. Nach 3 Minuten Backzeit kräftig schwaden. Nach insgesamt 10 Minuten Backzeit die Ofentür kurz öffnen, um den Dampf abzulassen und den Ofen auf 190 °C herunterschalten. Die Brote 20–25 Minuten fertigbacken.

Hinweis

Deutsche Ruchmehle binden in der Regel – ebenso wie Weizenmehl – deutlich weniger Wasser als Schweizer Ruchmehle. Deshalb sollten Sie, wenn Sie statt Schweizer Ruchmehl ein deutsches oder gar Weizenmehl verwenden, das Schüttwasser zunächst deutlich niedriger dosieren und im Laufe des Knetvorgangs gegebenenfalls in kleinen Dosen erhöhen.

KRIECHERLBROT

Kriecherl oder Kriechen-Pflaumen sind eine Unterart der Pflaume. Man findet die Sträucher in manchen Gärten oder an Waldrändern, wohin Vögel die Kerne getragen haben. Die Früchte sind etwas größer als Kirschen. Man kann Kompott oder Marmelade daraus kochen, Schnaps brennen oder sie verbacken. Wir kombinieren die Kriecherl mit Espresso und etwas Currypulver, um den Geschmack der nicht sehr aromatischen Früchte zu ergänzen. Ein saftiges Brot, welches zu allen Aufstrichen und Belägen passt.

Zubereitungszeit: 20 Stunden
Arbeitszeit Kriecherl: 35 Minuten
Arbeitszeit Vortag: 10 Minuten
Arbeitszeit Backtag: 25 Minuten
Teiggare: 19 Stunden
Backzeit: 45–50 + 15 Minuten

Für 2 Laibe à 500 g = 1 kg

Kriecherl
ca. 500–550 g (netto 175 g) Kriecherl
10 g Honig
14 g Salz
25 g Wasser, heiß

Sauerteig
90 g Wasser, lauwarm
9 g Anstellgut (Weizen)
90 g Roggenmehl 1050

Vorteig
90 g Wasser, lauwarm
1 g Frischhefe
90 g Weizenmehl 550

Hauptteig
Sauerteig
Vorteig
75 g Wasser
105 g Espresso
5 g Frischhefe
2 g Currypulver
430 g Weizenmehl 550
gedarrte Kriecherl

Tag 1

KRIECHERL

Das Darren der Kriecherl kann sich bis zu 12 Stunden hinziehen, deshalb erledigen wir diese Arbeit schon am Vortag. Zunächst die Kriecherl waschen, trockentupfen und entsteinen. Das funktioniert sehr gut mit einem Kirschentsteiner. Entweder im Dörrautomat darren, in der Resthitze eines Steinbackofens oder im Haushaltsofen bei etwa 80 °C (Umluft). Die Kriecherl auf ein oder zwei mit Backpapier belegte Backbleche verteilen und in den Ofen schieben. Dabei einen Kochlöffel in die Ofentür klemmen, damit der Wasserdampf entweichen kann. Die Früchte ab und zu wenden. Es sollten etwa 175 g Kriecherl übrig bleiben, welche eine klebrige, etwas festere Konsistenz aufweisen als Marmelade.

Die Kriecherl in eine Schüssel füllen, 10 g Honig und 14 g Salz darüber geben und mit 25 g heißem Wasser ablöschen. Gut vermengen, dadurch lösen sich die Früchte wieder voneinander. Abgedeckt kühlstellen.

Tag 2

SAUERTEIG

Die Zutaten vermischen und bei Raumtemperatur oder wärmer abgedeckt 16 Stunden gären lassen.

VORTEIG

Ebenfalls die Zutaten vermengen und bei Raumtemperatur abgedeckt 16 Stunden reifen lassen.

Tag 3

HAUPTTEIG

Alle Zutaten bis auf die Kriecherl in den Teigkessel füllen und 4 Minuten langsam, dann 6 Minuten schnell kneten. Dann die Kriecherl dazugeben und den Teig 5 Minuten im Langsamgang fertig kneten. Man kann die Kriecherl auch gleich zu Beginn mitkneten, dadurch werden die Früchte stärker zerkleinert und das Brot nimmt eine intensivere Farbe an. Den Teig 40 Minuten abgedeckt ruhen lassen, nach jeweils 20 und 40 Minuten den Teig dehnen und falten, dann nochmals 5 Minuten entspannen lassen.

Den Teig in 2 Teile teilen und nach Belieben zu runden Laiben wirken oder zu Bâtards formen. In kleinen Gärkörben oder in einem Teigtuch 90 Minuten bei Zimmertemperatur oder wärmer gehen lassen.

Die Teiglinge vorsichtig nebeneinander auf ein Backblech oder Schießholz befördern und nach Belieben einschneiden. In den auf 250 °C (Ober-/Unterhitze) vorgeheizten Ofen einschießen und schwaden.

Nach 15 Minuten Backzeit die Temperatur auf 190 °C herunterschalten und die Brote je nach Form und Größe 30–35 Minuten fertig backen. Im ausgeschalteten Ofen nochmals 15 Minuten nachziehen lassen.

PFLAUMENBROT MIT INGWER UND HASELNÜSSEN

Für dieses Brot verwenden wir Pflaumen in ihrer größtmöglichen Geschmacksintensität: als Pflaumenketchup oder -mus. Stundenlang eingekocht, holen Sie das meiste aus den nicht gerade hocharomatischen Früchtchen heraus. Das Brot hat eine angenehme Säure und nur leichte Süße, durch den Ingwer einen dezent scharfen Akzent, und die Nüsse bieten etwas zum Beißen. Das Pflaumenbrot passt zu allen Aufstrichen und Belägen, besonders gut zu Käse und Griebenschmalz.

Zubereitungszeit: 18 ½ Stunden
Arbeitszeit Vortag: 15 Minuten
Arbeitszeit Backtag: 35 Minuten
Teiggare: 17 ¾ Stunden
Backzeit: 50 Minuten

Für 2 Laibe à 500 g = 1 kg

Sauerteig
175 g Wasser, lauwarm
18 g Anstellgut (Roggen)
140 g Roggen-Vollkornmehl

Nüsse/Ingwer
75 g Haselnüsse
15 g Wasser
30 g frischer Ingwer

Mehlkochstück
25 g Dinkelmehl 630
11 g Salz
125 g Wasser, kalt

Hauptteig
Sauerteig
Mehlkochstück
150 g Pflaumenketchup (Seite 193; ersatzweise Pflaumenmus)
6 g Frischhefe
145 g Weizenmehl 550
265 g Dinkelmehl 630
Haselnüsse
Ingwer

Tag 1

SAUERTEIG

Wasser, Anstellgut und Mehl vermischen und bei Raumtemperatur oder wärmer abgedeckt 16 Stunden gären lassen.

NÜSSE

Die Nüsse in einer Pfanne rösten, in ein Schälchen umfüllen, etwas abkühlen lassen und mit 15 g Wasser übergießen. Abgedeckt bis zum nächsten Tag quellen lassen und dabei ab und zu vermengen.

MEHLKOCHSTÜCK

Dinkelmehl und Salz mit einem Schneebesen in 125 g kaltes Wasser klümpchenfrei einrühren, unter ständigem Rühren vorsichtig erhitzen, bis die Masse beginnt anzudicken. Den Topf von der Herdplatte ziehen, 2 Minuten weiterrühren, dann abgedeckt abkühlen lassen.

Tag 2

VORBEREITUNG

Den Ingwer schälen, in kleine Würfelchen schneiden und mit etwas Wasser in einer Pfanne einige Minuten köcheln lassen, bis das Wasser verdampft ist. Alternativ den Ingwer reiben.

HAUPTTEIG

Alle Zutaten bis auf Nüsse und Ingwer 6 Minuten langsam, dann 6 Minuten schnell kneten. Den Teig beobachten; wird er allzu weich, weil der Pflaumenketchup zu viel Wasser enthält, noch etwas Mehl dazugeben. Zum Schluss die Nüsse und den Ingwer im Langsamgang oder von Hand unterkneten. 30 Minuten abgedeckt ruhen lassen. Den Teig nach 15 Minuten dehnen und falten.

Den Teig in 2 Teile teilen, nochmals dehnen und falten und zu Laiben wirken. Mit dem Schluss nach oben in mit Speisestärke bestreuten Teigtüchern in Gärkörben 45 Minuten abgedeckt gehen lassen, bis sich die Teiglinge flauschig anfühlen.

Die Teiglinge vorsichtig auf ein Backblech oder Schießholz stürzen, etwas oval formen und mit einem scharfen Messer einmal längs 2–3 cm tief einschneiden. Von dieser Zwetschgenform sieht man zwar nach dem Backen nur noch wenig, aber mit viel Phantasie ... Überschüssiges Mehl abkehren und die Laibe mit Wasser abstreichen.

In den auf 250 °C (Ober-/Unterhitze) vorgeheizten Ofen einschießen und leicht schwaden.

Nach 15 Minuten Backzeit die Temperatur auf 190 °C herunterschalten und die Brote 35 Minuten fertig backen. Sofort nach dem Backen nochmals mit dem feuchten Bräunwisch abstreichen, damit die Brote schön glänzen.

TOMATENWURZELBROTE

Das Besondere bei diesen Broten sind die Tomatenkerne. Getrocknet und dann geröstet schmecken sie herrlich nach Tomate und Sesam. Die Kerne enthalten mehr Geschmacksstoffe als das Fruchtfleisch und haben einen Ölgehalt von etwa 5 %. Die Tomatenkerne nehmen bis zu 140 % ihres Gewichts an Flüssigkeit auf. Statt der Kerne können Sie auch Sesamsaat verwenden – die Quellflüssigkeit reduziert sich dabei jedoch deutlich. Die Brote passen besonders gut zu Gegrilltem.

Zubereitungszeit: 21 ¾ Stunden
Arbeitszeit Vortag: 10 Minuten
Arbeitszeit Backtag: 50 Minuten
Teiggare: 17 ¾ Stunden
Backzeit: 30 Minuten

Für 4 Wurzelbrote à 250 g = 1 kg

Sauerteig
110 g Wasser, lauwarm
11 g Anstellgut (Weizen)
105 g Weizenmehl 1050

Vorteig
85 g Wasser, lauwarm
0,8 g Frischhefe
85 g Weizenmehl 550

Quellstück
35 g Tomatenkerne, getrocknet (Seite 202; ersatzweise Sesamsaat)
45 g Wasser

Autolyseteig
175 g Wasser
Sauerteig
Vorteig
375 g Weizenmehl 550
4,5 g Gerstenmalzmehl, enzymaktiv (Seite 214)
1,65 g Frischhefe

Hauptteig
80 g Tomaten, getrocknet und eingelegt (Seite 197)
6–8 g Basilikumblätter (30–40 Blätter)
Autolyseteig
Quellstück
12 g Salz
22 g Tomatenmark
30 g Tomatenkernöl (ersatzweise Öl der eingelegten Tomaten)

Außerdem
25 g Tomatenkernöl zum Bestreichen
35 g Tomatenkerne, getrocknet (ersatzweise Sesamsaat), zum Bestreuen

Tag 1

SAUERTEIG

Die Zutaten für den Sauerteig vermischen, abgedeckt 14 Stunden bei Raumtemperatur oder wärmer gären lassen.

VORTEIG

Die Zutaten ebenfalls vermischen, abgedeckt 2 Stunden bei Raumtemperatur anspringen lassen, dann für 12 Stunden in den Kühlschrank stellen.

QUELLSTÜCK

35 g Tomatenkerne in einer Pfanne ohne Fett unter ständigem Wenden rösten, bis ein herrlicher Geruch in die Nase steigt. Das dauert wenige Minuten. In ein Schälchen umfüllen, etwas abkühlen lassen und mit 45 g Wasser übergießen. Gut vermengen und abgedeckt über Nacht quellen lassen.

Tag 2

AUTOLYSETEIG UND VORBEREITUNGEN

Alle Zutaten für den Autolyseteig gut vermengen, abgedeckt 30 Minuten ruhen lassen. Inzwischen die getrockneten Tomaten in einem Sieb abtropfen lassen, etwas ausdrücken und in etwa 1 cm große Stücke schneiden. Die Basilikumblätter in grobe Stücke zupfen.

HAUPTTEIG

Autolyseteig, Quellstück, Salz und Tomatenmark in den Teigkessel geben, zunächst 6 Minuten langsam, dann 6 Minuten schnell kneten. Daraufhin im Schnellgang 30 g Tomatenkernöl in einem dünnen Strahl dazufließen lassen, bis es vollständig untergeknetet ist. Das dauert 2–3 Minuten. Der Teig gewinnt nun zunehmend an Struktur. Nun im Langsamgang oder von Hand die Tomatenstücke und das Basilikum unterkneten. 60 Minuten Teigruhe. Nach jeweils 20, 40 und 60 Minuten den Teig mehrfach dehnen und falten. Dabei den Teig bereits in eine möglichst rechteckige Form bringen. Mit Frischhaltefolie abgedeckt 2–6 Stunden im Kühlschrank ruhen lassen. Hierbei reift der Teig, geht auf und lässt sich dann in kaltem Zustand sehr gut verarbeiten.

Nach der Teigreife den Teig behutsam auf die Arbeitsfläche gleiten lassen. Mehlreste abkehren und den Teig mit Tomatenkernöl einpinseln, mit Tomatenkernen bestreuen und diese leicht mit den Handflächen andrücken. Den Teig umdrehen, ebenfalls mit Öl einpinseln und mit Kernen bestreuen.

Mit der Teigkarte oder einem scharfen Messer vier Teigstränge abstechen, gegebenenfalls noch vorsichtig etwas in die Länge ziehen. Das Backblech mit Backpapier bedecken und die Teiglinge darauflegen. Nun werden sie zu „Wurzeln" gedreht: Die Teiglinge in der Mitte festhalten und beide Enden um jeweils 360° um die eigene Achse drehen. Es entstehen also Teigspiralen mit insgesamt zwei Umdrehungen.

Sofort in den auf 250 °C (Ober-/Unterhitze) vorgeheizten Ofen schieben und schwaden. Nach 5 Minuten den Ofen kurz öffnen, um den Dampf abzulassen. Nach 10 Minuten Backzeit den Ofen auf 200 °C zurückschalten und die Wurzelbrote 20 Minuten fertig backen.

Hinweis

Wenn Sie für das Quellstück statt Tomatensamen Sesam verwenden möchten, so wird dieser ebenfalls ohne Fett in der Pfanne geröstet und nur mit knapp 20 g Wasser vermengt.

HERBST

ERNTEDANK. *Das letzte Korn ist eingebracht. Immer noch schenkt uns die Natur reichlich ihre Schätze: Nüsse, darunter Bucheckern und Eicheln, rufen geradezu danach, in unsere Brotteige zu wandern. Wilde Hagebutten und Vogelbeeren leuchten aus dem Gehölz. Wir sammeln Preiselbeeren und Pilze, auf den Äckern ernten wir Mais und Kürbisse, in unseren Gärten Äpfel, Birnen und Weintrauben. Wir graben die letzten Zwiebeln aus, ernten noch Radicchio und Rucola sowie erste Wintergemüse wie Lauch und Sellerie.*

WEINTRAUBENBROT

Für dieses Brot darren wir frische Trauben, so dass sie in Geschmack und Konsistenz zwischen Trauben und Rosinen liegen. Das Brot passt zu allen pikanten und süßen Aufstrichen und Belägen, harmoniert gut mit Frischkäse und ist ein Highlight zu jeder Käseplatte.

Zubereitungszeit: 17 ¼ Stunden
Arbeitszeit Vortag: 40 Minuten
Arbeitszeit Backtag: 35 Minuten
Teiggare: 16 ¼ Stunden
Backzeit: 60 Minuten

Für 1 kg Brot

Weintrauben
600 g (netto 210 g) kernlose Weintrauben, weiß und rot gemischt
25 g Grappa (optional)

Sauerteig
165 g Wasser, lauwarm
17 g Anstellgut (Roggen)
165 g Roggenmehl 1370

Vorteig
90 g Wasser, lauwarm
1 g Frischhefe
90 g Weizenmehl 1050

Hauptteig
Sauerteig
Vorteig
100 g Wasser
130 g Roggenmehl 1370
75 g Weizenmehl 550
6 g Frischhefe
10 g Salz
Weintrauben

Tag 1

WEINTRAUBEN

Die Trauben waschen, von den Stielen zupfen und je nach Größe vierteln oder halbieren. Auf einem mit Backpapier ausgelegten Backblech verteilen und im Ofen bei 80 °C (Umluft) unter gelegentlichem Wenden so lange darren, bis der aus den Beeren austretende Saft verdampft ist und etwa 210 g Beeren übrig bleiben. Dabei einen Kochlöffelstiel in die Ofentüre klemmen, damit der Wasserdampf entweichen kann. Das dauert etwa 4–5 Stunden. Die Trauben in eine Schüssel umfüllen und mit 25 g Grappa übergießen, gut vermengen und abgedeckt abkühlen lassen. Sollten Sie keinen Grappa mögen, verwenden Sie stattdessen Wasser. Die zunächst aneinanderklebenden Trauben lösen sich nun voneinander.

SAUERTEIG

Wasser, Anstellgut und Mehl vermengen und abgedeckt 14 Stunden bei warmer Temperatur gären lassen.

VORTEIG

Die Zutaten für den Vorteig verkneten. Abgedeckt 2 Stunden bei Raumtemperatur anspringen lassen, dann für 12 Stunden in den Kühlschrank verfrachten.

Tag 2

HAUPTTEIG

Alle Zutaten bis auf die Trauben in den Teigkessel geben und 4 Minuten langsam, dann 8 Minuten schnell kneten. Zum Schluss von Hand die Trauben vorsichtig unterkneten. Abgedeckt 30 Minuten ruhen lassen.

Dann den Teig zu einem Laib wirken. Leicht mit Mehl bepudern und mit dem Schluss nach unten in einen Gärkorb geben. Abgedeckt 90 Minuten an einem warmen Ort gehen lassen.

Das Brot auf ein Backblech oder Schießholz stürzen und in den auf 250 °C (Ober-/Unterhitze) vorgeheizten Ofen einschießen und kräftig schwaden. Nach 15 Minuten Backzeit den Ofen auf 190 °C herunterschalten und das Brot 45 Minuten lang fertig backen.

MAISBROT

Für dieses Brot setzen wir sowohl Maisgrieß als auch frischen Mais ein, welcher dem Brot eine dezente Süße verleiht. Durch die recht hohe Teigausbeute von grob gerechnet 188 – also dem Verhältnis zwischen Flüssigkeit und Feststoffen wie Mehl, Polenta und einem runden Drittel Festmasse im Zuckermais – ist das Brot besonders gut zum Toasten oder Grillen geeignet. Es wird dabei außen knusprig und bleibt innen weich. Das Maisbrot passt zu allen süßen wie pikanten Aufstrichen und Belägen.

Zubereitungszeit: 18 ¼ Stunden
Arbeitszeit Vortag: 20 Minuten
Arbeitszeit Backtag: 20–30 Minuten
Teiggare: 17 ¼ Stunden
Backzeit: 50–60 Minuten

Für 1 kg Brot

Sauerteig
100 g Wasser, lauwarm
11 g Anstellgut (Weizen)
110 g Weizenmehl 1050

Vorteig
80 g Wasser, lauwarm
1,2 g Frischhefe
135 g Weizenmehl 1050

Quellstück/Polenta
260 g Wasser
135 g feiner Maisgrieß
18 g Butter

Mais
160 g Zuckermaiskörner, frisch oder aus der Dose
1 TL Zucker für das Kochwasser

Hauptteig
Sauerteig
Vorteig
Quellstück
Maisschrot
4,5 g Frischhefe
10 g weißer Essig
12 g Salz
155 g Weizenmehl 550

Tag 1

SAUERTEIG

Die Zutaten vermengen und abgedeckt 15 Stunden an einem warmen Ort gären lassen.

VORTEIG

Wasser, Hefe und Mehl verkneten und 15 Stunden bei Zimmertemperatur abgedeckt gehen lassen.

QUELLSTÜCK/POLENTA

Das Wasser zum Kochen bringen, den Maisgrieß mit einem Schneebesen einrühren und unter ständigem Rühren einige Minuten leicht köcheln lassen. Was die Kochzeit betrifft, ist die Zubereitungsanleitung – je nach Hersteller des Maisgrießes – zu beachten. Zum Schluss die Butter unterrühren und die Polenta über Nacht abgedeckt quellen lassen.

Tag 2

VORBEREITUNG

Je nachdem, ob Sie frische, vakuumierte und/oder vorgegarte Maiskolben verwenden, diese in Wasser zusammen mit 1 TL Zucker 5–15 Minuten köcheln lassen. Das Wasser nicht salzen, da die Körner sonst nicht weich werden. Der Mais ist gar, sobald sich die Maiskörner mit einer Gabel unter leichtem Widerstand durchstechen lassen. Die Körner mit einem Messer vom Kolbenkern schneiden. Bei Verwendung von Mais aus der Dose diesen in einem Sieb gut abtropfen lassen. Es sollten etwa 160 g Maiskörner übrig bleiben. Diese in der Küchenmaschine zerkleinern, so dass ein grober Maisschrot entsteht.

HAUPTTEIG

Alle Zutaten in den Teigkessel geben und 6 Minuten langsam, dann 6–8 Minuten schnell kneten, bis ein elastischer Teig entstanden ist, den wir 35 Minuten abgedeckt ruhen lassen. Nach 15–20 Minuten den Teig dehnen und falten.

Nun wird der Teig zu einem Laib gewirkt und mit dem Schluss nach unten in einen Gärkorb gelegt. 70 Minuten abgedeckt bei Raumtemperatur gehen lassen. Stattdessen können Sie den Laib auch langformen, wie einen Maiskolben, und in einem Teigtuch zur Gare stellen. In diesem Fall den Laib vor dem Einschießen mit einem scharfen Messer gitterartig einschneiden, so dass das Brot wie ein Maiskolben aussieht.

Den Laib auf ein Backblech oder Schießholz stürzen und, falls gewünscht, einschneiden. In den auf 250 °C (Ober-/Unterhitze) vorgeheizten Ofen einschießen und schwaden.

Nach 15 Minuten die Temperatur auf 190 °C herunterschalten und das Brot je nach Form 35–45 Minuten fertig backen.

LAUCHBROT MIT BLAUSCHIMMELKÄSE

Lauch, Lauchzwiebeln und Blauschimmelkäse gehen in diesem Brot eine perfekte Symbiose ein. Um den Geschmack und die Farbe der Krume zu intensivieren, verwenden wir statt des Schüttwassers im Hauptteig ein Püree aus den Stängeln von Lauchzwiebeln und Lauchgrün. Das Brot ist knusprig mit einer lockeren, weichen Krume und passt zu allen pikanten Belägen und Aufstrichen.

Zubereitungszeit: 18 ½ Stunden
Arbeitszeit Vortag: 55 Minuten
Arbeitszeit Backtag: 30 Minuten
Teiggare: 17 ½ Stunden
Backzeit: 60 Minuten

Für 1 kg Brot

Sauerteig
115 g Wasser, lauwarm
12 g Anstellgut (Roggen)
115 g Roggenmehl 1370

Vorteig
85 g Wasser, lauwarm
0,5 g Frischhefe
105 g Weizenmehl 1050

Lauch/Lauchzwiebeln
1–2 Bund Lauchzwiebeln
255 g Lauch
7 g Salz für das Kochwasser

Käse
90 g Blauschimmelkäse
45 g Lauch-Kochwasser

Hauptteig
Sauerteig
Vorteig
140 g Lauchpüree
6 g Frischhefe
10,5 g Meersalz
280 g Weizenmehl 550
Käsemasse
Lauch und Lauchzwiebeln

Tag 1

SAUERTEIG

Die Zutaten für den Sauerteig vermischen und abgedeckt 15 Stunden an einem warmen Ort gären lassen.

VORTEIG

Die Zutaten ebenfalls vermengen, abgedeckt 2 Stunden bei Raumtemperatur stehen, dann für 13 Stunden im Kühlschrank reifen lassen.

LAUCH UND LAUCHPÜREE

Einen Topf mit 350–400 g Wasser und 7 g Salz aufsetzen und das Wasser zum Kochen bringen. Eine große Schüssel mit möglichst kaltem Wasser bereitstellen, gegebenenfalls Eiswürfel dazugeben.

Lauch und Lauchzwiebeln waschen und putzen. Die Lauchzwiebeln von den Stängeln schneiden. Nun 60 g der Stängel in Ringe, 80 g Lauchgrün in Streifen schneiden. Beides zusammen in das kochende Wasser geben und 5 Minuten sprudelnd kochen lassen. Das Gemüse mit einer Schaumkelle aus dem Kochwasser fischen und sofort in das Eiswasser geben. Nach 1 Minute das abgekühlte Gemüse aus dem Eiswasser schöpfen und in einem Sieb sehr gut abtropfen lassen. In einer Küchenmaschine oder mit dem Pürierstab zu feinem Püree verarbeiten und abgedeckt kühlstellen.

Die Lauchzwiebeln sowie 160 g Lauch (davon die noch möglichst grünen Teile) in Ringe bzw. Streifen von 3–4 mm Breite schneiden. In das Kochwasser geben und 3 Minuten sprudelnd kochen lassen. Es schließt sich die oben genannte Prozedur an: Das Gemüse kurz im Eiswasser abkühlen und in einem Sieb sehr gut abtropfen lassen und kühlstellen. 45 g des Lauch-Kochwassers in ein Töpfchen geben.

BLAUSCHIMMELKÄSE

Das Lauch-Kochwasser erhitzen und den in grobe Stücke geschnittenen Käse bei niedriger Temperatur darin schmelzen lassen, bis eine homogene Masse entsteht. Dabei ständig mit einem Schneebesen rühren, damit der Käse nicht anbrennt. Abgedeckt bis zum nächsten Tag kühlstellen.

Tag 2

HAUPTTEIG

Alle Zutaten bis auf die Käsemasse und das Lauchgemüse 4 Minuten langsam, dann 6 Minuten schnell kneten. Die Käsemasse hinzufügen und den Teig weitere 4 Minuten schnell kneten. Zum Schluss Lauch und Lauchzwiebeln dazugeben und im Langsamgang oder von Hand unterkneten. Den Teig abgedeckt 60 Minuten bei Zimmertemperatur ruhen lassen. Nach 30 Minuten den Teig dehnen und falten.

Den Teig zu einem Laib wirken und mit dem Schluss nach unten in einen Gärkorb legen. 60 Minuten abgedeckt an einem warmen Ort gehen lassen.

Den Teigling auf ein Backblech oder Schießholz stürzen und in den auf 250 °C (Ober-/Unterhitze) vorgeheizten Ofen einschießen und schwaden.

Nach 15 Minuten den Backofen auf 200 °C herunterschalten und das Brot 45 Minuten fertig backen.

Sollten Sie keinen Blauschimmelkäse mögen, können Sie auch andere Käsesorten verwenden, welche sich schmelzen lassen. Doch auch geriebener Hartkäse ist möglich, in dem Fall sollten Sie die 45 g Lauch-Kochwasser mit zum Hauptteig geben.

Tipp

Tipp

Auf meinem Blog finden Sie eine Kastanienblatt-Schablone zum Ausdrucken und Ausschneiden sowie eine Beschreibung, wie Sie das Muster auf das Brot bringen.

Hinweis

Dieses Rezept ist für die Verwendung von Schweizer Ruchmehl mit hohem Proteingehalt ausgelegt – wer deutsches Ruchmehl oder Weizenmehl verwendet, sollte die Flüssigkeit im Mehlkochstück etwas reduzieren oder muss, wenn der Teig zu weich wird, noch etwas Mehl hinzufügen.

MARONENBROT

Edelkastanien besitzen keinen sehr starken Eigengeschmack, deshalb setzen wir weitere Aromen ein, welche den Kastaniengeschmack ergänzen und zusätzlich herauskitzeln: Espresso, würzigen Honig und Vanille. Es ist kein – wie es bei Kastanienbroten häufig der Fall ist – bröseliges, sondern ein sehr saftiges Brot, das eine angenehme Süße aufweist. So passt es zu süßen und säuerlichen Aufstrichen, sehr gut zu Käse und zu würzigem Schinken.

Zubereitungszeit: 19 ½ Stunden
Arbeitszeit Vortag: 45 Minuten
Arbeitszeit Backtag: 25 Minuten
Teiggare: 18 ½ Stunden
Backzeit: 60 Minuten

Für 1 kg Brot

Sauerteig
75 g Wasser, lauwarm
8 g Anstellgut (Roggen)
65 g Roggenmehl 997

Vorteig
130 g Wasser
0,3 g Frischhefe
150 g Ruchmehl (Seite 201)

Kastanien
200 g vorgekochte Esskastanien/ Maronen (Seite 200)
160 g Milch
1 Vanilleschote
20 g starker Espresso
25 g würziger Honig, z. B. Thymianhonig

Mehlkochstück mit Maronen
180 g Wasser
50 g Kastanienmehl
11 g Salz

Hauptteig
Vorteig
Sauerteig
Mehlkochstück
5 g Frischhefe
190 g Ruchmehl (gegebenenfalls mehr)

Tag 1

SAUERTEIG
Die Zutaten vermengen, abgedeckt 15 Stunden bei Raumtemperatur gären lassen.

VORTEIG
Wasser, Mehl und Hefe verkneten, 15 Stunden abgedeckt gehen lassen.

KASTANIEN
80 g vorgekochte Kastanien in grobe Stücke bröseln und in einen Topf mit 160 g Milch geben. Die Vanilleschote längs halbieren, das Mark herausschaben und zusammen mit der leeren Schote in die Milch geben. Bei geringer Temperatur zugedeckt 45 Minuten unter gelegentlichem Rühren leicht köcheln lassen, bis die Kastanienstücke sehr weich sind. Die Milch sollte weitgehend von den Kastanien aufgesogen sein. Ist dies nicht der Fall, noch einige Minuten ohne Deckel weiterköcheln lassen.

Inzwischen die übrigen 120 g Kastanien in Würfel von etwa 5 mm Größe schneiden. Einen starken Espresso zubereiten (20 g).

Die Kastanien-Milchmasse etwas abkühlen lassen, die Vanilleschote herausnehmen und die Masse in einen Mixbecher umfüllen. Den Honig und den Espresso dazugeben. Fein pürieren.

MEHLKOCHSTÜCK
180 g kaltes Wasser in den Topf geben und 50 g Kastanienmehl sowie 11 g Salz mit einem Schneebesen klümpchenfrei einrühren. Unter ständigem Rühren so lange erhitzen, bis die Masse andickt. Den Topf vom Herd ziehen und 1 Minute weiterrühren. Das Kastanienpüree und die -würfelchen dazugeben, untermengen und über Nacht abgedeckt abkühlen lassen.

Tag 2

HAUPTTEIG
Alle Zutaten in den Teigkessel geben und 4 Minuten langsam, dann 6 Minuten schnell kneten. Es entsteht ein relativ weicher Teig. Abgedeckt 60 Minuten ruhen lassen. Nach 30 Minuten Ruhezeit den Teig mehrfach dehnen und falten.

Einen Gärkorb mit einem mit Speisestärke bepuderten Teigtuch auslegen. Den Teig zu einem straffen Laib wirken, mit Ruchmehl bestreuen und mit dem Schluss nach oben in den Gärkorb legen. Mit Frischhaltefolie umhüllt für 2 Stunden bei Raumtemperatur gehen lassen.

Den Teigling auf ein Backblech oder Schießholz stürzen und nach Belieben einschneiden. In den auf 250 °C (Ober-/Unterhitze) vorgeheizten Ofen einschießen. Nach 3 Minuten schwaden und nach 3 weiteren Minuten den Ofen kurz öffnen, um überschüssigen Wasserdampf zu entlassen. Nach insgesamt 20 Minuten Backzeit den Ofen auf 200 °C herunterschalten und das Brot 40 Minuten fertig backen.

APFEL-MÜSLIBROT

Für dieses Brot mischen wir uns die Müslizutaten in ausgewogenem Verhältnis selbst zusammen. Frischer Apfel macht das Brot besonders fruchtig und sehr saftig. Honig und Apfel karamellisieren während des Backvorgangs. Vor dem Backen mit etwas Puderzucker bestäubt, erhält das Brot zudem eine hauchfeine Karamellkruste. Trotz des süßlichen Geschmacks passt es auch sehr gut zu pikanten Belägen wie geräuchertem Schinken, Leber-Paté, würzigem Käse oder pochierten Eiern.

Zubereitungszeit: 14 ¼ Stunden
Arbeitszeit Vortag: 15 Minuten
Arbeitszeit Backtag: 35 Minuten
Teiggare: 13 ½ Stunden
Backzeit: 50 + 15 Minuten

Für 2 Laibe à 500 g = 1 kg

Sauerteig
60 g Wasser, lauwarm
7 g Anstellgut (Weizen)
75 g Weizen-Vollkornmehl

Brühstück
65 g kernige Haferflocken
25 g Sonnenblumenkerne
25 g Kürbiskerne
35 g Haselnüsse
20 g Leinsaat
100 g Rosinen
230 g Wasser, heiß

Hauptteig
1 säuerlicher Apfel
100–130 g Milch, lauwarm
Sauerteig
Brühstück
5 g Frischhefe
8 g Salz
1 EL Honig
65 g Roggenmehl 997
200 g Weizenmehl 550

Außerdem
Puderzucker zum Bestäuben
Haferflocken zum Bestreuen

Tag 1

SAUERTEIG

Die Zutaten vermischen und 14 Stunden abgedeckt bei Raumtemperatur stehen lassen.

BRÜHSTÜCK

Die Haferflocken, Sonnenblumen- und Kürbiskerne sowie die Nüsse ohne Fett in einer Pfanne anrösten. In eine Schüssel umfüllen, Leinsaat und Rosinen dazugeben. Mit 230 g heißem Wasser überbrühen und alles gut vermengen. Abgedeckt über Nacht stehen und quellen lassen.

Tag 2

VORBEREITUNGEN

Den Apfel vierteln, das Kerngehäuse entfernen und mitsamt der Schale in etwa 5 mm große Würfel schneiden. Es sollten etwa 140 g Würfelchen werden. Die Milch leicht erhitzen, bis sie lauwarm ist.

HAUPTTEIG

Um zu verhindern, dass der Teig zu weich wird, zunächst etwas Milch zurückbehalten und bei Bedarf später noch schluckweise unterkneten.

Alle Zutaten bis auf die Apfelwürfel 4 Minuten langsam, dann 4 Minuten schnell kneten. Zum Schluss die Apfelwürfel im Langsamgang, besser von Hand, 3–4 Minuten unterkneten.

Den Teig ohne vorangehende Teigruhe teilen und zu zwei kleinen Laiben wirken, mit Wasser einsprühen und unter Zuhilfenahme eines Teesiebs fein mit Puderzucker bestäuben. Die Teiglinge in Haferflocken wälzen und mit dem Schluss nach unten für etwa 50 Minuten in kleinen Gärkörben abgedeckt zur Gare stellen.

Die Brote kurz vor der Vollgare auf ein Backblech oder auf ein Schießholz stürzen und in den auf 250 °C (Ober-/Unterhitze) vorgeheizten Ofen einschießen und schwaden.

Nach 15 Minuten die Temperatur auf 200 °C herunterschalten und die Brote 35 Minuten fertig backen. Die Ofentür leicht öffnen und die Brote im ausgeschalteten Ofen 15 Minuten nachziehen lassen.

Wenn Sie aus dem Teig einen großen Laib formen, so verlängert sich die Stückgare auf 60 Minuten, die Backzeit ebenfalls auf 60 Minuten.

Tipp

Selbstverständlich können Sie die Zutaten für das Brühstück ganz nach Ihrem Geschmack zusammenstellen oder auch Fertigmüsli verwenden, wobei die Wassermenge abweichen kann.

RUCOLA-QUARKBRÖTCHEN

Ursprünglich wurde die Rauke im deutschsprachigen Raum angebaut, ist jedoch in Vergessenheit geraten und wurde erst unter ihrem italienischen Namen Rucola wieder populär. Inzwischen wird die Salatpflanze auch in Deutschland wieder in großen Mengen angebaut, und auch im eigenen Garten oder Gewächshaus gedeiht sie vortrefflich. Der würzige Geschmack kommt in diesen Brötchen sehr gut zur Geltung. Quark und etwas Honig runden und mildern die würzigen und leicht scharfen Rucola-Aromen ab.

Zubereitungszeit: 38 Stunden
Arbeitszeit Vorteig: 5 Minuten
Arbeitszeit Hauptteig: 40 Minuten
Arbeitszeit Backtag: 20 Minuten
Teiggare: 36 ¼ Stunden
Backzeit: 25 Minuten

Für 12 Brötchen = ca. 1 kg

Vorteig
150 g Wasser, lauwarm
0,5 g Frischhefe
150 g Weizenmehl 1050

Rucola/Rucolaquark
200 g Rucolablätter/Rauke
20 g Haselnussöl (oder anderes Speiseöl)
300 g Quark (Magerstufe)

Hauptteig
Vorteig
Rucolaquark
35 g Anstellgut (Weizen)
10 g Salz
6 g Honig
3 g Frischhefe
150 g Weizenmehl 1050
150 g Weizenmehl 550
4,5 g Backmalz (enzymaktiv; Seite 214)
Rucolablätter

Tag 1

VORTEIG

Wasser, Hefe und Mehl gut vermengen und abgedeckt 2 Stunden bei Raumtemperatur anspringen lassen, dann in den Kühlschrank verfrachten.

Tag 2

RUCOLA/RUCOLAQUARK

Den Rucola waschen und sehr gut trockenschleudern. 20 g Nuss- oder anderes Speiseöl in einer Pfanne erhitzen, 100 g Rucolablätter in grobe Stücke schneiden und in der Pfanne wenige Minuten zusammenfallen lassen. Die übrigen 100 g Rucola zusammen mit dem Quark fein pürieren.

HAUPTTEIG

Alle Zutaten bis auf die gedünsteten Rucolablätter zunächst 6 Minuten langsam, dann 6 Minuten schnell kneten. Dann die Rucolablätter im Langsamgang, besser von Hand, unterkneten. Den Teig abgedeckt für 20 Stunden im Kühlschrank reifen lassen, gerne auch länger oder kürzer.

Tag 3

Den Teig aus dem Kühlschrank holen und sofort in 12 Stücke (à knapp 100 g) teilen und zu Brötchen schleifen. Die Hände gut einmehlen, da der Teig recht klebrig ist. Die Brötchen mit dem Schluss nach unten in einem Teigtuch 1 Stunde gehen lassen, je nach Raumtemperatur auch deutlich länger.

Die Teiglinge nochmals behutsam mit den Handballen rundstoßen, so dass sie etwa ebenso so hoch wie breit sind. Sie werden dann beim Backen wieder flacher laufen und etwa die Form von Vinschgauer Fladenbroten annehmen.

Auf ein Backblech setzen und sofort in den auf 230 °C (Ober-/Unterhitze) vorgeheizten Ofen schieben, schwaden und 25 Minuten lang gut ausbacken.

BUTTERNUT-KÜRBISBROT MIT SALZ-KARAMELL UND SESAMKROKANT

Ein Brot mit zunächst ungewöhnlich klingenden Zutaten – es ist ein süßliches Brot, mit leichtem Kürbisgeschmack und buttriger Note. Der Krokant ist im fertigen Brot zwar nicht mehr knusprig, bildet aber doch ein geschmackliches i-Tüpfelchen. Beim Salzkaramell lohnt es sich, gleich eine größere Menge herzustellen. Das Brot passt zu süßen, aber auch gut zu kräftigen, pikanten Belägen und Aufstrichen.

Zubereitungszeit: 17 ½ Stunden
Arbeitszeit Vortag: 25 Minuten
Arbeitszeit Backtag: 35 Minuten
Teiggare: 16 ½ Stunden
Backzeit: 60 Minuten

Für ca. 1 kg Brot

Sauerteig
95 g Roggenmehl 1370
10 g Anstellgut (Roggen)
95 g Wasser, lauwarm

Vorteig
95 g Weizenmehl 1050
1 g Frischhefe
95 g Wasser, lauwarm

Kürbispüree
650–850 g (netto 350–450 g) Butternutkürbis
100 g Salzkaramell (Seite 194)

Hauptteig
Sauerteig
Vorteig
Kürbispüree mit Salzkaramell
6,5 g Frischhefe
100 g Weizenmehl 1050
240 g Weizenmehl 550
17 g Salz
60 g Sesamkrokant (Seite 197)

Tag 1

SAUERTEIG

Die Zutaten vermengen und bei Raumtemperatur (besser wärmer) abgedeckt 14 Stunden gären lassen.

VORTEIG

Ebenfalls die Zutaten vermischen, 2 Stunden abgedeckt bei Raumtemperatur gehen lassen, dann für 12 Stunden in den Kühlschrank stellen.

KÜRBISPÜREE

Den Kürbis halbieren, Stiel und Blütenansatz entfernen, entkernen und schälen, beispielsweise mit einem Sparschäler. Grob würfeln. Auf einem mit Backpapier ausgelegten Backblech verteilen und bei 160 °C 30–45 Minuten garen, bis man das Kürbisfleisch mit einer Gabel gut durchstechen kann. Dabei die Ofentür mit Hilfe eines eingeklemmten Kochlöffels leicht geöffnet halten. Noch warm mit dem Pürierstab oder in der Küchenmaschine fein pürieren. Es sollte eine relativ feste Masse (ähnlich wie Stampfkartoffeln oder Kloßteig) entstanden sein. Abgedeckt über Nacht abkühlen lassen.

Tag 2

VORBEREITUNGEN

Den Vorteig aus dem Kühlschrank holen. Etwa zwei Drittel des Kürbispürees leicht anwärmen und dabei das Karamell darin auflösen. Das restliche Püree als Reserve bereitstellen. Sesamkrokant zwischen zwei Bögen Backpapier legen und mit einem Nudelholz zerbröseln.

HAUPTTEIG

Alle Zutaten bis auf das Reserve-Kürbispüree und den Sesamkrokant 15–20 Minuten langsam kneten. Es soll ein elastischer, relativ fester Teig entstehen. Bei Bedarf noch weiteres Kürbispüree dazugeben. Erst zum Schluss die Sesamkrokantbrösel unterkneten. Den Teig 30 Minuten abgedeckt ruhen lassen. Falls Kürbispüree übrig bleiben sollte, dieses einfrieren oder zu einem Süppchen verarbeiten.

Den Teig zu einem Laib wirken und mit dem Schluss nach oben (falls der Laib eingeschnitten werden soll) oder nach unten (für eine wild gerissene Kruste) in einen Gärkorb legen. 60–75 Minuten an einem warmen Platz gehen lassen.

Das Brot auf ein Backblech oder Schießholz stürzen, gegebenenfalls einschneiden und in den auf 240 °C (Ober-/Unterhitze) vorgeheizten Ofen einschießen und schwaden. Den Ofen sofort auf 190 °C zurückschalten. Dabei das Brot regelmäßig beobachten, denn durch den Zuckergehalt kann es leicht zu dunkel werden. Falls nötig, den Laib auf Alufolie legen und mit Alufolie abdecken. Die Backzeit beträgt 60 Minuten.

Hinweis

Da Kürbisse recht unterschiedlich viel Wasser enthalten können, empfehle ich, zunächst nur zwei Drittel des Kürbispürees in den Teigkessel zu geben und lieber später noch schrittweise weiteres Püree unterzukneten.

BUCHECKERNBROT

Die Zeit, die man für dieses Brot benötigt, darf man nicht rechnen, doch während einiger langweiliger Tatorte lässt sich die Arbeit des Bucheckernschälens durchaus bewältigen. Belohnt werden wir mit einem herrlichen Brot mit feinen, zunächst etwas ungewohnten Nussaromen. Zudem sind Bucheckern äußerst gesund. Das Brot passt zu allen süßen und pikanten Aufstrichen und Belägen, doch am besten schmeckt es einfach pur mit etwas Butter.

Zubereitungszeit: 19 Stunden
Arbeitszeit Vortag: 3 ½ Stunden
Arbeitszeit Backtag: 30 Minuten
Teiggare: 18 ¼ Stunden
Backzeit: 50 Minuten

Für 2 Laibe à 500 g = 1 kg

Quellstück
165 g Bucheckern (Seite 199)
85 g Wasser

Sauerteig
85 g Wasser, lauwarm
9 g Anstellgut (Roggen)
85 g Roggenmehl 1370

Vorteig
165 g Wasser, lauwarm
1,5 g Frischhefe
165 g Weizenmehl 1050

Hauptteig
Sauerteig
Vorteig
Bucheckern-Quellstück
115 g Wasser, lauwarm
11,5 g Salz
7 g Frischhefe
80 g Roggenmehl 997
80 g Weizenmehl 1050
130 g Weizenmehl 550

Tag 1

QUELLSTÜCK

Frühzeitig die Bucheckern rösten und schälen, wie im Anhang (Seite 199) beschrieben. Dafür müssen Sie mehrere Stunden einplanen. 75 g Bucheckern fein mahlen, mit den übrigen 90 g ganzen Bucheckern und 85 g Wasser vermengen. Abgedeckt über Nacht quellen lassen.

SAUERTEIG

Die Zutaten vermischen und bei Raumtemperatur oder wärmer abgedeckt 16 Stunden gären lassen.

VORTEIG

Wasser, Hefe und Mehl vermengen und 4 Stunden bei Raumtemperatur abgedeckt stehen lassen, dann in den Kühlschrank stellen.

Tag 2

HAUPTTEIG

Alle Zutaten 4 Minuten langsam, dann 8 Minuten schnell kneten. Den Teig 45 Minuten abgedeckt ruhen lassen.

Zu zwei Pfundlaiben wirken, mit etwas Mehl bestäuben und mit dem Schluss nach unten in mit Speisestärke ausgeriebene kleine Gärkörbe legen. Abgedeckt 60 Minuten an einem warmen Ort gehen lassen.

Die Brote auf ein Backblech oder Schießholz stürzen und in den auf 250 °C (Ober-/Unterhitze) vorgeheizten Ofen einschießen und schwaden.

Nach 15 Minuten die Temperatur auf 190 °C herunterschalten und die Brote 35 Minuten fertig backen.

VOGELBEERBROT

Entgegen landläufiger Annahme sind Vogelbeeren nicht giftig, jedoch bitter. Es gibt viele verschiedene Arten der Vogelbeere, deren Früchte mehr oder weniger Parasorbinsäure enthalten. Besonders gut geeignet ist die Essbare oder Mährische Vogelbeere, die auch zu Marmelade verarbeitet wird. Als Pausenbrot für Kinder empfehle ich das Brot weniger, jedoch schmeckt es sehr gut zu allen erdenklichen pikanten Belägen, also zu kräftigem Schinken oder Käse, nur mit Butter, aber auch mit Marmelade oder Honig.

Zubereitungszeit: 19 Stunden
Arbeitszeit Vortag: 20 Minuten
Arbeitszeit Backtag: 25 Minuten
Teiggare: 18 Stunden
Backzeit: 60 Minuten

Für 1 kg Brot

Sauerteig
170 g Wasser, lauwarm
18 g Anstellgut (Roggen)
160 g Roggen-Vollkornmehl

Nüsse/Beeren/Quellstück
80 g Haselnüsse
30 g Wasser
65 g Portwein
125 g Vogelbeeren
55 g mittelgrobes Dinkelschrot

Hauptteig
Sauerteig
165 g Wasser, lauwarm
5 g Frischhefe
12,5 g Salz
290 g Dinkelmehl 630
Nuss-Beeren-Quellstück

Tag 1

SAUERTEIG

Die Zutaten für den Sauerteig vermengen und 16 Stunden abgedeckt bei Raumtemperatur gären lassen.

NÜSSE/BEEREN/QUELLSTÜCK

Die Nüsse ohne Fett in einer Pfanne rösten, abkühlen lassen und in einem Geschirrtuch oder zwischen den Händen reiben, um die Nusshäute weitgehend zu entfernen.

30 g Wasser, 65 g Portwein und 125 g Vogelbeeren 10 Minuten abgedeckt leicht köcheln lassen, dann den Dinkelschrot unterrühren und die Haselnüsse hinzufügen. Abgedeckt über Nacht quellen lassen.

Tag 2

HAUPTTEIG

Alle Zutaten bis auf das Nuss-Beeren-Quellstück 5 Minuten langsam, dann 4 Minuten schnell kneten.

Das Quellstück von Hand unterkneten, das dauert etwa 2 Minuten. Den Teig 30 Minuten abgedeckt ruhen lassen. Nach 15 Minuten den Teig unter Verwendung von möglichst wenig Mehl dehnen und falten.

Nach der Teigruhe diesen zu einem Laib wirken und in einen Gärkorb legen. 60 Minuten bei Raumtemperatur oder wärmer gehen lassen.

Das Brot auf ein Backblech oder Schießholz stürzen und in den auf 250 °C vorgeheizten Ofen einschießen und schwaden. Nach 15 Minuten Backzeit den Ofen auf 190 °C herunterschalten und das Brot 45 Minuten fertig backen.

Hinweis

Die Beeren müssen vor der Verarbeitung einige Frostnächte überstanden haben oder aber mindestens 24 Stunden lang eingefroren gewesen sein. Dadurch reduzieren sich die Bitterstoffe deutlich.

UNTERREITER NUSSBROT MIT JOGHURT

Joghurt in Brotteigen hat eine lange Tradition. Gerade in vorderasiatischen Ländern wird Fladenteig häufig mit Joghurt versäuert. Die Milchsäurebakterien unterstützen die Säuerung des Teiges. Wenn auch der Joghurt nicht unmittelbar herauszuschmecken ist, so rundet dieser den Gesamtgeschmack ab, und das Brot hält länger frisch. In Verbindung mit Hasel- und Walnüssen ein wunderbares Brot, welches zu allen Belägen und Aufstrichen passt, besonders gut zu rohem Schinken und Salami.

Zubereitungszeit: 19 ¼ Stunden
Arbeitszeit Vortag: 15 Minuten
Arbeitszeit Backtag: 20 Minuten
Teiggare: 18 ¼ Stunden
Backzeit: 60 Minuten

Für 1 kg Brot

Sauerteig
165 g Wasser, lauwarm
17 g Anstellgut (Roggen)
150 g Roggenmehl 1370

Vorteig
100 g Wasser, lauwarm
0,8 g Frischhefe
1 g Salz
100 g Weizenmehl 1050

Nüsse
60 g Walnusskerne
85 g Haselnusskerne
15 g Wasser
20 g Rum

Hauptteig
Sauerteig
Vorteig
165 g Joghurt, griechische Art (Seite 200)
12,5 g Salz
8 g Frischhefe
220 g Roggenmehl 997
65 g Weizenmehl 1050
Nüsse

Tag 1

SAUERTEIG

Alle Zutaten verrühren und 16 Stunden abgedeckt an einem warmen Ort gären lassen.

VORTEIG

Die Zutaten für den Vorteig ebenfalls vermischen, 3–4 Stunden lang bei Raumtemperatur anspringen lassen und dann in den Kühlschrank stellen.

NÜSSE

Die Nüsse ohne Fett in einer Pfanne oder im Backofen bei 160 °C goldbraun rösten, in eine Schüssel umfüllen, etwas abkühlen lassen und mit 15 g Wasser und 20 g Rum übergießen. Ab und zu die Nüsse wenden und über Nacht abgedeckt ziehen lassen.

Tag 2

HAUPTTEIG

Alle Zutaten bis auf die Nüsse 10 Minuten langsam kneten, dann die eingeweichten Nüsse unterkneten. Den Teig 30 Minuten abgedeckt ruhen lassen.

Nun wird der Teig zu einem Laib gewirkt, mit etwas Mehl bestäubt und mit dem Schluss nach unten in einem Gärkorb abgedeckt 75 Minuten zur Gare gestellt.

Das Brot auf ein Backblech oder Schießholz stürzen und in den auf 250 °C (Ober-/Unterhitze) vorgeheizten Ofen einschießen und schwaden.

Nach 15 Minuten Backzeit die Temperatur auf 190 °C herunterschalten und das Brot 50 Minuten fertig backen.

HOKKAIDO-KÜRBISBROT UND -BRÖTCHEN

Hokkaido-Kürbisse enthalten einen hohen Stärkeanteil und lassen sich deshalb ebenso gut verbacken wie Kartoffeln. Vom Kürbis schmeckt man zwar nicht allzu viel, aber er verleiht dem Brot einen wunderschönen Orangeton. Wir verwenden Hokkaido-Kürbisse, da diese durch ihren hohen Beta-Carotinanteil besonders orangefarben sind, zumal wir die Schale mit verarbeiten können. Nebenbei enthalten die „Cucurbita maxima" viel Vitamin C.

Zubereitungszeit: 17 Stunden
Arbeitszeit Vortag: 25 Minuten
Arbeitszeit Backtag: 25 Minuten
Teiggare: 16 Stunden
Backzeit: 60 Minuten

Für 1 kg Brot

Sauerteig
100 g Wasser, lauwarm
10 g Anstellgut (Weizen)
100 g Weizenmehl 812 (Seite 202)

Vorteig
100 g Wasser, lauwarm
1 g Frischhefe
100 g Weizenmehl 550

Kürbis
450 g (netto ca. 360 g) Hokkaido-Kürbis

Hauptteig
Sauerteig
Vorteig
7 g Frischhefe
7 g Honig
17 g Salz
305 g Weizenmehl 812
50 g Weizen-Vollkornmehl
360 g Kürbispüree

Außerdem
Kürbiskerne, zum Bestreuen

Tag 1

SAUERTEIG

Wasser, Anstellgut und Mehl vermischen und abgedeckt bei Raumtemperatur 14 Stunden gären lassen.

VORTEIG

Die Zutaten für den Vorteig ebenfalls vermischen, abgedeckt 2 Stunden bei Raumtemperatur gehen lassen, dann in den Kühlschrank zur Reife stellen.

KÜRBISPÜREE

Den Kürbis halbieren, Stiel und Blütenansatz entfernen. Mit einem Esslöffel die Kerne und die Fasern herausschaben, dann den Kürbis mitsamt der Schale grob würfeln. Auf einem mit Backpapier ausgelegten Backblech verteilen und bei 160 °C 30–45 Minuten garen, bis man das Fruchtfleisch mit einer Gabel gut durchstechen kann. Noch warm mit dem Pürierstab oder in der Küchenmaschine pürieren, dabei dürfen auch noch etwas größere Schalenstücke sichtbar sein. Abgedeckt abkühlen lassen.

Tag 2

HAUPTTEIG

Alle Zutaten in den Teigkessel geben und 15–20 Minuten im Langsamgang kneten. Es entsteht ein elastischer, leicht zu verarbeitender Teig. Abgedeckt 30 Minuten bei Raumtemperatur oder wärmer gehen lassen.

Den Teig zu einem Laib wirken und mit dem Schluss nach oben in einen Gärkorb legen. Abgedeckt 60 Minuten ruhen lassen. Nach 30 Minuten den Teigling vorsichtig aus dem Gärkorb nehmen, sternförmig etwa 1–2 cm tief einschneiden, mit der Sprühflasche oder dem Bräunwisch befeuchten und mit grob gehackten Kürbiskernen bestreuen. In den Gärkorb zurücklegen und weitere 15–30 Minuten gehen lassen.

Den Teigling auf ein Backblech oder Schießholz stürzen, in den auf 240 °C (Ober-/Unterhitze) vorgeheizten Ofen einschießen und schwaden.

Den Ofen nach 15 Minuten auf 190 °C herunterschalten und das Brot 45 Minuten fertig backen.

Wie man aus demselben Teig diese hübschen Kürbisbrötchen formt, lesen Sie auf Seite 212.

Tipp

Je nachdem, wie viel Wasser der Kürbis nach dem Garen noch enthält, kann es möglich sein, dass Sie dem Teig noch etwas zusätzliches Wasser hinzufügen müssen.

RADICCHIOBROT

Radicchio, die Kulturform der „Gemeinen Wegwarte", kann bei uns sehr gut im Garten angebaut werden. Er wird überwiegend als Salat gegessen oder dient als lieblose Deko auf Tellerrändern. Doch man kann viel mehr aus den roten Blättern machen: Ich verwende Radicchio beispielsweise gerne als Einlage in Fischsauce – oder zum Brotbacken. Um die leichten Bitterstoffe geschmacklich auszugleichen, setzen wir als weitere Zutaten Rosinen und Portwein ein. Das Brot passt zu allen Aufstrichen und Belägen.

Zubereitungszeit: 17 Stunden
Arbeitszeit Vortag: 25 Minuten
Arbeitszeit Backtag: 20 Minuten
Teiggare: 16 Stunden
Backzeit: 60 Minuten

Für 1 kg Brot

Sauerteig
65 g Wasser, lauwarm
6 g Anstellgut (Roggen)
65 g Roggenmehl 997

Vorteig
160 g Wasser
1 g Frischhefe
1 g Salz
205 g Dinkelmehl 1050

Radicchio-Rosinen-Mischung
155 g Radicchio (ohne die dicken Blattrippen)
18 g Butterschmalz
40 g Portwein
45 g Rosinen

Hauptteig
Sauerteig
Vorteig
145 g Wasser, lauwarm
Radicchio-Rosinen-Mischung
12 g Salz
5 g Frischhefe
55 g Roggenmehl 997
205 g Dinkelmehl 630

Tag 1

SAUERTEIG

Wasser mit Anstellgut und Mehl gut verrühren und 14 Stunden abgedeckt an einem warmen Ort stehen lassen.

VORTEIG

Die Zutaten verkneten und abgedeckt 2 Stunden bei Raumtemperatur stehen lassen, dann für 12 Stunden im Kühlschrank lagern.

RADICCHIO

Die groben Blattrippen entfernen und die Blätter in 4–5 mm breite Streifen schneiden. Das Butterschmalz in einem Topf erhitzen, die Radicchiostreifen dazugeben und einige Minuten zusammenfallen lassen. Den Portwein und die Rosinen dazugeben und einige Minuten weiterköcheln lassen, bis die Flüssigkeit verdampft ist. Über Nacht abgedeckt abkühlen lassen.

Tag 2

HAUPTTEIG

Alle Zutaten 14 Minuten langsam kneten, dann den Teig abgedeckt 45 Minuten ruhen lassen.

Den Teig zu einem Laib wirken, mit Roggenmehl bestreuen und mit dem Schluss nach unten in einen Gärkorb legen. 50 Minuten abgedeckt an einem warmen Ort gehen lassen.

Das Brot auf ein Backblech oder Schießholz stürzen und in den auf 240 °C (Ober-/Unterhitze) vorgeheizten Ofen einschießen. Nach 2 Minuten kräftig schwaden. Nach insgesamt 15 Minuten Backzeit den Ofen auf 210 °C zurückschalten und das Brot 45 Minuten fertig backen.

WILDSAMEN-STANGERL

Wildsamen zu sammeln ist zwar recht zeitaufwändig, jedoch eine ertragreiche Nebenbeschäftigung während Spaziergängen durch die freie Natur. Die Samen sind meist sehr aromatisch und stecken voller wertvoller Inhaltsstoffe. Verwenden Sie Wildsamen ganz nach Belieben und was in Ihrer Umgebung gerade verfügbar ist. Die von mir eingesetzten Samen sollen Ihnen als Anregung für sehr viele Variationsmöglichkeiten dienen. Mehr dazu auf Seite 202.

Zubereitungszeit: 18 ½ Stunden
Arbeitszeit Vortag: 25 Minuten
Arbeitszeit Backtag: 45 Minuten
Teiggare: 18 Stunden
Backzeit: 20–25 Minuten

Für 12 Stück à 85 g = 1 kg

Vorteig
180 g Wasser, lauwarm
1 g Frischhefe
195 g Weizenmehl 1050

Wildsamen-Quellstück
33 g Hagebuttenkerne
15 g Fichten- oder Tannensamen
27 g Springkrautsamen
12 g Brennnesselsamen
90 g Wasser

Hauptteig
Vorteig
165 g Wasser, lauwarm
9 g Frischhefe
18 g Salz
150 g Weizenmehl 1050
335 g Weizenmehl 550
Wildsamen-Quellstück

Tag 1

VORTEIG

Die Zutaten gut vermischen und abgedeckt 14 Stunden bei Raumtemperatur ruhen lassen.

WILDSAMEN

Die Samen nach Sorten getrennt in einer kleinen Pfanne je nach Samengröße für jeweils 1–3 Minuten ohne Fett rösten, bis sie ihr Aroma entfalten. Alle Samen zusammen in ein Schälchen füllen. Die Hagebuttenkerne (Vorbereitung siehe Seite 203) müssen in einer Schlagwerk-Kaffeemühle zu Mehl vermahlen werden. Das Hagebuttenkernmehl zu den übrigen Wildsamen in das Schälchen geben. 90 g lauwarmes Wasser hinzufügen, gut vermengen und die Samenmischung über Nacht quellen lassen.

Tag 2

HAUPTTEIG

Den Vorteig und die übrigen Zutaten in den Teigkessel geben und 6 Minuten langsam, dann 6 Minuten schnell kneten. Den Teig abgedeckt 15 Minuten ruhen lassen.

Den Teig in 12 Stücke (à ca. 100 g) teilen. Jedes Teigstück mit den Fingerspitzen mehrfach dehnen und falten und dabei bereits zu einem Dreieck vorformen. Mit der Naht nach unten 15 Minuten abgedeckt ruhen lassen.

Die Teiglinge werden jetzt mit einem Nudelholz auf Dreiecke von etwa 15 cm Kantenlänge ausgerollt, abgedeckt und 10 Minuten in Ruhe gelassen.

Jetzt werden die Teiglinge mit den Fingerspitzen zu Dreiecken von etwa 15 cm Breite und 20 cm Höhe auseinandergezogen und von der schmalen Kante straff zur Spitze hin aufgerollt. Mit der Spitze nach unten in bemehlte Teigtücher legen, dabei nach jeder Reihe Teiglinge eine Tuchfalte bilden, damit sich die Stangerl nicht berühren. Mit einem Teigtuch und einer Plastikfolie gut abdecken. Es schließt sich eine Stückgare von 2 ½ Stunden an, bis sich die Teiglinge flauschig anfühlen.

Die Teiglinge vorsichtig auf ein mit Mehl bepudertes oder mit Backtrennspray besprühtes Backblech setzen und in den auf 230 °C (Ober-/Unterhitze) vorgeheizten Ofen einschießen und schwaden. 20–25 Minuten goldbraun backen.

WINZERLAIB MIT FEDERWEISSEM, ZWIEBELN UND SCHINKEN

Federweißer – Zwiebelkuchen – Winzerlaib. So ungefähr die Assoziationskette, die zu diesem Rezept geführt hat. Mehrere Versuche, dieses Brot mit Rotwein zu backen, führten zu Enttäuschungen, da der Wein die Entwicklung der Hefen zu sehr beeinflusst und die Teigstruktur zerstört wird. Doch mit Federweißem funktioniert es wunderbar. Insgesamt ein sehr saftiges, herzhaftes Brot.

Zubereitungszeit: 19 ½ Stunden
Arbeitszeit Vortag: 25 Minuten
Arbeitszeit Backtag: 30 Minuten
Teiggare: 18 ¾ Stunden
Backzeit: 50 Minuten

Für 2 Laibe à 500 g = 1 kg

Sauerteig
125 g roter Federweißer (Seite 187)
40 g Anstellgut (Weizen)
125 g Weizenmehl 550

Vorteig
60 g roter Federweißer
0,9 g Frischhefe
55 g Weizenmehl 550

Zwiebeln/Schinken
40 g Olivenöl
170 g rote Zwiebeln (ca. 2 Stück)
160 g Schwarzwälder Schinken
90 g Süßwein (Portwein, Marsala, Madeira)

Hauptteig
Sauerteig
Vorteig
200 g roter Federweißer
5 g Frischhefe
13 g Salz
435 g Weizenmehl 550
Schinken-Zwiebel-Mischung

Tag 1

SAUERTEIG
Federweißen, Anstellgut und Mehl vermengen und 16 Stunden abgedeckt bei Raumtemperatur gären lassen.

VORTEIG
Die Zutaten verrühren, abgedeckt 2 Stunden bei Raumtemperatur anspringen lassen und dann für 14 Stunden in den Kühlschrank verfrachten.

ZWIEBELN/SCHINKEN
40 g Olivenöl in einer Pfanne erhitzen. 170 g rote Zwiebeln schälen und grob würfeln. In die Pfanne geben und andünsten lassen. Inzwischen den Schinken würfeln und mit in die Pfanne geben. Sobald alles leicht goldbraun ist, mit dem Süßwein ablöschen, auf niedriger Temperatur so lange einköcheln lassen, bis der Wein verdampft ist. Abgedeckt auskühlen lassen.

Tag 2

HAUPTTEIG
Die Zutaten für den Hauptteig bis auf die Schinken-Zwiebel-Mischung 6 Minuten langsam, dann 6 Minuten schnell zu einem elastischen Teig kneten. Dann die Schinken-Zwiebel-Einlage unterkneten, am besten von Hand mit einer Teigkarte. Abgedeckt 45 Minuten ruhen lassen. Nach 20 Minuten den Teig einige Male dehnen und falten.

Nach der Teigruhe den Teig in 2 Teile teilen, zu runden Laiben wirken, etwas mit Mehl bepudern und mit dem Schluss nach oben in kleine Gärkörbe legen. Diese zuvor mit Teigtüchern auslegen, welche mit Speisestärke eingerieben worden sind. In Frischhaltefolie wickeln und 90 Minuten bei Raumtemperatur gehen lassen.

Die Brote auf ein Backblech oder Schießholz stürzen und nach Belieben einschneiden. In den auf 250 °C (Ober-/Unterhitze) vorgeheizten Ofen einschießen und schwaden. Nach 15 Minuten Backzeit den Ofen auf 200 °C herunterschalten und die Brote 35 Minuten fertig backen.

STEINPILZBAGUETTES

Ein Teil des Mehls wird durch Steinpilzmehl ersetzt. Der Teig ist etwas weicher und weniger elastisch als normaler Baguetteteig, so dass die Krume etwas kleinporiger wird. Sie können auch Mehl aus anderen getrockneten Pilzen, beispielsweise aus Morcheln, verwenden. Allerdings sind die meisten Pilze deutlich weniger aromatisch als Steinpilze. Auf dem Bild sehen Sie Steinpilz- und Morchelbaguettes. Den Steinpilzbaguettes habe ich noch frittierte Pilzwürfelchen beigefügt, was aber Geschmackssache ist.

Zubereitungszeit: 89 ½ Stunden
Arbeitszeit Vortag: 10 Minuten
Arbeitszeit Teig: 15–25 Minuten
Arbeitszeit Backtag: 20 Minuten
Teiggare: 89 Stunden
Backzeit: 25–30 Minuten

Für 4 Baguettes à 250 g = 1 kg

Vorteig
210 g Wasser, lauwarm
0,3 g Frischhefe
125 g Weizenmehl 1050
85 g Weizenmehl 550

Brühstück
45 g Altbrot (Seite 198)
85 g Wasser

Pilze (optional)
120 g frische Steinpilze
Speiseöl zum Frittieren

Autolyseteig
Vorteig
390 g Weizenmehl 550
210 g Wasser, lauwarm

Hauptteig
Autolyseteig
Brühstück
30 g Steinpilzmehl (Seite 202)
20 g Wasser, lauwarm
2 g Frischhefe
14,5 g Salz

Tag 1

VORTEIG

Die Zutaten für den Vorteig gut vermengen und abgedeckt 14 Stunden bei Raumtemperatur ruhen lassen.

BRÜHSTÜCK

45 g Altbrot fein mahlen und mit 85 g kochendem Wasser überbrühen, mehrfach gut umrühren und abgedeckt bis zum nächsten Tag quellen lassen.

Tag 2

AUTOLYSETEIG

Den Vorteig mit 390 g Weizenmehl 550 und 210 g lauwarmem Wasser gut vermischen und 90 Minuten bei Raumtemperatur quellen lassen.

PILZE

Wenn Sie Pilzwürfelchen in Ihren Baguettes möchten, die Pilze putzen und in gleichmäßige Würfel (ca. 5 mm) schneiden. Speiseöl in einer Kasserolle auf etwa 160–180 °C erhitzen und die Pilze darin goldbraun rösten. Mit einem Schaumlöffel herausnehmen und auf Küchenkrepp entfetten und abkühlen lassen.

HAUPTTEIG

Alle Zutaten bis auf die Pilzwürfelchen 4 Minuten langsam, dann 4 Minuten schnell kneten. Dann die (optionalen) Pilzwürfelchen im Langsamgang oder von Hand unterkneten. Den Teig gut abgedeckt für 3 Tage im Kühlschrank reifen lassen.

Tag 5

Den Teig in 4 Stücke teilen und vorsichtig zu Kugeln wirken, ohne den Teig zu entgasen. Die Teiglinge mit dem Schluss nach unten abgedeckt 15 Minuten ruhen lassen.

Die Teigkugeln wenden, mit den Händen zu ovalen Teigplatten ausziehen (nicht ausrollen) und zu Teigrollen vorformen, dabei wiederum Spannung auf der Teigoberfläche erzeugen. Mit der Nahtstelle nach unten abgedeckt 15 Minuten ruhen lassen.

Die Teigrollen mit beiden Händen auf die gewünschte Länge und Dicke ausrollen. In einem gut bemehlten Teigtuch nochmals 15 Minuten ruhen lassen. Zwischen den Baguettes das Tuch zu Falten ziehen, damit die Teiglinge nicht zusammenkleben.

Die Teiglinge vorsichtig auf ein mit Mehl bepudertes oder mit Backtrennspray besprühtes Blech setzen, einschneiden und in den auf 250 °C vorgeheizten Ofen einschießen und kräftig schwaden. Nach wenigen Minuten die Ofentür kurz öffnen, um den Wasserdampf abzulassen.

Nach 10 Minuten Backzeit den Ofen auf 190 °C zurückschalten und die Baguettes 10–15 Minuten fertig backen.

Hinweis

Eine Bildanleitung zum Formen von Baguettes finden Sie auf Seite 204.

EICHELBROT

Heutzutage treibt man Schweine in Eichenhaine, damit diese noch etwas Gutes zu fressen bekommen, auf dass uns dann der aus ihnen gefertigte Schinken besonders gut schmecke. In Notzeiten hat man Eicheln gesammelt und zu Mehl verarbeitet, zum Backen oder als Kaffeeersatz. Dieses Brot weist deutliche Bitteraromen auf, das muss man mögen. Durch Zugabe von Zuckerrübensirup und einem Kochstück aus gemälzter Gerste entsteht ein kräftiger, runder Geschmack.

Zubereitungszeit: 19 ¾ Stunden
Arbeitszeit Vortag: 20 Minuten
Arbeitszeit Backtag: 25 Minuten
Teiggare: 18 ½ Stunden
Backzeit: 60 + 10 Minuten

Für 1 kg Brot

Sauerteig
80 g Wasser, lauwarm
14 g Anstellgut (Roggen)
95 g Roggenmehl 1370

Malzkochstück
55 g Gerstenmalz/Aromamalz (Seite 214)
120 g Wasser

Eichelmehlquellstück
155 g Eichelmehl (Seite 200)
265 g Wasser, kalt

Hauptteig
Sauerteig
Malzkochstück
Eichelmehlquellstück
80 g Wasser, lauwarm
12 g Salz
6,5 g Frischhefe
40 g Zuckerrübensirup
310 g Dinkelmehl 630

Tag 1

SAUERTEIG

Wasser, Anstellgut und Mehl vermischen und bei Raumtemperatur oder wärmer abgedeckt 16 Stunden gären lassen.

MALZKOCHSTÜCK

Die gemälzten Gerstenkörner grob schroten, in 120 g Wasser einrühren und abgedeckt 20 Minuten bei niedriger Temperatur unter gelegentlichem Rühren köcheln. Falls nötig, noch schluckweise Wasser hinzufügen. Dann abkühlen und abgedeckt quellen lassen.

EICHELMEHLQUELLSTÜCK

Das Eichelmehl mit 265 g kaltem Wasser vermischen und 16 Stunden abgedeckt quellen lassen.

Tag 2

HAUPTTEIG

Alle Zutaten 6 Minuten langsam, dann 4 Minuten schnell kneten. 45 Minuten abgedeckt ruhen lassen.

Zu einem Laib wirken, mit etwas Mehl bestäuben und mit dem Schluss nach unten in einen Gärkorb legen, welcher zuvor mit einem mit Speisestärke eingeriebenen Teigtuch ausgelegt wurde. 90 Minuten abgedeckt gehen lassen.

Das Brot auf ein Backblech oder Schießholz stürzen und in den auf 250 °C (Ober-/Unterhitze) vorgeheizten Ofen einschießen und schwaden. Nach 15 Minuten Backzeit den Ofen auf 190 °C herunterschalten und 45 Minuten fertig backen.

Den Ofen ausschalten und das Brot noch 10 Minuten bei leicht geöffneter Ofentür (Kochlöffel einklemmen) nachziehen lassen.

QUITTENBROT MIT PREISELBEEREN, HASELNÜSSEN UND VANILLE

Die Quitten werden kurz in Quittensaft gedünstet, so dass sie im fertigen Brot noch etwas bissfest sind. Mit Preiselbeeren, Vanille und gerösteten Haselnüssen gehen sie eine perfekte Symbiose ein. Das Quittenbrot passt zu süßen Aufstrichen und Frischkäse, zu rohem Schinken und Salami. Besonders gut schmeckt es mit etwas gesalzener Butter als Begleitung zu einer Käseplatte.

Zubereitungszeit: 19 ½ Stunden
Arbeitszeit Vortag: 50 Minuten
Arbeitszeit Backtag: 35 Minuten
Teiggare: 18 ½ Stunden
Backzeit: 60 Minuten

Für 1 kg Brot

Sauerteig
80 g Wasser, lauwarm
8 g Anstellgut (Roggen)
80 g Roggenmehl 1370

Vorteig
80 g Wasser, lauwarm
1 g Frischhefe
80 g Weizenmehl 1050

Quitten/Quittensaft/Beeren
300 g (netto 225 g) Quitten
330 g (netto 230 g) Quittensaft
¼ Vanilleschote
55 g Preiselbeeren aus dem Glas

Haselnussquellstück
40 g Haselnüsse
40 g Quittensaft, einreduziert

Hauptteig
Sauerteig
Vorteig
190 g Quittensaft, einreduziert
13 g Salz
5 g Frischhefe
Haselnuss-Quellstück
350 g Weizenmehl 550
Quitten-Preiselbeer-Mischung

Tag 1

SAUERTEIG

Die Zutaten vermischen und bei Raumtemperatur oder wärmer abgedeckt 16 Stunden gären lassen.

VORTEIG

Die Zutaten ebenfalls vermischen, abgedeckt 4 Stunden lang bei Raumtemperatur stehen lassen und dann für 12 Stunden in den Kühlschrank stellen.

QUITTEN

Die Quitten schälen, vierteln, das Kerngehäuse entfernen und die Früchte in etwa 4–5 mm große Würfel schneiden. Den Quittensaft in einem Topf erhitzen. Eine viertel Vanilleschote aufschlitzen und das Mark herausschaben, zusammen mit der Schote in den Quittensaft geben. Die Quittenwürfel im Quittensaft 10 Minuten bei niedriger Temperatur ohne Deckel dünsten, dann in ein Sieb abgießen, gut abtropfen lassen und dabei den Saft in einem Kochtopf auffangen.

Die Quittenwürfel ohne die Vanilleschote in einen weiteren Topf geben und die Preiselbeeren untermengen. Nochmal kurz auf den Herd stellen und einige Minuten leicht köcheln lassen, bis die restliche Flüssigkeit verdampft ist. Im offenen Topf ausdampfen lassen, dann abgedeckt über Nacht kühlstellen.

Den aufgefangenen Quittensaft im offenen Topf bei niedriger Temperatur auf etwa zwei Drittel einreduzieren, so dass 230 g übrig bleiben. Sollten Sie den Saft zu stark einreduziert haben, können Sie diesen wieder mit etwas Wasser oder Quittensaft auf 230 g auffüllen.

HASELNUSSQUELLSTÜCK

Die Haselnüsse mahlen und in einer Pfanne ohne Fett goldbraun rösten, dabei ständig wenden, damit die Nüsse nicht zu dunkel werden. Das dauert nur wenige Minuten. In eine Schüssel umfüllen und mit 40 g des einreduzierten Quittensaftes vermengen. Abgedeckt über Nacht quellen lassen.

Tag 2

HAUPTTEIG

Alle Zutaten für den Hauptteig ohne die Quitten-Preiselbeer-Mischung 4 Minuten langsam, dann 8 Minuten schnell kneten. Zum Schluss die Quitten-Preiselbeer-Mischung im Langsamgang oder von Hand unterkneten. Den Teig 30 Minuten abgedeckt ruhen lassen. Nach 15 und 30 Minuten den Teig dehnen und falten.

Nach der Ruhephase den Teig zu einem Laib wirken und mit dem Schluss nach unten in einen gut mit Speisestärke ausgeriebenen Gärkorb legen. 75 Minuten abgedeckt gehen lassen.

Das Brot auf ein Backblech oder Schießholz stürzen und in den auf 250 °C (Ober-/Unterhitze) vorgeheizten Ofen einschießen. Nach 3 Minuten Backzeit kräftig schwaden.

Nach insgesamt 15 Minuten Backzeit den Ofen auf 190 °C herunterschalten und das Brot 35 Minuten weiterbacken. Nach 50 Minuten Backzeit den Ofen leicht öffnen (Kochlöffel einklemmen) und das Brot 10 Minuten fertig backen.

Variante

Statt Quitten und Quittensaft können Sie auch festfleischige Birnen und Birnensaft verwenden. Die Kochzeit der Obstwürfel reduziert sich in diesem Fall auf 2 bis 3 Minuten.

SELLERIEBROT MIT WALNÜSSEN UND BIRNEN

Dieses Brot schmeckt recht eigenwillig, deutlich nach Sellerie mit einer leichten Schärfe. Sellerie, Birne, Nüsse, Joghurt und die Gewürze ergeben einen gut ausbalancierten Geschmack. Das Brot passt zu würziger Salami und Käse, außerdem zu Frischkäse- oder Sauerrahmdips, beispielsweise einem Sellerie-Birnen-Walnuss-Dip.

Zubereitungszeit: 21 ¼ Stunden
Arbeitszeit Vortag: 5 Minuten
Arbeitszeit Backtag: 40 Minuten
Teiggare: 20 ¼ Stunden
Backzeit: 60 Minuten

Für 1 kg Brot

Sauerteig
180 Wasser, lauwarm
16 g Anstellgut (Dinkel, ersatzweise Roggen)
165 g Dinkelmehl 1050

Nüsse/Sellerie/Birne/Gewürze
65 g Walnüsse
225 g Knollensellerie
90 g festfleischige Birne
1 g Koriandersaat
0,5 g Kümmel
0,1 g Muskatnuss
0,8 g Pfeffer

Hauptteig
Sauerteig
130 g Joghurt, griechische Art (Seite 200)
14,5 g Salz
16 g Butter
7 g Frischhefe
225 g Knollensellerie
90 g Birne
305 g Dinkelmehl 630
30 g Sesam
Gewürze

Außerdem
Sesamsaat zum Bestreuen

Tag 1

SAUERTEIG

Die Zutaten vermengen und abgedeckt 18 Stunden an einem warmen Ort stehen lassen.

Tag 2

NÜSSE/SELLERIE/BIRNE/GEWÜRZE

Die Nüsse ohne Fett in einer Pfanne rösten und grob hacken. Den rohen Sellerie und die Birne reiben oder in der Küchenmaschine zerschreddern. Die Gewürze frisch mahlen. Dies funktioniert besonders gut in einer Schlagwerk-Kaffeemühle.

HAUPTTEIG

Die Zutaten in den Teigkessel geben und zunächst 4 Minuten langsam, dann 6 Minuten schnell kneten. Den Teig 45 Minuten abgedeckt ruhen lassen. Nach jeweils 15 und 30 Minuten den Teig auf die Arbeitsfläche geben und mit einer Teigkarte unter Verwendung von möglichst wenig Mehl mehrfach von außen nach innen falten.

Den Teig zu einem Laib wirken, mit Sesam bestreuen und mit dem Schluss nach unten in einen Gärkorb legen. Diesen zuvor mit einem Teigtuch auslegen und mit Speisestärke einreiben. 45 Minuten abgedeckt gehen lassen.

Den Teigling auf ein Backblech oder Schießholz stürzen und in den auf 250 °C (Ober-/Unterhitze) vorgeheizten Ofen einschießen und kräftig schwaden.

Nach 5 Minuten Backzeit den Ofen kurz öffnen, um überschüssigen Wasserdampf zu entlassen. Nach 20 Minuten Backzeit den Ofen auf 200 °C herunterschalten und das Brot 40 Minuten fertig backen.

HAGEBUTTENBROT

Für die Entwicklung dieses Rezeptes habe ich unzählige Hagebutten vorgegart, in Schnaps eingelegt, mit Portwein karamellisiert – am besten war jedoch die Methode, schlichtweg Hagebutten zu würfeln und roh in den Teig zu tun. Grundsätzlich sind alle Hagebutten essbar, schmecken aber recht unterschiedlich. Sie können die Hagebuttenwürfelchen auch weglassen, es wird trotzdem ein gutes, außergewöhnliches Brot, welches ebenso gut zu pikanten wie süßen Belägen und Aufstrichen passt, besonders gut zu Käse.

Zubereitungszeit: 17 ½ Stunden
Arbeitszeit Vortag: 15 Minuten
Arbeitszeit Backtag: 55 Minuten
Teiggare: 16 ½ Stunden
Backzeit: 60 Minuten

Für 1 kg Brot

Hagebuttenpüree
550–600 g (netto 370 g) Hagebuttenpüree (Seite 189)

Sauerteig
70 g Wasser, lauwarm
7 g Anstellgut (Roggen)
70 g Roggenmehl 1370

Vorteig
165 g einreduziertes Hagebuttenpüree
0,8 g Frischhefe
165 g Weizenmehl 1050

Quellstück
65 g Haselnüsse
55 g Wasser

Hauptteig
45–65 g frische Hagebutten (Menge nach Geschmack)
Sauerteig
Vorteig
Quellstück
205 g einreduziertes Hagebuttenpüree
6 g Schweineschmalz
4 g Frischhefe
12,5 g Meersalz
12,5 g Honig
35 g Roggenmehl 997
230 g Weizenmehl 550

Tag 1

HAGEBUTTENPÜREE

Bereits im Vorfeld 550–600 g (oder zur Sicherheit auch mehr) Hagebuttenpüree in einen Kochtopf füllen und bei niedriger Temperatur ohne Deckel und unter gelegentlichem Rühren so lange einreduzieren, bis kein Wasser mehr austritt und die Konsistenz der von Tomatenketchup ähnelt. Wie lange dies dauert und welche Menge übrig bleibt, hängt davon ab, nach welcher Methode das Hagebuttenpüree hergestellt worden ist. Für dieses Rezept benötigen Sie insgesamt etwa 370 g einreduziertes Hagebuttenpüree.

SAUERTEIG

Die Zutaten vermischen und abgedeckt 14 Stunden an einem warmen Ort gären lassen.

VORTEIG

Hagebuttenpüree mit Hefe und Mehl vermengen, abgedeckt 2 Stunden bei Raumtemperatur stehen lassen, dann für 12 Stunden zur Reife in den Kühlschrank stellen.

QUELLSTÜCK

Die Haselnüsse mahlen und in einer Pfanne ohne Fett unter ständigem Rühren goldbraun rösten. Das dauert nur wenige Minuten. In ein Schälchen umfüllen und mit 55 g Wasser vermengen. Über Nacht abgedeckt quellen lassen.

Tag 2

HAGEBUTTEN VORBEREITEN

Die Hagebutten halbieren, die Stielansätze entfernen und mit einem Mokkalöffelchen die Kerne entfernen. Diese können getrocknet, gemahlen und ebenfalls zum Backen verwendet werden, beispielsweise für die Wildsamen-Stangerl (Seite 110). Die Hagebutten gründlich waschen und die Härchen aus dem Inneren entfernen, beispielsweise unter fließendem Wasser mit einem Wattestäbchen oder einer kleinen Zahnbürste. In kleine Würfelchen schneiden.

HAUPTTEIG

Um sicher zu gehen, dass der Teig nicht zu weich wird, zunächst eine geringere Menge Hagebuttenpüree in den Hauptteig geben und dann bei Bedarf die Menge löffelweise erhöhen.

Alle Zutaten bis auf die Hagebuttenwürfelchen 4 Minuten langsam, dann 6 Minuten schnell kneten. Dann im Langsamgang oder von Hand die Hagebuttenwürfelchen unterkneten. Den Teig abgedeckt 30 Minuten bei Zimmertemperatur ruhen lassen.

Nach der Teigruhe den Teig zu einem Laib wirken, mit etwas Mehl bestreuen und mit dem Schluss nach unten in einen Gärkorb legen. 60 Minuten abgedeckt an einem warmen Ort gehen lassen.

Den Teigling auf ein Backblech oder Schießholz stürzen und in den auf 240 °C (Ober-/Unterhitze) vorgeheizten Ofen einschießen und schwaden. Nach 15 Minuten den Backofen auf 200 °C herunterschalten und das Brot 45 Minuten fertig backen.

Hinweis

Hagebuttenpüree besteht ausschließlich aus pürierten Hagebutten und sollte nicht mit gesüßter Hagebuttenmarmelade/ Hagebuttenmark verwechselt werden (zur Herstellung siehe Seite 189).

WINTER

HERBST- UND WINTERGEMÜSE *sind meist sehr gut lagerfähig und versorgen uns auch außerhalb der Erntesaison mit Vitaminen. Wir verarbeiten Kraut und Rüben: Wirsing, Blaukraut und Sauerkraut, Rote Bete, Pastinaken und Steckrüben. Ebenso verbacken wir Lebensmittel, die wir bereits im Sommer oder Herbst konserviert haben wie schwarze Walnüsse, fermentierten Knoblauch und Essiggurken. Wer über eine Erlaubnis und einen entsprechend trainierten Hund verfügt, kann im Winter auch hierzulande Trüffel finden.*

SPREEWÄLDER GURKENBROT

Dieses Brot ist aus einer launigen Unterhaltung heraus entstanden und auf Anhieb so schmackhaft geworden, dass meine Testesser es mir aus den Händen gerissen haben. Es grenzte an Mundraub. Gurken dürfen in diesem Buch natürlich nicht fehlen, und da Salatgurken viel zu wässrig und geschmacksneutral sind, verwenden wir die festen Spreewälder (oder andere) Cornichons; größere Essiggurken sind weniger geeignet. Zusammen mit Schinkenwürfeln eine perfekte Kombination.

Zubereitungszeit: 18 ¾ Stunden
Arbeitszeit Vortag: 10 Minuten
Arbeitszeit Backtag: 40 Minuten
Teiggare: 17 ¾ Stunden
Backzeit: 45–60 Minuten

Für 1 kg Brot

Sauerteig
160 g Wasser, lauwarm
18 g Anstellgut (Roggen)
160 g Roggenmehl 1370

Vorteig
70 g Wasser, lauwarm
0,65 g Frischhefe
70 g Weizenmehl 1050

Cornichons/Schinken/Schnittlauch
260 g Cornichons aus dem Glas
130 g Schinken, roh oder geräuchert
1 Bund Schnittlauch

Hauptteig
Sauerteig
Vorteig
45 g Wasser, lauwarm
30 g Gurkenwasser
9 g Salz
4 g Frischhefe
115 g Weizenmehl 1050
90 g Weizenmehl 550
Gurkenwürfel
Schinkenwürfel
Schnittlauch

Tag 1

SAUERTEIG

Wasser, Anstellgut und Mehl vermischen und bei Raumtemperatur oder wärmer 16 Stunden abgedeckt gären lassen.

VORTEIG

Die Zutaten vermischen, abgedeckt 2 Stunden bei Raumtemperatur anspringen lassen und dann für 13 Stunden in den Kühlschrank verfrachten.

Tag 2

Den Vorteig eine Stunde vor der Zubereitung des Hauptteiges aus dem Kühlschrank holen.

CORNICHONS, SCHINKEN UND SCHNITTLAUCH

Die Cornichons abgießen, dabei 30 g Gurkenwasser auffangen. Cornichons trockentupfen, je nach Dicke längs halbieren oder vierteln und dann zu Würfeln schneiden. Den Schinken ebenfalls würfeln und den Schnittlauch in nicht zu kleine Stücke schneiden.

HAUPTTEIG

Alle Zutaten für den Hauptteig bis auf Gurken- und Schinkenwürfel sowie Schnittlauch 4 Minuten langsam, dann 6 Minuten schnell kneten.

Dann die restlichen Zutaten hinzufügen und 3 Minuten langsam unterkneten. Den Teig abgedeckt 30 Minuten ruhen lassen. Nach 15 Minuten den Teig dehnen und falten.

Den Teig zu einem großen oder zwei kleinen Laiben langwirken oder zu einem Bâtard formen. In langen Gärkörben oder in einem Teigtuch 45–60 Minuten lang abgedeckt gehen lassen.

In den auf 250 °C (Ober-/Unterhitze) vorgeheizten Ofen einschießen und schwaden. Nach 15 Minuten Backzeit den Ofen auf 190 °C herunterschalten und je nach Größe und Dicke der Brote 30–45 Minuten fertig backen.

Wer einen Entsafter hat, entsaftet am besten selbst die ungekochten, zu Würfeln geschnittenen Rote-Bete-Rüben. Es eignet sich aber auch fertig gekaufter Saft oder – mit geschmacklichen Einbußen – das Kochwasser von Roter Bete.

Tipp

ROTE LOLA – ROTE-BETE-BROT MIT 100 % URDINKEL

Ein farbenfrohes Brot, saftig, mit dünner Kruste und einem ausgewogenen Geschmack. Dem erdigen Aroma arbeiten wir mit frischer Säure (Zitrone, Orange) entgegen, geröstete Haselnüsse verleihen dem Brot eine gewisse Tiefe, und durch den Meerrettich hält eine milde Schärfe Einzug. Der Clou sind jedoch die karamellisierten Rote-Bete-Würfelchen. Das Brot passt zu allen Arten von Aufstrichen, besonders gut zu geräuchertem oder gebeiztem Lachs, gerne in Verbindung mit Frischkäse.

Zubereitungszeit: 15 ¾ Stunden
Arbeitszeit Vortag: 35 Minuten
Arbeitszeit Backtag: 35 Minuten
Teiggare: 15 Stunden
Backzeit: 40–50 Minuten

Für 1 kg Brot

Vorteig
180 g Rote-Bete-Saft
3,5 g Frischhefe
180 g Dinkelmehl 630

Rote Bete
160 g (netto 140 g) Rote Bete, frisch und nicht vorgegart
25 g Zucker
15 g Wasser
60 g Orangensaft

Quellstück
70 g Haselnüsse
45 g Wasser

Hauptteig
225 g Rote-Bete-Saft
15 g Zitronensaft
Rote-Bete-Würfelchen
Vorteig
16 g Salz
6 g Frischhefe
Haselnuss-Quellstück
35–45 g Meerrettich, frisch gerieben
Abrieb einer halben Bio-Orange
425 g Dinkelmehl 630
30 g Anstellgut (Weizen)

Tag 1

VORTEIG
Den Rote-Bete-Saft mit Hefe und Mehl vermengen und abgedeckt 2 Stunden bei Raumtemperatur anspringen lassen, dann für 12 Stunden im Kühlschrank lagern.

ROTE BETE
Die Rote Bete mit dem Sparschäler schälen und zu Würfelchen von etwa 7 mm Kantenlänge schneiden, es sollte etwa 140 g ergeben.

25 g Zucker mit 15 g Wasser unter Rühren im Topf schmelzen lassen. Der Zucker wird kurzzeitig fest und schmilzt gleich darauf wieder. Sobald der Zucker beginnt, sich leicht zu bräunen, die Würfelchen hineingeben und unter Rühren etwa 4 Minuten köcheln lassen, bis die Flüssigkeit verschwunden ist. Mit 60 g Orangensaft ablöschen, nochmals etwa 6 Minuten köcheln lassen, bis der Orangensaft verdampft ist. Abgedeckt im Topf über Nacht abkühlen lassen.

QUELLSTÜCK
Die Haselnüsse mahlen und unter ständigem Rühren in einer Pfanne ohne Fett goldbraun rösten. Gegen Ende besonders gut aufpassen, da geht es plötzlich sehr schnell. In ein Schüsselchen umfüllen, mit 45 g warmem Leitungswasser vermengen und abgedeckt bis zum nächsten Tag quellen lassen.

Tag 2

HAUPTTEIG
225 g Rote-Bete-Saft und 15 g Zitronensaft in den Topf zu den Bete-Würfelchen geben, auf dem Herd leicht temperieren, bis sich der Satz vom Boden gelöst hat. In den Teigkessel schütten und alle anderen Zutaten für den Hauptteig dazugeben.

15 Minuten langsam kneten. Der Teig hat sich von der Schüsselwand gelöst und weist eine prächtige Farbe auf. 60 Minuten abgedeckt bei Zimmertemperatur ruhen lassen. Den Teig nach jeweils 20 und 40 Minuten dehnen und falten.

Nach der Ruhephase den Teig nochmals dehnen und falten, grob zu einem Rechteck formen und mit der Teigkarte 2–4 längliche Stücke abstechen.

Die Teiglinge mit den Händen etwas nachformen, auf ein Backblech setzen und nochmals abgedeckt etwa 20 Minuten gehen lassen.

In den auf 230 °C (Ober-/Unterhitze) vorgeheizten Ofen einschießen und schwaden. Je nach Größe 40–50 Minuten backen.

BLAUKRAUTBROT

Die Überraschung, wenn jemand dieses Brot zum ersten Mal probiert, ist immer sehr groß, weil es tatsächlich sehr deutlich nach Blaukraut schmeckt. Zum Geschmack trägt nicht nur das Kraut an sich bei, sondern auch die Gewürze, die man mit dem Blaukraut verkocht hat. Das Brot ist innen saftig, außen knusprig, hat eine lockere Krume und passt zu nahezu allen pikanten Auflagen, zu kaltem Schweinebraten und zu kräftigen Marmeladen- und Honigsorten, Sauerkirschmarmelade etwa oder Thymianhonig.

Zubereitungszeit: 18 Stunden
Arbeitszeit Vortag: 10 Minuten
Arbeitszeit Backtag: 25 Minuten
Teiggare: 17 Stunden
Backzeit: 55 Minuten

Für 1 kg Brot

Sauerteig
70 g Wasser
7 g Anstellgut (Roggen)
70 g Roggenmehl 1370

Vorteig
160 g Wasser
0,8 g Frischhefe
1 g Salz
250 g Weizenmehl 1050

Hauptteig
Sauerteig
Vorteig
140 g Wasser-Blaukrautsaft-Mischung
8 g Schweineschmalz
8 g Frischhefe
13 g Salz
250 g (netto 200 g) Blaukraut, fertig gekocht (Seite 186)
40 g Roggenmehl 997
215 g Weizenmehl 550

Tag 1

SAUERTEIG

Die drei Zutaten vermengen. 15 Stunden abgedeckt an einem warmen Ort gären lassen.

VORTEIG

Wasser mit Salz, Hefe und Mehl vermischen und 2 Stunden abgedeckt bei Raumtemperatur stehen lassen. Dann den Vorteig für 13 Stunden in den Kühlschrank stellen. Gute Nacht, lieber Vorteig!

BLAUKRAUT

Etwa 250 g Blaukraut über Nacht in einem Sieb sehr gut abtropfen lassen, dabei den Saft auffangen.

Tag 2

HAUPTTEIG

Das Blaukraut gegebenenfalls noch etwas ausdrücken. Es sollten etwa 200 g abgetropftes Blaukraut übrig bleiben, wenn es etwas mehr oder weniger ist, macht es nichts. Den aufgefangenen Blaukrautsaft abwiegen und mit warmem Wasser auf insgesamt 140 g auffüllen.

Die Blaukrautsaft-Wassermischung und alle Zutaten außer den Mehlen in den Teigkessel geben und mit einem Kochlöffel vermengen, bis Hefe und Schmalz aufgelöst sind. Die Zugabe des Krautes am Anfang ist wichtig, weil es zu glitschig ist, um sich bei späterem Hinzufügen noch gut mit dem Teig zu vermischen.

Dann Roggen- und Weizenmehl dazugeben, den Teig 10–12 Minuten im Langsamgang kneten und abdecken. Es schließen sich 30 Minuten Teigruhe an.

Zu einem Laib wirken und mit dem Schluss nach unten in einen Gärkorb legen. 45–60 Minuten an einem warmen Ort gehen lassen.

Den Laib auf ein Backblech oder Schießholz stürzen und in den auf 250 °C vorgeheizten Ofen einschießen und schwaden. Nach 15 Minuten den Ofen auf 200 °C herunterschalten und das Brot 40 Minuten fertig backen.

Variante

Aus dem Teig können Sie auch Brot-Pralinen backen. Dazu den Teig behutsam auf 8–10 mm Dicke ausrollen. Mit einem scharfen Messer in etwa 2 cm große Würfel schneiden. Mit etwas Abstand auf ein Backblech legen und abgedeckt 20 Minuten ruhen lassen. Die Backzeit beträgt etwa 8–10 Minuten. – Mit einer Spritztülle mit Frischkäse oder einer Creme gefüllt, schmecken diese Brot-Pralinen besonders gut.

PIDE MIT SCHWARZEM KNOBLAUCH

Schwarzer, fermentierter Knoblauch hat ein ganz besonderes Aroma. In Verbindung mit Steinpilzmehl backen wir ungewöhnlich und originell schmeckende Fladenbrote, die sehr gut zu Frischkäse und diversen Dips passen – und natürlich auch zu der Knoblauchcreme, welche wir für den Teig verwenden. Wenn Sie die Creme pur genießen möchten, sollten Sie sich allerdings an den Geschmack vorsichtig herantasten und zunächst weniger Knoblauch und Steinpilzpulver verwenden.

Zubereitungszeit: 43 ½ Stunden
Arbeitszeit Vortag: 5 Minuten
Arbeitszeit Teig: 30 Minuten
Arbeitszeit Backtag: 40 Minuten
Teiggare: 43 Stunden
Backzeit: 10–15 Minuten pro Brot

Für 3 Pide à 330 g = 1 kg

Vorteig
290 g Wasser, lauwarm
1 g Frischhefe
240 g Weizenmehl 1050

Knoblauchcreme
160 g Schmand, gut abgetropft
75 g schwarzen Knoblauch (Seite 200)
6,5 g Steinpilzmehl (Seite 202)
½–1 TL Zitronensaft
3,5 g Salz

Hauptteig
Vorteig
35 g Wasser, lauwarm
250 g Knoblauchcreme
4 g Frischhefe
9 g Salz
10 g Rohrzucker
330 g Weizenmehl 1050
20 g Anstellgut (Weizen)

Außerdem
ca. 3 EL Olivenöl
Sesam, schwarz oder hell

Tag 1

VORTEIG

Hefe, Mehl und Wasser gut vermengen und abgedeckt 16 Stunden oder länger bei Kellertemperatur (ca. 12–16 °C) reifen lassen. Sollten Sie über keinen kühlen Raum verfügen, den Vorteig 2 Stunden bei Raumtemperatur anspringen lassen und dann in den Kühlschrank stellen.

Tag 2

KNOBLAUCHCREME

Alle Zutaten in einen Mixbecher geben und zu einer feinen Paste verarbeiten. Da sich ein Teil des Knoblauchgeschmacks beim Backen verliert, können Sie auch mehr schwarzen Knoblauch verwenden oder auch sehr fein gehackten, frischen Knoblauch dazugeben.

HAUPTTEIG

Die Teigzutaten in den Kessel geben und 4 Minuten langsam, dann 8 Minuten schnell kneten. 60 Minuten abgedeckt ruhen lassen. Den Teig nach jeweils 30 und 60 Minuten mehrfach dehnen und falten und dann für etwa 16 Stunden in den Kühlschrank stellen. Einige Stunden mehr oder weniger spielen dabei keine Rolle.

Tag 3

Den mittlerweile gut gereiften und stark aufgegangenen Teig in 3 Teile teilen, mit den Fingerspitzen vorsichtig zu Kugeln wirken, ohne den Teig zu entgasen. 60 Minuten abgedeckt akklimatisieren lassen.

Backbleche mit Backpapier auslegen. Die Teiglinge werden jetzt nacheinander zu Fladen geformt und gebacken. Um den Teig nicht zu entgasen, sollten die Teigkugeln nicht mit dem Nudelholz ausgerollt, sondern behutsam mit den Fingerspitzen zunächst etwas flachgedrückt, mit jeweils etwa 1 EL Olivenöl eingepinselt und dann – je nach Geschicklichkeit – in der Luft oder bereits auf dem Backblech zu etwa 1 cm dicken Fladen ausgedehnt werden.

Auf Wunsch mit hellem und/oder schwarzem Sesam bestreuen und die Brote nochmals 10–20 Minuten abgedeckt ruhen lassen.

Die Fladenbrote nacheinander bei 280 °C (Ober-/Unterhitze) auf der untersten Schiene jeweils 10 Minuten lang backen, bis sie die gewünschte Bräune erreicht haben. Nach dem Einschießen den Ofenraum jeweils schwaden. Bei niedrigerer Temperatur dauert der Backvorgang bis zu 15 Minuten.

CRAZY PURPLE HAZE – URKAROTTENBROT

Die sogenannte Urkarotte „Purple Haze“ ist entstanden, indem aus dem Vorderen Orient stammende schwarze Karotten mit orangefarbenen „gelben“ Rüben gekreuzt wurden. Wir kombinieren sie mit Rote-Bete-Saft. Stattdessen können Sie auch Wasser verwenden, müssen allerdings eine deutlich weniger hübsche Brotfarbe in Kauf nehmen. Den erdigen Aromen setzen wir als Kontrast etwas Honig und Zitronensaft entgegen. Das Brot schmeckt süßlich mit leicht bitterem Abgang und passt zu allen denkbaren Aufstrichen und Belägen.

Zubereitungszeit: 39 ½ Stunden
Arbeitszeit Vortag: 10 Minuten
Arbeitszeit Teig: 40 Minuten
Arbeitszeit Backtag: 10 Minuten
Teiggare: 38 ¾ Stunden
Backzeit: 40–45 Minuten

Für 1 kg Brot

Sauerteig
60 g Apfel, gerieben
170 g Rote-Bete-Saft (oder Wasser)
35 g Anstellgut (Weizen)
170 g Weizenmehl 1050

Autolyseteig
Sauerteig
190 g Rote-Bete-Saft (oder Wasser)
410 g Weizenmehl 550

Karotten
180 g (netto 160 g) Urkarotten

Hauptteig
Autolyseteig
160 g Urkarotten
3,5 g Frischhefe
20 g Honig
18 g Salz
10 g Zitronensaft

Tag 1

SAUERTEIG

Einen Apfel vierteln, das Kerngehäuse entfernen und den Apfel mitsamt der Schale grob raspeln, so dass etwa 60 g übrig bleiben. Mit dem Rote-Bete-Saft, Anstellgut und Weizenmehl vermengen und 16 Stunden bei Raumtemperatur abgedeckt gären lassen.

Tag 2

AUTOLYSETEIG

Den Sauerteig mit Rote-Bete-Saft oder Wasser sowie dem Mehl gut vermengen und 30 Minuten abgedeckt quellen lassen.

URKAROTTEN

Die Karotten nicht schälen, sondern nur unter fließendem Wasser gut abbürsten, dann grob raspeln oder in der Küchenmaschine zerkleinern.

HAUPTTEIG

Den Autolyseteig, geraspelte Karotten, Frischhefe und Honig 10 Minuten (am besten mit dem Handrührgerät/Knethaken) bei zunächst niedriger, dann bei mittlerer Geschwindigkeit zu einem homogenen Teig kneten.

Erst jetzt Salz und Zitronensaft hinzufügen und 5 Minuten weiter kneten. Es ist ein ziemlich weicher Teig entstanden. Diesen auf die leicht bemehlte Arbeitsfläche geben, abdecken und 90 Minuten gehen lassen. Nach jeweils 30, 60 und 90 Minuten den Teig unter Verwendung von möglichst wenig Mehl kräftig dehnen und falten. Dann den Teig in einer mit etwas Mehl ausgestreuten Schüssel für 20 Stunden abgedeckt in den Kühlschrank zur Reife stellen. Die Größe der Schüssel ist so zu wählen, dass der Teig etwa ein Drittel des Volumens ausfüllt.

Tag 3

Der Teig hat nun ein etwa doppeltes Volumen angenommen. Vorsichtig auf die Arbeitsfläche gleiten lassen und mit der Teigkarte beliebig viele Stücke in beliebiger Form abstechen. Sollten Sie den Teig zu einer rechteckigen Form gefaltet haben, können Sie Quadrate oder Stangenbrote abstechen. Besonders originelle Brote erhalten Sie, wenn Sie den Teig in einer runden Schüssel haben reifen lassen, dann den Teigfladen vierteln und dreieckige Brote daraus formen.

Die Teiglinge gegebenenfalls mit den Händen noch etwas nachformen, leicht mit Mehl bestäuben und behutsam auf ein Backblech legen, welches zuvor mit Mehl abgestreut oder mit Backpapier ausgelegt wurde. Abgedeckt nochmals 5–10 Minuten ruhen lassen.

Das Blech in den auf 240 °C (Ober-/Unterhitze) vorgeheizten Ofen schieben und kräftig schwaden.

Nach 15 Minuten die Temperatur auf 190 °C zurückschalten und die Brote je nach Größe 25–35 Minuten fertigbacken, dabei immer wieder darauf achten, dass die Brote nicht zu dunkel werden und diese gegebenenfalls mit Alufolie abdecken.

SAUERKRAUTBROT MIT PURPURWEIZEN

Der Geschmack ist deftig-nussig. Vom Sauerkraut schmeckt man absolut nichts, denn dieses wird mehrfach gewässert. Es macht aber das Brot saftig, noch gesünder und lange haltbar. Der Purpurweizen verdankt seine weinrote Farbe den Anthocyanen. Zusammen mit den in Purpurweizen in erhöhter Menge enthaltenen Carotinoiden können sie freie Radikale aus Umwelt und Nahrungsmitteln im menschlichen Körper binden, somit unschädlich machen oder eliminieren. Die rötliche Farbe bleibt beim Backen erhalten.

Zubereitungszeit: 17 Stunden
Arbeitszeit Vortag: 25 Minuten
Arbeitszeit Backtag: 20 Minuten
Teiggare: 16 Stunden
Backzeit: 60 Minuten

Für 1 kg Brot

Sauerteig
75 g Wasser, lauwarm
7 g Anstellgut (Weizen)
95 g Weizenmehl 550

Vorteig
85 g Wasser, lauwarm
1 g Frischhefe
100 g Weizenmehl 550

Quellstück
105 g Purpurweizenschrot, grob
150 g Wasser

Sauerkraut
140 g Sauerkraut

Hauptteig
Vorteig
Sauerteig
Quellstück
140 g Sauerkraut
60–120 g Wasser
270 g Purpurweizenmehl
50 g Roggenmehl 997
6 g Frischhefe
14 g Salz

Tag 1

SAUERTEIG
Die Zutaten vermischen und 14 Stunden abgedeckt an einem warmen Ort gehen lassen.

VORTEIG
Die Zutaten ebenfalls vermengen, 2 Stunden abgedeckt bei Raumtemperatur stehen lassen, dann für 12 Stunden in den Kühlschrank stellen.

QUELLSTÜCK
105 g Purpurweizen grob schroten. 150 g Wasser zum Kochen bringen, den Schrot damit überbrühen und bis zum nächsten Tag abgedeckt quellen lassen.

SAUERKRAUT
Sauerkraut in eine große Schüssel mit kaltem Wasser geben, umrühren und nach einiger Zeit in ein Sieb abgießen. Diesen Vorgang mehrmals wiederholen, bis das Wasser bzw. Kraut nicht mehr sauer schmeckt. Im Sieb bis zum nächsten Tag abgedeckt abtropfen lassen, gegebenenfalls etwas ausdrücken.

Tag 2

HAUPTTEIG
Zunächst nur 60 g Wasser verwenden. Da Mehl und Schrot unterschiedlich fein ausfallen können und somit die Flüssigkeitsaufnahme variiert, außerdem das Sauerkraut mehr oder weniger feucht sein kann, ist es sinnvoll, während des Knetens die Teigkonsistenz zu beobachten und gegebenenfalls noch weiteres Wasser zuzugeben.

Alle Zutaten 10 Minuten kneten, dann den Teig abgedeckt 30 Minuten bei Raumtemperatur ruhen lassen.

Zu einem Laib wirken und mit dem Schluss nach unten in einen Gärkorb legen. 60 Minuten zugedeckt gehen lassen.

Den Laib auf ein Backblech oder Schießholz stürzen und in den auf 250 °C vorgeheizten Ofen einschießen und schwaden. Nach 15 Minuten den Ofen auf 200 °C herunterschalten und 45–50 Minuten fertig backen.

PASTINAKENBROT

Die Pastinaken kommen gleich in dreierlei Varianten in den Teig: Als Püree, als frittierte und als rohe Würfelchen. Dieses Brot schmeckt sehr deutlich nach dieser aromatisch-nussigen Rübe, ist äußerst saftig, auch nach vielen Tagen noch. Es weist eine deutliche Süße auf, passt somit ebenso gut zu süßen Aufstrichen wie zu Käse und herzhaften Schinken. Oder, um meine liebe Backfreundin Monika zu zitieren: „Das Brot alleine, nur mit Butter, ist schon eine Delikatesse."

Zubereitungszeit: 14 ¼ Stunden
Arbeitszeit Vortag: 5 Minuten
Arbeitszeit Backtag: 60 Minuten
Teiggare: 13 ½ Stunden
Backzeit: 50 Minuten

Für 1 kg Brot

Sauerteig
180 g Wasser, lauwarm
20 g Anstellgut (Weizen)
175 g Weizenmehl 1050

Pastinaken/Pastinakenpüree
500 g Pastinaken
14 g Butter
7 g Olivenöl
310 g (netto 90 g) Frischmilch
25 g schwarze Sesamsaat
14 g Meersalz
Abrieb einer halben Bio-Zitrone

Autolyseteig
Sauerteig
90 g Pastinakenmilch
4,2 g Frischhefe
265 g Weizenmehl 550

Hauptteig
Autolyseteig
Pastinakenpüree
Pastinakenwürfel

Außerdem
Sesam zum Bestreuen

Tag 1

SAUERTEIG

Die Zutaten für den Sauerteig vermengen und abgedeckt 11 Stunden bei Raumtemperatur gären lassen.

Tag 2

PASTINAKEN

Die Rüben mit dem Sparschäler schälen, aus den dicken Teilen 185 g Würfelchen (ca. 5–7 mm) schneiden. Die restlichen Pastinaken in Scheiben schneiden.

In einer Kasserolle 14 g Butter und 7 g Olivenöl auf etwa 160–180 °C erhitzen. 120 g der Würfelchen darin goldbraun frittieren und herausschöpfen, auf Küchenkrepp abkühlen lassen. Inzwischen 310 g Milch erhitzen, die Pastinakenabschnitte und -scheiben darin ohne Deckel unter gelegentlichem Rühren weich kochen, das dauert je nach Dicke rund 20 Minuten. In einem Sieb abtropfen lassen und die Milch dabei auffangen, es sollten etwa 90 g sehr aromatisch-süße Milch übrig bleiben, die dem Brot einen tollen Geschmack verleihen wird. Die Pastinaken noch lauwarm pürieren (Pürierstab, Kartoffelpresse oder Küchenmaschine).

Im verbliebenen Fett in der Kasserolle 35 g schwarzen (oder auch hellen) Sesam unter Rühren einige Minuten anrösten, das Pastinakenpüree sowie 14 g Salz darunterrühren, einige Minuten köcheln, dann abkühlen lassen. Die Schale einer halben Zitrone darüberreiben.

AUTOLYSE/QUELLPHASE

Sauerteig, Pastinakenmilch, Hefe und Weizenmehl mit den Händen zu einem Teig verkneten, welcher noch recht fest ist. 30 Minuten abgedeckt an einem warmen Ort quellen lassen.

HAUPTTEIG

Den Autolyseteig und das Pastinakenpüree zunächst mit den Händen verkneten, dann in der Teigknetmaschine 4 Minuten langsam, dann 8 Minuten schnell kneten. Der Teig löst sich vom Schüsselrand. Auf langsamer Stufe oder von Hand die frittierten sowie die rohen Pastinakenwürfel unterkneten. 45 Minuten bei Raumtemperatur abgedeckt ruhen lassen. Den Teig nach jeweils 15 und 30 Minuten mehrfach dehnen und falten.

Nach der Ruhephase den Teig zu zwei kleinen Laiben wirken. Mit dem Schluss nach oben in Gärkörbe geben, die zuvor mit Teigtüchern ausgelegt wurden. Abgedeckt 75 Minuten bei Raumtemperatur oder wärmer gehen lassen. Aufgrund des hohen Pastinaken- und somit niedrigen Mehlanteils sollen die Laibe gute Vollgare erreichen.

Die Laibe behutsam oval formen, mit dem Bräunwisch feucht abstreichen, nach Belieben mit Sesam bestreuen und einschneiden. Auf ein Backblech oder Schießholz legen und in den auf 250 °C vorgeheizten Ofen einschießen und schwaden.

Nach 15 Minuten den Ofen auf 190 °C herunterschalten und die Laibe 35 Minuten fertig backen.

WIRSINGBROT MIT SPECKCHIPS UND GRÜNKERN

Ein sehr deftiges Brot, welches bei einer Verkostung auch von mehreren Sterneköchen sehr gelobt wurde. Der Grünkern trägt zur kräftigen Geschmacksnote bei, Speckchips und Griebenschmalz verleihen dem Brot etwas Rustikales. Durch das Backen in Wirsingblättern erhält das Brot ein schönes Muster. Die Kruste ist dünn und knusprig-splittrig. Das Brot passt zu allen pikanten Aufstrichen und Belägen, zu aromatischem Käse, Griebenschmalz und Frischkäse.

Zubereitungszeit: 19 ½ Stunden
Arbeitszeit Vortag: 30 Minuten
Arbeitszeit Backtag: 55 Minuten
Teiggare: 17 ¾ Stunden
Backzeit: 60 Minuten

Für 1 kg Brot

Sauerteig
55 g Wasser, lauwarm
6 g Anstellgut (Roggen)
55 g Roggenmehl 1370

Vorteig
130 g Wasser, lauwarm
1 g Frischhefe
200 g Weizenmehl 1050

Grünkern-Brühstück
55 g Grünkern, mittel geschrotet
85 g Wasser

Speckchips
5 g Speiseöl
90 g Speck oder roher Schinken, hauchdünn geschnitten

Wirsing
einige schöne Wirsingblätter
200 g Wirsingblätter (ohne die Rippen)
25 g Griebenschmalz (oder anderes Schmalz)
12 g Essig
65 g Schmand (oder Sauerrahm)
¼ TL schwarzer Pfeffer, aus der Mühle

Hauptteig
Sauerteig
Vorteig
Grünkern-Brühstück
165 g Wasser
10 g Salz
6,5 g Frischhefe
35 g Roggenmehl 997
175 Weizenmehl 550
Wirsing
Speckchips

Tag 1

SAUERTEIG
Die Zutaten gut vermengen und abgedeckt 16 Stunden bei Raumtemperatur oder wärmer gären lassen.

VORTEIG
Die Zutaten verkneten, abgedeckt 2 Stunden bei Raumtemperatur anspringen lassen und dann in den Kühlschrank stellen.

GRÜNKERN-BRÜHSTÜCK
Den Schrot in einer Pfanne ohne Fett unter ständigem Wenden goldbraun rösten, in ein Schälchen umfüllen, mit 85 g heißem Wasser übergießen und abgedeckt über Nacht quellen lassen.

SPECKCHIPS
In einer Pfanne 5 g Speiseöl verteilen, nach und nach die Schinken- oder Speckscheiben beidseitig goldbraun rösten. Nebeneinander auf Küchenkrepp legen, um die Scheiben etwas zu entfetten. Auf ein mit Backpapier belegtes Backblech umbetten und im vorgeheizten Ofen bei 160 °C noch etwa 10 Minuten nachtrocknen lassen, bis sich die Chips mit den Fingern leicht zerbröseln lassen.

WIRSING
Einige schöne große Wirsingblätter vom Äußeren des Kopfes aufsparen. 200 g Wirsingblätter (ohne die Rippen) in feine, einige mm breite Streifen schneiden. Griebenschmalz (oder ersatzweise Schweine- oder Butterschmalz) in einem Topf schmelzen lassen, die Wirsingstreifen unter ständigem Wenden einige Minuten lang dünsten, bis sie weich sind. Mit dem Essig ablöschen, Schmand und den frisch gemahlenen Pfeffer unterrühren. Abkühlen lassen.

Tag 2

HAUPTTEIG
Die Zutaten für den Hauptteig bis auf Wirsing und Speckchips 4 Minuten langsam, dann 6 Minuten schnell kneten. Den Wirsing und die zerbröselten Speckchips etwa 2 Minuten langsam unterkneten, gegebenenfalls mit den Händen nachhelfen. Den Teig abgedeckt 45 Minuten ruhen lassen.

Die Innenseiten der aufgesparten Wirsingblätter mit Backtrennspray einsprühen oder mit Öl einpinseln. Einen Gärkorb damit auslegen und die Blätter an der Kante des Gärkorbs abschneiden. Den Teig zu einem Laib wirken und mit dem Schluss nach oben in den Gärkorb legen. 60 Minuten bei Raumtemperatur oder wärmer gehen lassen.

Den Laib mitsamt den Wirsingblättern auf ein Backblech oder Schießholz stürzen, in den auf 250 °C Ober-/Unterhitze) vorgeheizten Ofen einschießen und schwaden. 15 Minuten anbacken. Dann auf 190 °C herunterschalten und 25 Minuten weiterbacken. Nach insgesamt 40 Minuten Backzeit die Wirsingblätter vom Teigling nehmen und das Brot 20 Minuten goldbraun backen.

STECKRÜBENBROT MIT TRÜFFEL

„Arme-Leute-Essen" mit Edelzutaten zu kombinieren, scheint heutzutage hip zu sein – es hat aber auch seine Berechtigung. Denn dadurch werden alltägliche und preisgünstige Lebensmittel wieder ins Bewusstsein gerückt und deren Wertschätzung gefördert. An sich bin ich kein großer Freund von Trüffelöl, doch wohldosiert eingesetzt, fördert es den Gesamtgeschmack. Abgerundet wird das Brot durch etwas Kurkuma, welches auch zur schönen Farbe beiträgt.

Zubereitungszeit: 16 ½ Stunden
Arbeitszeit Vortag: 20 Minuten
Arbeitszeit Backtag: 30 Minuten
Teiggare: 15 ¾ Stunden
Backzeit: 45 Minuten

Für 2 Brote à 500 g = 1 kg

Sauerteig
135 g Wasser, lauwarm
20 g Anstellgut (Weizen)
135 g Weizenmehl 1050

Vorteig
65 g Wasser, lauwarm
0,6 g Frischhefe
65 g Weizenmehl 1050

Rübe/Trüffel
350 g (netto 300 g) Steckrübe
2 Prisen Salz für das Kochwasser
20 g frischer Trüffel
etwa 14 g Trüffelöl

Hauptteig
1,2 g Kurkumapulver
5 g Wasser
Sauerteig
Vorteig
300 g Rübenpüree
13 g Salz
6 g Frischhefe
375 g Weizenmehl 550
Trüffel
Trüffelöl

Tag 1

SAUERTEIG
Die Zutaten vermengen und abgedeckt 14 Stunden bei Raumtemperatur gären lassen.

VORTEIG
Wasser, Mehl und Hefe vermischen und abgedeckt 2 Stunden bei Raumtemperatur anspringen lassen, dann in den Kühlschrank stellen.

RÜBENPÜREE
Die Rübe mit dem Sparschäler von ihrer Schale befreien, in etwa 1 cm große Würfel schneiden, in einen Kochtopf geben und nur mit so viel Wasser aufgießen, dass die Würfel gerade eben bedeckt sind. 2 Prisen Salz hinzufügen und die Würfel weich kochen, und zwar 30 Minuten mit Deckel, dann 10 Minuten ohne Deckel. Im Topf ausdampfen lassen. Es sollten 300 g Rübenwürfel übrig bleiben und die Flüssigkeit vollständig verdampft sein. Abgedeckt kühl stellen.

Tag 2

HAUPTTEIG
Zunächst die Rübenwürfel pürieren, in der Küchenmaschine oder mit dem Pürierstab. Im Teigkessel das Kurkumapulver mit 5 g Wasser klümpchenfrei verrühren, dann die weiteren Zutaten dazugeben. 4 Minuten langsam verkneten, gegebenenfalls mit der Teigkarte nachhelfen, um Mehlnester zu vermeiden. Dann 12 Minuten im Schnellgang auskneten, bis ein elastischer Teig entstanden ist. Währenddessen den Trüffel fein hobeln und die Scheiben in etwas kleinere Stücke schneiden. Im Langsamgang unterkneten. Gegen Ende der Knetzeit das Trüffelöl in einem dünnen Strahl einfließen lassen.

Den Teig abgedeckt 30 Minuten ruhen lassen. Nach 15 Minuten den Teig dehnen und falten.

Nach der Ruhephase den Teig nochmals dehnen und falten, in 2 Teile teilen, zunächst behutsam zu Kugeln wirken, dann länglich ausrollen. In einem bemehlten Teigtuch bei Raumtemperatur oder wärmer 45–60 Minuten gehen lassen. Die Teiglinge sollten sich sehr flauschig anfühlen.

Die Brote vorsichtig auf ein Backblech oder Schießholz setzen und 1–2 cm tief mehrfach einschneiden. In den auf 250 °C (Ober-/Unterhitze) vorgeheizten Ofen einschießen und schwaden.

Nach 15 Minuten Backzeit den Ofen auf 190 °C herunterschalten und die Brote 30 Minuten fertig backen.

TOPINAMBURBROT

Indianerkartoffel, Erdtrüffel, Jerusalem-Artischocke, Ross-Erdapfel ... dies sind nur einige von vielen Namen, die man dieser wunderschönen Knolle, welche zur selben Gattung wie die Sonnenblume zählt, im Laufe der Jahrhunderte verliehen hat. Topinambur lässt sich auch im eigenen Garten hervorragend vermehren und erfreut ab dem Spätsommer mit seinen sonnenblumengelben Blüten unser Herz. Dieses Brot ist ein saftiges, mittelporiges Alltagsbrot, das zu jeglichen süßen und pikanten Aufstrichen und Belägen passt.

Zubereitungszeit: 18 Stunden
Arbeitszeit Vortag: 30 Minuten
Arbeitszeit Backtag: 20 Minuten
Teiggare: 17 Stunden
Backzeit: 60 Minuten

Für 1 kg Brot

Sauerteig
110 g Wasser, lauwarm
10 g Anstellgut (Roggen)
95 g Roggenmehl 1370

Vorteig
100 g Wasser, lauwarm
1 g Frischhefe
100 g Weizenmehl 1050

Topinambur
250 g (netto ca. 225 g) Topinambur
etwas Salz für das Kochwasser

Quellstück
35 g Altbrot (Seite 198)
70 g Wasser

Hauptteig
Sauerteig
Vorteig
Quellstück
Topinamburpüree
45 g Wasser, lauwarm
100 g Weizenmehl 550
210 g Weizenmehl 1050
30 g Roggenmehl 997
17 g Salz
6,5 g Frischhefe

Tag 1

SAUERTEIG

Die Zutaten vermengen und 15 Stunden bei warmer Temperatur abgedeckt gären lassen.

VORTEIG

Das Wasser mit Mehl und Hefe vermischen und abgedeckt 2 Stunden bei Raumtemperatur anspringen, dann im Kühlschrank übernachten lassen.

TOPINAMBURPÜREE

Die Knollen in leicht gesalzenem Wasser weich kochen; das kann je nach Größe bis zu einer dreiviertel Stunde dauern. Schälen und noch warm durch eine Kartoffelpresse drücken oder in der Küchenmaschine pürieren. Es sollten etwa 225 g übrig bleiben. Mit einem Tuch abgedeckt über Nacht ausdampfen lassen.

QUELLSTÜCK

35 g Altbrot fein mahlen, mit 70 g heißem Wasser übergießen, gut vermengen und abgedeckt abkühlen lassen.

Tag 2

HAUPTTEIG

Alle Zutaten in den Teigkessel geben und 4 Minuten langsam, dann 8 Minuten schnell kneten. Es entsteht ein elastischer Teig. 45 Minuten abgedeckt ruhen lassen.

Den Teig nach der Ruhe- und Entspannungsphase zu einem Laib wirken. Leicht bemehlt in einen Gärkorb geben – ich lege ihn mit dem Schluss nach unten in den Gärkorb, wodurch das Brot beim Backen wild aufreißt. Wer es ordentlicher möchte, legt den Teigling mit dem Schluss nach oben in den Korb und schneidet ihn vor dem Backen nach Belieben ein. 45 Minuten bei Raumtemperatur oder wärmer abgedeckt gehen lassen.

Den Laib auf ein Backblech oder Schießholz stürzen, gegebenenfalls einschneiden und in den auf 250 °C (Ober-/Unterhitze) vorgeheizten Ofen einschießen und schwaden.

Den Ofen nach 15 Minuten auf 190 °C herunterschalten und das Brot 45 Minuten fertig backen.

GEWÜRZBROT MIT SCHWARZEN NÜSSEN UND SALZZITRONEN

Ein ungewöhnliches Brot mit exotischen Zutaten. Kleine Würfel aus schwarzen Nüssen und Salzzitronen, also sehr süße und salzig-säuerliche Komponenten, bilden ein interessantes Gegenspiel und werden von einem Aromenteppich aus Gewürzen eingebunden. Ein winterliches Brot – zumal die schwarzen Nüsse, welche bereits im Frühsommer hergestellt werden, mindestens ein halbes Jahr zur Reife benötigen. Das Brot schmeckt sehr gut zu Käse oder auch nur mit Butter.

Tag 1

SAUERTEIG

Malzbier mit Anstellgut und Mehl gut vermischen und 14 Stunden bei Raumtemperatur ruhen lassen.

Tag 2

VORBEREITUNGEN

Soweit nicht bereits in Pulverform vorliegend, die Gewürze und das Gerstenmalz fein mahlen, beispielsweise in einer Schlagwerk-Kaffeemühle. Ich habe mir eine solche eigens dafür angeschafft, weil man darin auch hartnäckigste Samen und Körner in Kleinstmengen mahlen kann. Die schwarzen Nüsse und die Salzzitrone in feine Würfel (ca. 4 mm) schneiden.

HAUPTTEIG

Alle Zutaten bis auf die Zitronen- und Nusswürfel zunächst 4 Minuten langsam, dann 4 Minuten schnell kneten, bis sich der Teig vom Schüsselrand löst. Dann die Zitronen- und Nusswürfelchen im Langsamgang oder von Hand unterkneten. 30 Minuten abgedeckt ruhen lassen.

Den Teig in 4 Stücke teilen und behutsam zu Kugeln wirken, ohne ihn zu entgasen. Die Teiglinge 10 Minuten abgedeckt entspannen lassen.

Die Teigkugeln nun zu Rollen vorformen. Dazu werden die Teiglinge mit beiden Händen etwas auseinandergedehnt, so dass sich ovale Teigplatten bilden. Diese nun von der Längsseite her aufrollen und die Nähte mit den Fingerspitzen andrücken. Mit dem Schluss nach unten wiederum 10 Minuten ruhen lassen.

Jetzt werden die Rollen auf die endgültige Wunschlänge ausgerollt und abgedeckt für 30 Minuten an einem warmen Ort zur Gare gestellt.

Die Teiglinge auf ein mit Mehl bepudertes oder mit Backtrennspray besprühtes Blech setzen und einschneiden. Das Blech in den auf 240 °C vorgeheizten Ofen schieben und schwaden.

Nach 10 Minuten Backzeit den Ofen auf 190 °C zurückschalten und die Brote 10–15 Minuten fertig backen.

Zubereitungszeit: 16 ½ Stunden
Arbeitszeit Vortag: 5 Minuten
Arbeitszeit Backtag: 55 Minuten
Teiggare: 16 Stunden
Backzeit: 20–25 Minuten

Für 4 Stück à 250 g = 1 kg

Sauerteig
200 g Malzbier
30 g Anstellgut (Roggen)
200 g Roggenmehl 1370

Gewürzmischung
4 g Anissamen
3 g Kümmel
0,2 g Muskatblüte
0,2 g Piment
1,5 g schwarzer Pfeffer
0,3 g getrockneter Ingwer

Nüsse/Zitrone
50 g schwarze Nüsse (Seite 196)
45 g Salzzitrone (Seite 195)

Hauptteig
Sauerteig
150 g Malzbier oder Wasser
20 g Sud von schwarzen Nüssen
14 g Salz
6 g Frischhefe
40 g Gerstenmalz/Aromamalz (Seite 214)
Gewürzmischung
220 g Weizenmehl 1050
150 g Weizenmehl 550
Salzzitronenwürfel
Nusswürfel

PETERS-BROT – MIT PETERSILIENWURZELN UND PETERSILIENÖL

Während der Arbeit an diesem Buch bin ich zunächst davon ausgegangen, dass es schwierig würde, ausreichend Zutaten für Winterbrote zu finden, doch je weiter ich in die Thematik eingetaucht bin, desto vielfältiger wurde die Auswahl an Zutaten, welche im Herbst oder Winter geerntet, gut eingelagert und dann verbacken werden können. Dieses würzige und leicht süßliche Brot passt zu allen Aufstrichen und Belägen.

Zubereitungszeit: 19 ¼ Stunden
Arbeitszeit Vortag: 15 Minuten
Arbeitszeit Backtag: 45 Minuten
Teiggare: 18 ½ Stunden
Backzeit: 50 Minuten

Für 2 Laibe à 500 g = 1 kg

Sauerteig
60 g Wasser, lauwarm
8 g Anstellgut (Roggen)
60 g Roggenmehl 1370

Vorteig
90 g Wasser, lauwarm
1,4 g Frischhefe
55 g Weizenmehl 1050
60 g Weizenmehl 550

Einlage
400 g Petersilienwurzeln
Salz für das Kochwasser
70 g Sonnenblumenkerne
60 g Petersilienöl (Seite 193)

Hauptteig
Sauerteig
Vorteig
230 g Petersilienwurzelpüree
110 g Petersilienwurzeln, geraspelt
10 g Honig
14,5 g Salz
7,5 g Frischhefe
290 g Weizenmehl 550
70 g Sonnenblumenkerne
20–30 g Wasser, falls notwendig
Petersilienöl

Außerdem
Sonnenblumenkerne zum Bestreuen

Tag 1

SAUERTEIG
Die Zutaten gut vermengen und abgedeckt 16 Stunden bei Raumtemperatur oder wärmer gären lassen.

VORTEIG
Die Mehle mit dem Wasser und der Hefe mit den Händen verkneten und abgedeckt 2 Stunden bei Raumtemperatur anspringen lassen, dann in den Kühlschrank stellen.

PETERSILIENWURZELN I
230 g Petersilienwurzeln mit den Schalen in gesalzenem Wasser kochen, so dass man mit einer Gabel gut durchstechen kann. Das dauert je nach Dicke zwischen 25 und 45 Minuten. Die Petersilienwurzeln über Nacht im Wasser abkühlen lassen.

SONNENBLUMENKERNE
Die Kerne ohne Fett in einer Pfanne goldbraun rösten.

Tag 2

PETERSILIENWURZELN II
Die gekochten Wurzeln mit den Fingern enthäuten, die Schale löst sich ganz leicht. In der Küchenmaschine oder mit dem Pürierstab fein pürieren.

Die übrigen Petersilienwurzeln mit dem Sparschäler schälen und grob raspeln oder in der Küchenmaschine zu Granulat (ca. 2–3 mm) zerhäckseln. Es sollen etwa 110 g werden; wenn es etwas mehr oder weniger ist, so spielt dies keine Rolle.

HAUPTTEIG
Alle Zutaten bis auf das Petersilienöl 4 Minuten langsam, dann 6 Minuten schnell kneten. Dann löffelweise das Petersilienöl unterkneten. Sollte sich das Öl mit dem Teig nicht gut vermischen, ab und zu mit der Teigkarte oder den Händen nachhelfen. Es sollte ein recht fester Teig entstehen. Ist er zu fest (je nach Flüssigkeitsgehalt der Petersilienwurzeln) nochmals 20–30 g Wasser unterkneten. Abgedeckt 45 Minuten bei Raumtemperatur oder wärmer gehen lassen. Nach jeweils 15 und 30 Minuten den Teig mehrfach dehnen und falten.

Nach der Teigruhe wird der Teig in 2 Stücke geteilt und zu Laiben gewirkt. Mit dem Schluss nach oben mit dem Bräunwisch oder den Händen feucht abstreichen und mit Sonnenblumenkernen bestreuen. Mit dem Schluss nach unten in kleine Gärkörbe geben, welche zuvor mit Teigtüchern ausgelegt wurden. 75 Minuten an einem warmen Plätzchen gehen lassen.

Die Brote auf ein Backblech oder Schießholz stürzen und in den auf 240 °C (Ober-/Unterhitze) vorgeheizten Ofen einschießen und schwaden. 15 Minuten anbacken, dann den Ofen auf 190 °C herunterschalten und die duftenden Brote 35 Minuten fertig backen.

FINGERFOOD

DIESES KAPITEL *enthält Gebäcke, kleine Snacks und Knabbergebäck, welche besonders gut für Partys, Buffets oder als Mitbringsel und Geschenke geeignet sind. Da in den Rezepten teilweise mehrere Zutatenvarianten angeboten werden, ist eine eindeutige Zuordnung auf eine unserer vier Jahreszeiten nicht immer möglich. Hier versammeln sich also viele Variationsmöglichkeiten durch den gesamten Jahreslauf. Ihrer Phantasie, Kreativität und Experimentierfreude sind fast keine Grenzen gesetzt.*

TORTA SALATA – FOCACCIA MIT TOMATEN

Mein Focaccia-Grundrezept – ob Sie die Focaccia „bianca“, also nur mit Öl einmassiert und mit Salz und gegebenenfalls Kräutern bestreut, essen möchten oder die Focaccia zusätzlich belegen, bleibt ganz Ihrer Phantasie überlassen. Hier stelle ich Ihnen eine meiner Lieblings-Focaccias vor, die in der Emilia-Romagna als „torta salata“ oder „spinata“ bezeichnet wird: Die Süße der Tomaten und das Fleur de Sel in Verbindung mit dem außen knusprigen und innen weichen Teig ergeben ein wunderbares Geschmackserlebnis.

Zubereitungszeit: 18 ¼ Stunden
Arbeitszeit Vortag: 10 Minuten
Arbeitszeit Backtag: 45 Minuten
Teiggare: 18 Stunden
Backzeit: 20–25 Minuten

Für 2 runde Focaccias à ca. 27 cm oder 1 Backblech = 1 kg

Sauerteig
170 g Wasser, lauwarm
17 g Anstellgut (Weizen)
40 g Weizenmehl 1050
125 g Weizenmehl 550

Brühstück
175 g Wasser
65 g Hartweizengrieß

Hauptteig
Sauerteig
Brühstück
65 g Wasser, lauwarm
10 g Meersalz
4,2 g Frischhefe
20 g Roggenmehl 1370
250 g Weizenmehl 550
28 g Olivenöl, beste Qualität

Belag
480 g Minitomaten (ca. 35 Stück)
Olivenöl oder Kräuter-/Gewürzöl (Seite 194)
Fleur de Sel, Kristalle oder Flocken

Tag 1

SAUERTEIG

Die Zutaten vermischen und bei Raumtemperatur (besser wärmer) 14 Stunden gären lassen.

BRÜHSTÜCK

Das Wasser zum Kochen bringen, dann den Hartweizengrieß mit einem Schneebesen einrühren. Den Topf vom Herd ziehen und 1–2 Minuten weiterrühren. Abgedeckt abkühlen und quellen lassen.

Tag 2

HAUPTTEIG

Alle Zutaten bis auf das Olivenöl in den Teigkessel geben. 8 Minuten langsam, dann 8 Minuten schnell kneten. In den letzten Minuten 28 g Olivenöl langsam zufließen lassen. Den Teig abgedeckt 2 ¼ Stunden bei Zimmertemperatur oder wärmer ruhen lassen. Nach jeweils 45 und 90 Minuten den Teig dehnen und falten.

Nach der Ruhephase den Teig letztmals dehnen und falten, dann vorsichtig zu 2 Kugeln formen, ohne den Teig zu entgasen. 15 Minuten abgedeckt ruhen lassen.

Inzwischen die Tomaten waschen, trockentupfen und halbieren.

Nach der Teigruhe die Teiglinge vorsichtig mit beiden Händen zu einigermaßen runden Platten ausziehen. Zwei Backbleche mit Backpapier auslegen und dieses mit Öl einpinseln. Die Teiglinge darauflegen. Auf jeden Teigling einen guten Schuss Oliven- oder Kräuter-/Gewürzöl geben, mit den Handflächen verstreichen, mit den Fingerspitzen von innen nach außen einmassieren und dadurch die Teiglinge auf etwa 27 cm Durchmesser ausdehnen. Die Tomatenhälften mit den Schnittflächen nach oben gut in den Teig drücken. 45 Minuten bei Raumtemperatur ruhen lassen und den Ofen frühzeitig auf 250 °C (Ober-/Unterhitze) vorheizen.

Die Tomaten nochmals etwas in den Teig drücken, die Focaccias mit Meersalzkristallen oder -flocken bestreuen und die Bleche ohne Schwaden in den Ofen schieben.

Nach 5 Minuten die Temperatur auf 200 °C zurückschalten und die Focaccias 15–20 Minuten fertig backen, bis sie goldbraun sind. Nach der halben Backzeit die Bleche im Ofen gegeneinander austauschen, damit beide Focaccias ausreichend Ober- und Unterhitze abbekommen.

Varianten

Sie können dem Teig weitere Zutaten hinzufügen, beispielsweise Kräuter, feingehackten Knoblauch oder getrocknete Tomaten. Auch was den Belag betrifft, gibt es kaum Grenzen: Oliven, Käse, Zwiebeln oder anderes Gemüse …

Sollten Sie den Focacciateig schwarz einfärben wollen, um Ihre Gäste zusätzlich zu überraschen, so lösen Sie 12 g Sepiatintenpulver in etwas Wasser auf, welches Sie zuvor vom Schüttwasser abnehmen.

Tipp

Variante

Zucker auf 4 g reduzieren, Salz auf 8 g erhöhen. Zusätzlich 140 g geriebenen Parmesan und 40 g Wasser zusammen mit dem Mehl unterheben.

Tipp

Wer frischen Bärlauch verwendet, nimmt gut 100 g fein pürierte Bärlauchblätter, erhöht die Salzmenge auf 40 g und die Buttermenge auf 65 g.

KÜRBISKERNBLÄTTER

Dieses Knabbergebäck bietet eine sehr gute Möglichkeit, übrig gebliebene Eiweiß zu verarbeiten. Sowohl optisch als auch geschmacklich ein Genuss und nicht zu süß.

Zubereitungszeit: 2 ½ Stunden
Arbeitszeit: 50 Minuten
Backzeit: 30 + 10 Minuten

Für ca. 500 g

6 Eiweiß
100 g Zucker
1 Prise Salz
200 g Dinkelmehl 630
200 g Kürbiskerne
Butter zum Einpinseln der Backformen

Eiweiß mit Zucker und einer Prise Salz zu steifem Schnee schlagen. Nach und nach das Mehl unterheben, dann vorsichtig die ganzen Kürbiskerne untermengen. Zwei Kastenformen ausbuttern und mit Mehl bestäuben. Die Masse zu gleichen Teilen auf die Formen verteilen und darin glattstreichen. Im auf 180 °C (Ober-/Unterhitze) vorgeheizten Ofen 30 Minuten lang goldbraun backen. Danach aus der Form stürzen und abkühlen lassen.

Nun die Kuchen mit einer Aufschnittmaschine in etwa 1,5 mm dicke Scheiben schneiden. Nebeneinander auf Backbleche legen und im Ofen bei 170 °C (Umluft) etwa 10 Minuten lang nachtrocknen lassen. Dabei ständig beobachten, damit die Blätter nicht zu dunkel werden.

BÄRLAUCH-KNOBLAUCH-BROTCHIPS

Im Gegensatz zu üblichen Brotchips, die aus normalem Brot hergestellt und dann gewürzt und geröstet werden, geben wir die Aromen direkt in den Teig. So können wir gleich größere Mengen herstellen und ersparen uns Arbeit. Diese Chips sind zudem deutlich fettärmer und halten sehr lange.

Zubereitungszeit: 42 Stunden
Arbeitszeit Vorteig: 5 Minuten
Arbeitszeit Hauptteig: 40 Minuten
Arbeitszeit Backtag: 80 Minuten
Teiggare: 38 ¾ Stunden
Backzeit: 20–25 + 10–15 Minuten

Für ca. 750 g Brotchips

Vorteig
180 g Wasser, lauwarm
1 g Frischhefe
200 g Weizenmehl 1050

Hauptteig
Vorteig
240 g Wasser, lauwarm
10 g Salz
6 g Frischhefe
520 g Weizenmehl 550
30 g Butter
30 g Knoblauch, sehr fein gehackt
150 g Bärlauchpaste (Seite 186)

Tag 1

VORTEIG
Wasser, Hefe und Mehl gut vermengen und abgedeckt 14 Stunden bei Raumtemperatur gehen lassen.

Tag 2

HAUPTTEIG
Alle Zutaten in den Teigkessel geben und 4 Minuten langsam, dann 8 Minuten schnell kneten. Den Teig abgedeckt bei Raumtemperatur 45 Minuten ruhen lassen und nach 15, 30 und 45 Minuten jeweils mehrfach dehnen und falten. Dann wird der Teig abgedeckt für 24 Stunden in den Kühlschrank zur Reife gestellt.

Tag 3

Den Teig in 4 Stücke teilen und wie auf Seite 204 beschrieben zu Baguettes formen.

Nach 30 Minuten Stückgare werden die Teiglinge vorsichtig auf ein mit Mehl bepudertes oder mit Backtrennspray besprühtes Blech gesetzt, eingeschnitten und in den auf 250 °C (Ober-/Unterhitze) vorgeheizten Ofen geschoben. Kräftig schwaden, nach wenigen Minuten den Ofen kurz öffnen, um den Dampf abzulassen.

Nach 10 Minuten Backzeit den Ofen auf 190 °C zurückschalten und die Brote 10–15 Minuten fertig backen, aus dem Ofen nehmen und abkühlen lassen.

Die Brotstangen werden nun mit einem sehr scharfen Messer, der Aufschnitt- oder Brotschneidemaschine in 2–3 mm dicke Scheiben geschnitten und nebeneinander auf Backbleche gelegt. Im auf 160 °C (Umluft) vorgeheizten Ofen etwa 10–15 Minuten so lange rösten, bis sie völlig trocken sind. Dabei die Ofentüre leicht geöffnet halten (Kochlöffel einklemmen).

QUENDEL-KÄSEGEBÄCK

Statt des Grundteiges können auch eingefrorene Plunder- oder Blätterteigreste, etwa Randabschnitte von der Croissant-Produktion, verwendet werden. Diese auftauen lassen und wie unten beschrieben fortfahren.

Zubereitungszeit: 2 ½ Stunden
Arbeitszeit: 45 Minuten
Teiggare: 60 Minuten
Backzeit: 7–9 Minuten je Blech

Für ca. 1 kg Gebäck

Grundteig (oder 875 g Teigreste)
335 g Butter
335 g Weizenmehl 550
180 g Wasser, kalt
7 g Salz
20 g Rohrzucker

Hauptteig
Grundteig
3-4 EL Quendelblätter (Seite 201)
230 g Bergkäse, gerieben
14 g Paprikapulver
¼ TL Kümmel, gemahlen
schwarzer Pfeffer, frisch gemahlen

Außerdem
2 Eigelbe
etwas Sahne
Sesam, Mohn, Kümmel, geriebenen Käse, halbierte Mandeln

Quendelblätter von den Zweigen zupfen, bis 3–4 Esslöffel Blättchen beisammen sind, diese gegebenenfalls noch etwas feiner hacken.

Die Teigzutaten (bzw. 875 g Plunder-/Blätterteigreste), den geriebenen Käse, die Gewürze, den Quendel und nach Belieben noch etwas zusätzliches Salz im Langsamgang oder von Hand zu einem homogenen Teig kneten. Zu einer Kugel formen, in Frischhaltefolie wickeln und 1 Stunde kühlstellen. Der Teig kann auch bis zu mehrere Tage lang kühl gelagert werden. Für die Eistreiche die Eigelbe mit etwa der gleichen Menge Sahne und einer kräftigen Prise Salz verquirlen.

Den Teig auf etwa 3–4 mm Dicke ausrollen. Zu beliebigen Formen schneiden (Quadrate, Rechtecke, Dreiecke, Rauten ... dafür ein sehr scharfes Messer oder einen guten Pizzaroller verwenden) oder ausstechen (Kreise, Halbmonde, Blümchen, Herzen ...). Die Teilchen auf mit Backpapier ausgelegte Bleche setzen, mit der Eistreiche einpinseln und nach Belieben bestreuen oder mit halbierten Mandeln belegen. Insgesamt ergeben sich bei der Teigmenge 4–6 Bleche, die Sie je nach Ofen gleichzeitig oder nacheinander backen können. Gegebenenfalls den Teig zwischendurch nochmals kühlstellen.

Im auf 210 °C (Umluft) vorgeheizten Ofen ohne Schwaden 7–9 Minuten backen.

In Zellophanbeutel oder eine Blechdose füllen. Vor dem Verzehr nochmals einige Minuten aufbacken.

BÄRLAUCH-CRACKER

Diese Cracker verdienen ihren Namen zu Recht, denn sie sind knusprig und nicht mit solchen Industrie-Crackern vergleichbar, die sich sofort auf der Zunge auflösen, bevor man auch nur mit dem Kauen beginnt.

Zubereitungszeit: 1 ¾ Stunden
Arbeitszeit: 30 Minuten
Teiggare: 60 Minuten
Backzeit: 18 Minuten

Für ca. 600 g Cracker

50 g Weißwein
65 g Bergkäse (oder anderen), gerieben
250 g Weizenmehl 405
3 g Salz
¼–½ TL Paprikapulver
55 g Schmand
225 g Bärlauchpesto (Seite 192)
50 g Haselnüsse (oder Kerne/Saaten)

Alle Zutaten zunächst in der Knetmaschine oder mit dem Handrührgerät, dann mit den Händen zu einem geschmeidigen Teig verkneten. 30 Minuten abgedeckt ruhen lassen.

Den Teig nochmals kurz durchkneten und etwa 3 mm dick ausrollen. Nach Belieben zu Quadraten, Rechtecken oder Stangen schneiden oder mit einer Ausstechform ausstechen. Auf mit Backpapier belegte Backbleche legen, mit grob gehackten Nüssen, Kernen oder Saaten bestreuen und leicht andrücken. Nochmals 30 Minuten ruhen lassen.

Im auf 180 °C (Umluft) vorgeheizten Ofen etwa 18 Minuten lang backen, dabei ständig beobachten, damit die Cracker nicht zu dunkel werden. In eine Dose füllen und diese an einem warmen Ort noch einige Stunden offen stehen lassen, um die Cracker restlos zu trocknen und spätere Schimmelbildung zu vermeiden. Damit steigt allerdings die Gefahr, dass dann gar keine Cracker mehr übrig sind ...

PESTO-FRANZBRÖTCHEN

Franzbrötchen sind eine typische Gebäckspezialität aus Hamburg. Es handelt sich eigentlich um süße Plunderteigteilchen, welche mit Zucker und Zimt gefüllt werden. Wir interpretieren die Franzbrötchen jedoch neu und füllen sie pikant, nämlich mit Pestos, die wir aus Zutaten der Saison herstellen. Ihrer Phantasie sind dabei kaum Grenzen gesetzt. Drei meiner Lieblings-Pestorezepte habe ich für Sie im Anhang (Seite 192) zusammengestellt.

Zubereitungszeit: 41 ¾ Stunden
Arbeitszeit Vortag: 5 Minuten
Arbeitszeit Teig und Teiglinge: 70 Minuten
Arbeitszeit Backtag: 10 Minuten
Teiggare: 41 ½ Stunden
Backzeit: 13 Minuten

Für 10–12 Stück = ca. 1,2 kg

Vorteig
90 g Wasser, lauwarm
0,8 g Frischhefe
90 g Weizenmehl 1050

Hauptteig
Vorteig
265 g Quark, Rahmstufe (50 % Fett i.Tr.)
10 g Frischhefe
12 g Salz
10 g Zucker
30 g Wasser, kalt
410 g Weizenmehl 550

Außerdem
240 g Butter zum Tourieren
200–250 g Pesto (Seite 192)

Tag 1

VORTEIG

Wasser, Hefe und Mehl vermengen und abgedeckt 12 Stunden bei Raumtemperatur gehen lassen.

Tag 2

HAUPTTEIG

Alle Zutaten für den Hauptteig 4 Minuten langsam, dann 8 Minuten schnell kneten. Den Teig abgedeckt 30 Minuten bei Raumtemperatur ruhen lassen. Die Butter aus dem Kühlschrank nehmen, in etwa 3 mm dicke Scheiben schneiden und nebeneinanderliegend auf einem Butterbrotpapier akklimatisieren lassen.

Den Teig nach der Ruhephase auf etwa 8 mm Dicke ausrollen. Das mittlere Drittel der Teigplatte dicht an dicht mit der Hälfte der Butterscheiben belegen, dabei einen etwa 2 cm breiten Rand freilassen. Ein Drittel des Teiges überschlagen und dieses mit den übrigen Butterscheiben belegen. Nun das übrige Drittel überschlagen und die Ränder gut andrücken.

Den Teig vorsichtig mit einem Nudelholz auf etwa 8 mm Dicke ausrollen. Nun wiederum die äußeren Drittel der Teigplatte zur Mitte einschlagen und dabei überschüssiges Mehl mit dem Mehlbesen abkehren. Den Teig noch etwas flachrollen, auf ein Backblech legen, mit Folie umhüllen und für 1 Stunde kühl stellen.

Nun wird der Teig wiederum auf etwa 8 mm Dicke ausgerollt und wie oben beschrieben eingeschlagen, dann nochmals ausgerollt, eingeschlagen und etwas flachgerollt. Der Teig ist nun fertig touriert und enthält 54 Butterschichten. Den Teig wiederum für 1 Stunde im Kühlschrank ruhen lassen.

Inzwischen das Pesto in ein feines Sieb geben und gut abtropfen lassen.

Der Teig wird jetzt zu einem Rechteck von etwa 25 x 42 cm ausgerollt und mit dem Pesto bestrichen, dabei eine der Längskanten freilassen. Die Teigplatte von der anderen Längskante her straff aufrollen, zum Schluss den freien Teigrand etwas anfeuchten, über die Rolle schlagen und leicht andrücken.

Die unschönen Enden der Teigrolle abschneiden, dann die Rolle mit einem möglichst scharfen Messer in etwa 3,5 cm dicke Scheiben schneiden. Die Scheiben aufrecht stehen lassen und mittig parallel zu den Schnittkanten mit einem Kochlöffelstiel vorsichtig bis fast zur Arbeitsfläche durchdrücken, so dass sich die Schnittflächen nach oben wölben. Die Brötchen umdrehen und auf ein mit Backpapier ausgelegtes Backblech legen, abgedeckt 2 Stunden bei Zimmertemperatur gehen lassen.

Nun kommen die Brötchen, mit Frischhaltefolie umhüllt, für 14 Stunden in den Kühlschrank.

Tag 3

Die Brötchen umdrehen und in den auf 210 °C (Ober-/Unterhitze) vorgeheizten Ofen schieben, nicht schwaden. Nach 4 Minuten Backzeit den Ofen auf 160 °C herunterschalten und weitere 4 Minuten backen.

Den Ofen ausschalten und die Brötchen nochmals 5 Minuten nachziehen lassen, dabei beobachten und gegebenenfalls mit Alufolie abdecken, damit sie nicht zu braun werden.

VOGELMIERE-KUBANEH

Kubaneh ist ein traditionelles jemenitisch-jüdisches Sabbatbrot, welches ursprünglich bei niedriger Temperatur über Nacht gebacken wurde. Wir vermengen die Butter mit Vogelmiere, einem sehr gesunden und Vitamin-C-reichen Nelkengewächs, welches man an Wegen, Ufern, Ackerrändern und auch in Gärten finden kann. Also ein sehr gesundes Gebäck – über den hohen Buttergehalt sehen wir dabei großzügig hinweg. Am besten schmeckt Kubaneh lauwarm, und jeder bricht sich Stückchen heraus.

Zubereitungszeit: 16 ½ Stunden
Arbeitszeit Vortag: 5 Minuten
Arbeitszeit Backtag: 90 Minuten
Teiggare: 15 ¾ Stunden
Backzeit: 50 Minuten

Für ca. 1,2 kg

Vorteig
100 g Wasser, lauwarm
0,5 g Frischhefe
100 g Weizenmehl 1050

Vogelmierebutter
430 g weiche Butter
170 g Vogelmiere (oder andere Kräuter)

Hauptteig
Vorteig
190 g Wasser, kalt
9 g Frischhefe
30 g Rohrzucker
175 g Vogelmierebutter
400 g Weizenmehl 550
12 g Salz

Zum Verarbeiten
425 g Vogelmierebutter

Tag 1

VORTEIG

Die Zutaten vermengen, abgedeckt 12 Stunden bei Raumtemperatur stehen lassen. Die Butter aus dem Kühlschrank holen, damit sie über Nacht weich wird.

Tag 2

VOGELMIEREBUTTER

Die Vogelmiere waschen, trockenschleudern und sehr fein hacken. Mit der Butter vermengen. Alternativ die Butter in der Küchenmaschine herstellen. Gegebenenfalls etwas mehr Vogelmierebutter zubereiten – übrig gebliebene Butter kann dann mit etwas Zitronensaft, Salz und schwarzen Pfeffer vermengt werden und schmeckt als Brotaufstrich oder zu Gegrilltem.

HAUPTTEIG

Alle Zutaten bis auf das Salz 4 Minuten langsam kneten, dann den Teig 15 Minuten abgedeckt ruhen lassen.

Nachdem der Teig etwas quellen konnte, das Salz darüber streuen, den Teig 4 Minuten im Schnellgang auskneten und nochmals 15 Minuten bei Raumtemperatur ruhen lassen.

Nun wird der Teig zu einer Kugel geformt und mit dem Schluss nach unten abgedeckt für 60 Minuten zur Gare gestellt.

Den Teig mit der Teigkarte in 8 gleiche Teile teilen und zu Kugeln schleifen. Die Arbeitsfläche mit etwas Vogelmierebutter bestreichen, die Teigkugeln mit dem Schluss nach unten darauflegen und abgedeckt weitere 45 Minuten gehen lassen. Inzwischen eine Bratpfanne mit hohem Rand oder einen gusseisernen Topf mit einem Durchmesser von etwa 24 cm reichlich mit Vogelmierebutter ausstreichen.

Nun beginnt die Hauptarbeit, aber bald ist es geschafft. Die Arbeitsfläche mit etwa 20 g Vogelmierebutter einpinseln und den ersten Teigling darauflegen, mit den Fingerspitzen etwas flachdrücken und weitere 20 g Vogelmierebutter darauf verteilen. Nun wird der Teigling mit den Fingerspitzen von innen nach außen zu einem sehr dünnen Teigfladen von etwa 30 cm Durchmesser ausgedehnt. Ein Drittel des Teiges zur Mitte hin einschlagen und das andere Drittel darüber klappen. Diesen nun dreilagigen Teig wieder mit etwas Vogelmierebutter einstreichen und mit einer der Schmalseiten beginnend straff zu einem Zylinder rollen. Dieser wird nun mit einem scharfen Messer in der Mitte durchgeschnitten und die 2 Teile mit der Schnittfläche nach oben in die Backform gelegt. Mit den weiteren sieben Teigkugeln ebenso verfahren. Zum Schluss die Teiglinge in der Form so verteilen, dass die Form regelmäßig ausgefüllt ist. Es schließen sich 10 Minuten Teigruhe an.

Nun wird das Kubaneh nochmals mit weicher Vogelmierebutter eingepinselt. Die Form auf einem Gitterrost im unteren Drittel des auf 180 °C (Ober-/Unterhitze) vorgeheizten Ofens schieben und 10 Minuten anbacken.

Die Temperatur auf 160 °C herunterschalten und das Brot etwa 40 Minuten fertig backen, bis die Oberfläche schön gebräunt ist.

Tipp

Selbstverständlich kann man statt der Vogelmiere auch beispielsweise Brunnenkresse oder andere Kräuter verwenden.

BAUERNFLADENBROT MIT GEMÜSE

Mit Gemüse belegte Fladenbrote erfreuen Auge und Gaumen. Wir verwenden Gemüse ganz nach Belieben oder Reste, die gerade aufgebraucht werden sollten. Mit dem hier gezeigten Beispiel habe ich dem Buchthema entsprechend alle vier Jahreszeiten auf einem Brot vereint. Im Gegensatz zur klassischen Focaccia verwenden wir einen hellen Bauernbrotteig. Der Geschmack ist rustikaler und die Krume feinporiger. Durch den Einsatz von gleich drei Vorteigen benötigen wir insgesamt nur 1 g Bäckerhefe.

Zubereitungszeit: 40 ½ Stunden
Arbeitszeit Vortag: 10 Minuten
Arbeitszeit Teig: 15 Minuten
Arbeitszeit Backtag: 35 Minuten
Teiggare: 40 Stunden
Backzeit: 25–30 Minuten

Zutaten für 1 Fladenbrot mit einem Durchmesser von ca. 30 cm

Sauerteig I (Roggen)
35 g Wasser, lauwarm
3 g Anstellgut (Roggen)
35 g Roggenmehl 1370

Sauerteig II (Weizen)
35 g Wasser, lauwarm
3 g Anstellgut (Weizen)
35 g Weizenmehl 1050

Vorteig
80 g Wasser, lauwarm
1 g Frischhefe
80 g Weizenmehl 1050

Hauptteig
Sauerteig I
Sauerteig II
Vorteig
120 g Wasser, lauwarm
7 g Salz
40 g Weizenmehl 550
150 g Roggenmehl 1370
1 leicht gehäufter TL Brotgewürz, gemahlen, oder Kräuter (optional)

Belag
Gemüse nach Belieben
etwas Olivenöl zum Einpinseln
Fleur-de-Sel-Flocken
frische Kräuter

Tag 1

SAUERTEIGE I UND II/VORTEIG

Die Zutaten jeweils vermengen und 14 Stunden abgedeckt an einem warmen Ort gären lassen. Den Hefevorteig nach 2 Stunden in den Kühlschrank stellen.

Tag 2

HAUPTTEIG

Die zwei Sauerteige und den Vorteig zusammen mit den weiteren Zutaten 14 Minuten langsam kneten, dann 60 Minuten abgedeckt ruhen lassen. Den Teig nach jeweils 30 und 60 Minuten dehnen und falten, zu einer Kugel formen und dann 24 Stunden abgedeckt im Kühlschrank ruhen lassen, gerne auch einige Stunden länger oder kürzer.

Tag 3

Das Gemüse waschen, putzen und in mundgerechte Stücke schneiden. Die meisten Gemüsesorten müssen nicht vorgegart werden. Spargel blanchiere ich wenige Minuten in sprudelnd kochendem Wasser und lasse ihn in möglichst kaltem Wasser kurz abkühlen. Rote Bete roh verwenden, damit sie auch nach dem Backen noch bissfest ist.

Den Teig aus dem Kühlschrank holen. Er sollte jetzt sehr deutlich aufgegangen sein. Vorsichtig auf die Arbeitsfläche gleiten lassen und unter Verwendung von möglichst wenig Mehl zu einem Fladen von etwa 30 cm Durchmesser ausdehnen, ohne den Teig zu entgasen. Dies kann mit den Händen in der Luft erfolgen oder auf der Arbeitsfläche, indem man den Teigling mit den Fingerspitzen von der Mitte zu den Rändern hin so oft einstippt, bis der Teigfladen die gewünschte Größe und Dicke erreicht hat. Auf ein Backblech legen, das Gemüse darauf verteilen und behutsam in den Teig drücken. Um das Austrocknen des Gemüses zu verringern, kann dieses mit etwas Olivenöl eingepinselt werden. Etwa 60 Minuten abgedeckt gehen lassen. Den Ofen frühzeitig auf 220 °C (Ober-/Unterhitze) vorheizen.

Das Gemüse gegebenenfalls nochmals etwas in den Teig drücken und das Blech in den Ofen schieben. Den Backraum schwaden und das Fladenbrot insgesamt 25–30 Minuten backen, dabei ab und zu die Ofentür öffnen, um überflüssigen Dampf abzulassen. Sobald die Oberfläche nach etwa 10 Minuten beginnt, leicht braun zu werden, das Brot locker mit Alufolie abdecken, damit das Gemüse nicht zu dunkel wird.

Dieses Fladenbrot schmeckt heiß, lauwarm oder kalt. Vor dem Servieren mit Fleur de Sel-Flocken bestreuen und nach Wunsch mit schwarzem Pfeffer würzen sowie frische Kräuter auflegen.

Tipp: Der Teig ist auch zum Backen von Bauernbrot sehr gut geeignet. Für einen 1-kg-Laib benötigen Sie etwa die doppelte Teigmenge und reduzieren das Wasser im Hauptteig um insgesamt 75 g.

PIADINE CAPRESE – EIN SOMMERLICHER KNABBERSNACK

Italophile mögen mir verzeihen, dass ich dieses klassische italienische Fladenbrot ein wenig anders interpretiere. Piadine sind ursprünglich aus der Romagna stammende, dünne Fladenbrote, die man als Beilage zu Salaten, Antipasti, Käse oder Schinken isst. In Piadinerias bekommt man sie aber auch teils opulent gefüllt angeboten. Das einzige Triebmittel für die Piadine ist hier etwas Weißwein, der den Teig schön flauschig macht. Dies hat auch den Vorteil, dass man den übrigen Wein so trinken muss. Salute!

Zubereitungszeit: 2 Stunden
Arbeitszeit: 40 Minuten
Teiggare: 60–90 Minuten
Backzeit: 12 Minuten

Für 8 Piadine à 125 g = 1 kg

Teig
200 g Wasser, kalt
50 g Weißwein, trocken
15 g Salz
20 g Olivenöl
400 g Weizenmehl 550

Füllung
600 g Mini-Tomaten
375 g Büffel-Mozzarella
frisches Basilikum
Salz
schwarzer Pfeffer, frisch gemahlen

TEIG

Die Zutaten in den Teigkessel geben und 5 Minuten schnell kneten, dann den Teig 30 Minuten abgedeckt ruhen lassen.

FÜLLUNG

Inzwischen die Tomaten zu etwa 3 mm dünnen Scheiben schneiden und die Tomatenkerne mitsamt dem Glibber entfernen. Das geht am besten, indem man die Scheiben mit den Fingern leicht ausdrückt. Mozzarella ebenfalls in dünne Scheiben schneiden, das Basilikum zu groben Stücken rupfen. Den Ofen auf 280 °C (Ober-/Unterhitze) vorheizen.

TEIGLINGE

Den Teig in 8 Stücke teilen und locker rundwirken, abgedeckt 15 Minuten ruhen lassen, bis die Teiglinge schön entspannt und flauschig sind.

Die Teiglinge zu sehr dünnen Fladen von etwa 25–30 cm Durchmesser ausrollen. Jeweils eine Hälfte mit Tomaten, Mozzarella und Basilikum belegen, kräftig salzen und pfeffern. Die andere Teighälfte darüber klappen und an den Rändern andrücken. Nun mit dem Nudelholz sehr vorsichtig auf etwa 3–5 mm Dicke ausrollen. Überschüssiges Mehl mit einem Mehlbesen abkehren und die Piadine mit einer Gabel mehrfach einstechen.

Insgesamt etwa 12 Minuten im vorgeheizten Ofen goldbraun backen, nach der Hälfte der Backzeit wenden. Sollte Ihr Ofen keine 280 °C leisten, verlängert sich die Backzeit entsprechend. Insgesamt benötigen Sie für 8 Piadine vier Backvorgänge, da zwei Stück auf ein Blech passen.

Die Piadine schmecken heiß, lauwarm oder kalt – einfach als Knabbergebäck zu einem guten Glas Wein.

Tipp: Bezüglich der Füllung sind der Phantasie keine Grenzen gesetzt. Man kann noch feinen Schinken dazugeben, durch gehobelten Parmesan mehr Geschmack hineinbringen, getrocknete Tomaten oder Pinienkerne verwenden.

Die Piadine lassen sich gut einfrieren und nach Bedarf, etwa wenn liebe Gäste kommen, fertig backen. Dafür die Backzeit um einige Minuten verkürzen und die Piadine sofort nach dem Abkühlen einfrieren. Wenn Sie der Appetit übermannt oder eben Überraschungsgäste vor der Tür stehen, die Fladen aus dem Tiefkühlgerät holen, den Ofen auf höchste Stufe vorheizen und die Piadine 1–2 Minuten lang aufbacken.

Tipp

PANINI DELL' HARRY'S BAR

Harry's Bar – eines der berühmtesten Restaurants der Welt. Das Grundrezept für diese ästhetisch wie geschmacklich reizvollen Blätterteigteilchen stammt aus dem Kochbuch von Arrigo Cipriani, dem Sohn des legendären Bargründers Giuseppe Cipriani. Normalerweise werden die Panini mit normaler Butter gebacken, wir aromatisieren und färben die Butter jedoch. Im Anhang finden Sie dafür fünf Varianten mit Heidelbeere, Olive, Bärlauch, gelber Paprika oder Tomate. Am besten schmecken die Brötchen lauwarm.

Zubereitungszeit: 5 Stunden
Arbeitszeit Aromabutter: 10–30 Minuten
Arbeitszeit Backtag: 50 Minuten
Teiggare: 4 ¾ Stunden
Backzeit: 13–15 Minuten pro Blech

Für 32 Stück = ca. 1 kg

Hauptteig
315 g Wasser, lauwarm
20 g Frischhefe
12 g Salz
12 g Zucker
40 g Butter
625 g Weizenmehl 550

Außerdem
210 g Aromabutter (Seite 185) zum Tourieren

Tag 1

Bereits am Vortag bereiten wir die Aromabutter zu und stellen sie über Nacht kühl.

Tag 2

Wasser, Hefe, Salz, Zucker und Butter in den Teigkessel geben und einige Minuten stehen lassen, bis die Butter weich ist. Das Mehl dazugeben und 10–12 Minuten langsam kneten.

Währenddessen die Aromabutter zu gleichmäßigen Flocken schneiden und auf einem Pergamentpapier ausbreiten, damit die Butter Raumtemperatur annimmt.

Den Teig zu einer Kugel formen und abgedeckt 30 Minuten ruhen lassen.

Dann den Teig mit einem Nudelholz zu einer rechteckigen Platte von etwa 8 mm Dicke ausrollen. Die Butterflocken auf zwei Dritteln der Teigplatte verteilen, dabei einen fingerbreiten Rand freilassen. Nun das butterfreie Teigdrittel über die Teigplatte klappen, dann das entgegengesetzte Teigdrittel. Die Ränder gut andrücken, damit die Butter fest eingeschlossen ist. Wiederum sehr vorsichtig auf etwa 8 mm Dicke ausrollen und nochmals den Teig zu drei Schichten übereinanderklappen. Mit einer Folie oder einem feuchten Küchentuch abgedeckt für 60 Minuten kühlstellen.

Nun den Teig nochmals ausrollen und zu drei Schichten zusammenklappen, den Teigling um 90° drehen, wiederum ausrollen und übereinanderschlagen. Insgesamt haben Sie den Teig somit viermal touriert, also ausgerollt und zusammengefaltet. Für 30 Minuten kühlstellen.

Den Teig zu einem Rechteck von etwa 30 x 45 cm ausrollen und längs halbieren. Beide Teile, mit der langen Seite beginnend, zu einer jeweils 45 cm langen Wurst aufrollen. Die äußersten Teigränder mit Wasser bepinseln und gut andrücken.

Die Teigrollen mit einem scharfen Messer zunächst halbieren, dann vierteln, achteln und sechzehnteln. Auf diese Weise werden die Teigschnecken etwa gleich groß.

Die Stücke auf zwei eingebutterte oder mit Backtrennspray besprühte Backbleche legen. Zudecken und an einem warmen Ort 2 Stunden gehen lassen.

Die Bleche nacheinander in den auf 220 °C (Ober-/Unterhitze) vorgeheizten Ofen schieben und die Brötchen etwa 13–15 Minuten ohne Schwaden goldgelb backen.

MARONEN-BRIOCHES

Aufgrund des hohen Anteils an Maronen und des niedrigen Gehalts an Mehl, welches für eine lockere Krume zuständig ist, müssen wir bei diesem Rezept etwas von den üblichen Backmethoden abweichen, um trotzdem eine wattige Konsistenz zu erzielen. Die Brioches werden lauwarm genossen. Sie passen zu süßen und pikanten Aufstrichen – ein befreundeter Koch hat für seine Gäste sogar einmal Mini-Hamburger aus meinen Brioches hergestellt.

Zubereitungszeit: 40 Stunden
Arbeitszeit Vortag: 5 Minuten
Arbeitszeit Hauptteig: 55 Minuten
Arbeitszeit Backtag: 20 Minuten
Teiggare: 39 ½–40 Stunden
Backzeit: 12–35 Minuten

Für 1,2 kg Teig/1 kg Brioches

Vorteig
30 g Milch
0,5 g Frischhefe
45 g Weizenmehl 550

Hauptteig
4 große Eier
21 g Zucker
200 g Esskastanien/Maronen, vorgekocht (Seite 200)
350 g Süßrahmbutter, Zimmertemperatur
10 g Milch
14 g Frischhefe
19 g Salz
210 g Weizenmehl 550
90 g Kastanienmehl

Außerdem
20 g Butter zum Einstreichen der Backform
1–2 Eigelb
1–2 EL Sahne
1–2 Prisen Salz
1–2 große Prisen Zucker

Tag 1

VORTEIG

Die Zutaten für den Vorteig verkneten, 18 Stunden abgedeckt bei Raumtemperatur gehen lassen.

Tag 2

TEIGVORBEREITUNGEN

Die Eier trennen. Die 4 Eiweiß zusammen mit den 21 g Zucker 10 Minuten lang schlagen. Inzwischen die vorgekochten Maronen in der Küchenmaschine zerschreddern. Es entsteht eine grobkörnige Masse, die sich leicht feucht anfühlt. 350 g Butter zwischen Frischhaltefolie mit den Händen zu einer etwa 5 mm dicken Platte flachdrücken, um die Butter geschmeidig zu machen. Die restliche Hefe (14 g) mit der übrigen Milch (10 g) verrühren.

HAUPTTEIG

Den Eischnee in den Teigkessel füllen. Das Weizen- und Kastanienmehl darübersieben. Vorteig, Maronenmasse, Salz und Hefe-Milch-Mischung auf das Mehl geben. Insgesamt 15 Minuten lang bei niedriger Geschwindigkeit kneten. Sobald der Teig (nach 1–2 Minuten) homogen ist, nach und nach die 4 Eigelb dazugeben. Der Teig löst sich nun von den Schüsselwänden. Dann die Butterplatte stückweise unterkneten. Den Teig abgedeckt 2 ½ Stunden bei Raumtemperatur gehen lassen.

Der Teig ist nun sehr weich, etwas aufgegangen und scheint zunächst schwierig zu verarbeiten. Unter Verwendung von möglichst wenig Mehl den Teig mit einer Teigkarte und den Händen wie ein Brot zu einem Laib formen, den Teig immer wieder von den Rändern zur Mitte einschlagen. Es schließen sich weitere 2 Stunden Teigruhe an.

Nun ist der Teig auf die etwa doppelte Größe aufgegangen. Nochmals behutsam dehnen und falten, dann gut abgedeckt für 14 Stunden in den Kühlschrank stellen.

Tag 3

Was Größe und Form der Brioches betrifft, haben Sie mehrere Möglichkeiten, welche ich auf Seite 208 beschreibe.

Den Teig nicht akklimatisieren lassen – er ist zwar recht hart, die Verarbeitung etwas anstrengend, aber so lässt er sich bestens verarbeiten, ohne zu kleben. Die restlichen 20 g Butter schmelzen lassen und die Backform bzw. die Mulden eines Muffinbleches damit auspinseln. Den Teig nach Belieben formen und in die Backform legen. Je nach Größe der Brioches diese abgedeckt 1 ½–2 Stunden gehen lassen, bis sie sich flaumig anfühlen.

Nun die Eistreiche anrühren, je nach Menge und Form der Brioches benötigen Sie 1–2 Eigelb und 1–2 EL Sahne. Beides zusammen mit jeweils 1–2 Prisen Salz und Zucker vermischen, die Teiglinge vorsichtig damit einpinseln.

Backen von Portions-Brioches: Die Bleche nacheinander im auf 220 °C (Ober-/Unterhitze) vorgeheizten Ofen im unteren Drittel jeweils 12–15 Minuten lang backen. Brioches parisienne und Brioches Nanterre werden auf der unteren Schiene bei 200 °C etwa 35 Minuten lang gebacken. Sollte die Eistreiche zu dunkel werden, die Brioches mit Alufolie abdecken.

DACHZIEGELBROT MIT PAPRIKA UND SPINAT

Diese Ansammlung von Minibrötchen ist ein Hingucker auf jedem Buffet, die Gäste brechen sich einfach Teilchen ab. Jede Teigschicht wird einige Minuten angebacken, bevor die nächste Schicht darüber angeordnet wird. Sie können jede Teigschicht mit Öl einpinseln, dadurch wird die Farbe intensiver und die Minibrötchen lassen sich leichter lösen, aber der Laib hält nicht besonders gut zusammen. Farbe und Geschmack stammen von Spinat und von einreduzierten gelben und roten Paprikaschoten.

Zubereitungszeit: 42 ¾ Stunden
Arbeitszeit Vortag: 50 Minuten
Arbeitszeit Teige: 35 Minuten
Arbeitszeit Backtag: 40 Minuten
Teiggare: 41 ½ Stunden
Backzeit: 60 Minuten

Für ca. 1,5 kg Brot

Sauerteig
120 g Wasser, lauwarm
14 g Anstellgut (Roggen)
120 g Roggenmehl 1370

Vorteig
270 g Wasser
1 g Frischhefe
400 g Weizenmehl 1050

Gemüse
400–500 g (netto 130–160 g) Paprikaschoten, rot
400–500 g (netto 130–160 g) Paprikaschoten, gelb
200–250 g (netto 130–160 g) Blattspinat (frisch oder gefroren)
½ TL Kurkumapulver

Hauptteige (Zutaten pro Teig)
Sauerteig (ein Drittel davon)
Vorteig (ein Drittel davon)
130–160 g Gemüsepüree
7,5 g Salz
3,5 g Frischhefe
160 g Weizenmehl 550

Außerdem
Olivenöl zum Einpinseln (optional)

Tag 1

SAUERTEIG/VORTEIG

Die Zutaten für Sauerteig und Vorteig jeweils gut vermengen. Den Sauerteig 14 Stunden bei Raumtemperatur stehen lassen, den Vorteig 1 Stunde anspringen lassen, dann abgedeckt in den Kühlschrank stellen.

GEMÜSE

Die Paprikaschoten in kleinere Stücke schneiden und nach Farben getrennt jeweils mit möglichst wenig Wasser zunächst in geschlossenen Töpfen etwa 15 Minuten weichkochen, dann pürieren und in die Töpfe zurückfüllen.

Nun werden die Pürees ohne Deckel bei niedriger Temperatur und unter gelegentlichem Rühren auf etwa ein Drittel ihres Volumens einreduziert, das dauert etwa 1 Stunde. Die Pürees sollten die Konsistenz von Tomatenmark haben. Das gelbe Paprikapüree mit ½ Teelöffel Kurkuma vermengen. Kühlstellen.

Den Spinat in leicht gesalzenem, sprudelnd kochenden Wasser einige Minuten blanchieren, in ein Sieb abgießen und etwas ausdrücken. Fein pürieren.

Tag 2

HAUPTTEIGE

Sauerteig und Vorteig zu gleichen Teilen in drei Teigschüsseln verteilen. Jeweils vorerst 130 g Spinat bzw. Paprikapüree dazugeben, außerdem pro Teig 7,5 g Salz, 3,5 g Frischhefe und 160 g Weizenmehl 550.

Die Teige mit dem Handrührgerät/Knethaken zunächst bei geringer Geschwindigkeit vermengen, dann 5 Minuten im Schnellgang zu elastischen Teigen kneten, welche die Konsistenz von Brötchenteig haben sollten. Gegebenenfalls weiteres Paprikapüree, Spinatpüree oder etwas Wasser unterkneten, so dass alle drei Teige eine ähnliche Konsistenz haben. Die Teige zu Kugeln formen, 60 Minuten abgedeckt bei Zimmertemperatur ruhen lassen, dann für 24 Stunden kühl stellen.

Tag 3

Die Teige aus dem Kühlschrank holen und 30 Minuten akklimatisieren lassen. Dann die Teige mit einem Nudelholz auf jeweils 5–6 mm Dicke ausrollen und abgedeckt 5 Minuten entspannen lassen.

Jetzt werden die Teige zunächst zu 5 cm breiten Streifen, dann zu 3,5 cm breiten Rauten geschnitten. Pro Teig etwa 50 g Teigreste von den Rändern der Teigplatten zusammenkneten und zu Kugeln schleifen. Abgedeckt 60 Minuten gehen lassen. Den Ofen frühzeitig auf 230 °C vorheizen.

Eine der drei Teigkugeln auf etwa 1 cm flachdrücken und auf die Mitte des Backbleches setzen, es folgt eine Reihe „Dachziegel", welche wie ein Ziegeldach leicht überlappend rund um die Teigplatte angeordnet werden. 5 Minuten ohne Schwaden backen.

Nun wird auf die Mitte des Brotes wieder eine flachgedrückte Teigkugel gesetzt, es folgen 2 Reihen Teigrauten. Wiederum 5 Minuten backen.

Der Vorgang wird wiederholt, als Abschluss folgen 3 Reihen Teigrauten. Das Brot wird wieder 5 Minuten gebacken, dann mit Alufolie abgedeckt. Ofentemperatur auf 190 °C herunterschalten und das Brot etwa 35 Minuten fertig backen.

SPARGEL-KNUSPERSTANGEN

Der Spargel wird über Nacht mariniert, wodurch er Geschmack gewinnt und bereits im Vorfeld viel Flüssigkeit verliert – diese kann man dann für die nächste Spargelsuppe aufbewahren. Andernfalls würde der Spargel beim Backen auswässern und den Teig aufweichen. Es handelt sich um eine Art Filoteig, der sehr einfach herzustellen und zu verarbeiten ist. Dazu passt beispielsweise ein einfacher Schnittlauch-Dip. Das Rezept dazu finden Sie im Anhang auf Seite 195.

Zubereitungszeit: 1 ¾ Stunden
Arbeitszeit Vortag: 10 Minuten
Arbeitszeit Backtag: 55 Minuten
Teiggare: 45 Minuten
Backzeit: 20–25 Minuten

Für 12 Stück

Marinade
2 EL Olivenöl
2 EL Zitronensaft
¼ TL Salz
¼ TL Zucker

Füllung
12 Stangen weißer Spargel
12 Scheiben Serranoschinken
80 g Butter
80 g Parmesan

Teig
500 g Weizenmehl 550
10 g Salz
65 g Olivenöl
225 g Wasser, lauwarm

Tag 1

Aus Öl, Zitronensaft, Salz und Zucker eine Marinade anrühren. Den Spargel gründlich schälen und hineinlegen. Abgedeckt bis zum nächsten Tag ziehen lassen und die Spargelstangen ab und zu in der Marinade wenden.

Tag 2

Einen Topf von gut 20 cm Durchmesser mit Wasser füllen und auf dem Herd zum Kochen bringen.

Inzwischen das Mehl in eine Schüssel sieben, das Salz darüberstreuen, eine Mulde bilden und das Olivenöl hineingeben. Mit dem Handrührgerät/Knethaken von innen nach außen zu einem geschmeidigen Teig kneten, dabei nach und nach das Wasser hinzufügen. Zum Schluss den Teig von Hand fertigkneten, so dass weder Blasen noch Mehlnester übrig bleiben, dann zu einer Kugel formen.

Den nunmehr heißen Topf entleeren und über die Teigkugel stülpen. Den Teig mindestens 30 Minuten ruhen und quellen lassen.

Währenddessen die Spargelstangen trockentupfen und in den Serranoschinken wickeln. Die Butter schmelzen lassen, den Parmesan reiben.

Den Teig möglichst rechteckig hauchdünn ausrollen, etwas mehr als doppelt so breit, wie die Spargelstangen lang sind. Den Teig nun in der Mitte in 2 Teile schneiden, so dass die Teigplatten nunmehr jeweils etwas breiter als die Spargelstangen lang sind. Den Teig mit flüssiger Butter einpinseln und mit dem Parmesan bestreuen.

Die Spargelstangen nach und nach in den Teig wickeln, so dass der Teig jeweils zwei Lagen hat. Dabei die Spargelstangen beim Einwickeln immer wieder mitsamt dem Teig etwas zu sich heranziehen, so dass der Teig nochmals ein wenig gedehnt wird und die Stangen straff eingerollt sind. Sobald eine Spargelstange eingewickelt ist, den aufgerollten Teig mit einem scharfen Messer von der restlichen Teigplatte abschneiden und mit der nächsten Spargelstange fortfahren. Jede Teigplatte sollte für 6 Spargelstangen reichen.

Die Teigenden zudrücken, überschüssige Teigreste abschneiden. Die Spargelrollen mit den Schnittkanten nach unten auf ein mit Backpapier belegtes Blech legen. Mit der restlichen flüssigen Butter einpinseln.

Im auf 200 °C vorgeheizten Ofen (Ober-/Unterhitze) etwa 20–25 Minuten goldbraun backen. Die Teigreste backen wir einfach mit und haben somit ein schmackhaftes Knuspergebäck. Kalt oder lauwarm servieren.

PYRENÄISCHES ZWIEBELBROT

Im Internet stößt man immer wieder auf Rezepte für pyrenäisches Zwiebelbrot, jedoch – oh Schreck und Graus – stets unter Verwendung von Schmelzkäsezubereitung und Instant-Zwiebelsuppenpulver – eine Horrorvorstellung für unsereins, die wir gerade auf künstliche Zusatzstoffe verzichten möchten. Dieses Brot ist sehr gut geeignet für Partys und Buffets, schmeckt zu Suppen, Ofenkäse und Gegrilltem ...

Zubereitungszeit: 16 ½ Stunden
Arbeitszeit Vortag: 30 Minuten
Arbeitszeit Backtag: 35 Minuten
Teiggare: 15 ¾ Stunden
Backzeit: 30–40 Minuten

Für 2 Brote à ca. 500 g = 1 kg

Vorteig
130 g Wasser, lauwarm
0,6 g Frischhefe
130 g Weizenmehl 1050

Füllung
2 EL Olivenöl
400 g Zwiebeln
1 TL brauner Rohrzucker
60 g Butter
70 g Schmand
Lauchzwiebelgrün, Menge nach Belieben

Hauptteig
Vorteig
130 g Wasser, lauwarm
8 g Frischhefe
16 g Salz
380 g Weizenmehl 550
170 g Ziegenfrischkäse (oder Kuhmilchfrischkäse)
3 EL Kräuter nach Wahl, gehackt

Tag 1

VORTEIG

Die Zutaten für den Vorteig vermengen, abgedeckt 2 Stunden anspringen lassen und dann in den Kühlschrank stellen.

FÜLLUNG

Das Olivenöl in einer beschichteten Pfanne erhitzen. Die Zwiebeln schälen und würfeln. In der Pfanne unter gelegentlichem Rühren goldbraun braten. Dann 1 TL braunen Rohrzucker darüberstreuen, unter Rühren karamellisieren lassen. Dann kommt die Butter dazu. Rühren, bis die Butter geschmolzen ist. Die Zwiebelmasse etwas abkühlen lassen, dann den Schmand untermengen. Abgedeckt bis zum nächsten Tag kühlstellen.

Tag 2

HAUPTTEIG

Alle Zutaten in den Teigkessel geben und 10 Minuten langsam kneten. Abgedeckt 30 Minuten ruhen lassen.

Nun den Teig zu einem Rechteck von etwa 30 x 50 cm ausrollen. Die Zwiebelfüllung darauf verstreichen, dabei einen der schmalen Teigränder freilassen.

Lauchzwiebelgrün zu Ringen schneiden (ich habe etwa 8 EL Zwiebelringe verwendet) und auf der Füllung verstreuen. Den Teig von der Schmalseite her locker aufrollen, den freien Teigrand etwas anfeuchten und andrücken. Mit der Nahtseite nach unten abgedeckt an einem warmen Ort 45–60 Minuten gehen lassen.

Nun wird die Teigrolle längs mit einem scharfen Messer entzweigeschnitten. Die zwei Teiglinge mit der Schnittfläche nach oben jeweils diagonal auf ein Backblech legen, welches wir zuvor mit Backpapier bestückt haben. Nochmals 10 Minuten ruhen lassen. Inzwischen den Ofen auf 200 °C (Ober-/Unterhitze) vorheizen.

Ohne Schwaden 30–40 Minuten lang goldbraun backen. Nach der halben Backzeit die Bleche im Ofen gegeneinander austauschen, damit beide Brote genügend Ober- und Unterhitze abbekommen. Lauwarm oder kalt servieren.

Tipp

Die Füllung kann man ganz nach Belieben variieren, beispielsweise mediterrane Kräuter verwenden oder der Zwiebelfüllung knusprig gebratene Speckwürfelchen beimengen.

GRISSINI – MIT KÖSTLICHEN VARIANTEN

Ursprünglich stammen die Grissini aus dem Piemont. Einer Legende nach soll sie der Bäcker Antonio Brunero 1675 für Vittorio Amedeo II. von Savoyen, welcher an Verdauungsproblemen litt, erfunden haben. Doch bereits 300 Jahre zuvor taucht der Begriff „Grissino" in Giovanni Boccaccios „Decamerone" auf, und zwar in Zusammenhang mit einer Armenspeisung. Verdauungsprobleme? Armenspeisung? Davon lassen wir uns nicht abschrecken, sondern backen diese leckeren Knusperstangen als Basisrezept, und dazu gibt es fünf Varianten mit saisonalen Zutaten.

Zubereitungszeit: 3 ¾ Stunden
Arbeitszeit: 45 Minuten
Teiggare: 2 ¾ Stunden
Backzeit: 10 + 5–10 Minuten

Zutaten Grundteig für ca. 75 Stück = 1 kg

400 g Wasser, lauwarm
35 g Frischhefe
50 g Olivenöl, möglichst gutes
50 g Schweineschmalz (ersatzweise Butterschmalz)
18 g Salz
18 g Zucker
835 g Weizenmehl 550

Alle Zutaten 5–8 Minuten lang kneten. Abdecken und etwa 20 Minuten ruhen lassen.

Den Teig nochmals kurz durchkneten, etwa 8 mm dick ausrollen und an einem warmen Ort abgedeckt 1 ½ Stunden gehen lassen, auf der Arbeitsfläche oder auf mit Backpapier belegten Blechen.

Den Teig wiederum kurz durchkneten, auf etwa 6 mm Dicke zu einer rechteckigen Platte ausrollen. Dabei schon ungefähr planen, wie lang die Grissini werden sollen. Wollen Sie z. B. 25 oder 30 cm lange Grissini, rollen Sie eine Teigplatte von etwa 50 x 60 cm aus, die dann einmal längs oder quer durchgeschnitten wird, oder aber Sie teilen den Teig in mehrere kleine Stücke und rollen diese einzeln aus.

Jetzt den Teig zu Streifen von etwa 1 cm Breite schneiden. Das geht gut mit einem Pizzaroller oder einem mehrrädrigen Teigschneider. Einzeln, mit etwa 1 ½ cm Abstand, auf mit Olivenöl eingefettete Backbleche setzen.

Im vorgeheizten Ofen bei 225 °C (Umluft) 10 Minuten lang backen, dabei ständig beobachten, damit die Grissini nicht zu dunkel werden. Aus dem Ofen holen und etwa 15 Minuten abkühlen lassen.

Dann bei 160 °C (Umluft) nochmals 10 Minuten lang nachbacken, bis die Grissini ihre komplette Feuchtigkeit verloren haben und leicht zu zerbrechen sind.

FÜNF VARIANTEN

PIEMONTESER HASELNUSS-GRISSINI

Grundrezept + 300 g Piemonteser Haselnüsse (zunächst grob gehackt, ohne Fett in einer Pfanne geröstet, dann im Mixbecher etwa zu Stecknadelkopfgröße kleiner gehackt) und 40 g Wasser. Statt Olivenöl Piemonteser Haselnussöl verwenden, falls vorhanden.

ROSMARIN-GRISSINI

Grundrezept + 3–4 EL frischen, fein gehackten Rosmarin. Statt Olivenöl Rosmarinöl (Seite 194) verwenden, falls vorhanden.

STEINPILZ-GRISSINI

Grundrezept + 60–80 g Steinpilzmehl (Seite 202) und 40 g Wasser.

HEIDELBEER-GRISSINI

Statt des Wassers etwa 270 g Heidelbeerpüree verwenden. Dafür 600 g Heidelbeeren (gerne auch Tiefkühl-Heidelbeeren) in einem Topf etwas zerstampfen und bei niedriger Temperatur ohne Deckel unter gelegentlichem Rühren auf etwa 45 % einreduzieren, dann pürieren.

BÄRLAUCH-GRISSINI

60 g Bärlauchblätter fein pürieren und in den Teig geben. Wer außerhalb der Saison Bärlauch-Paste (Seite 186) verwendet, gibt 80 g in den Teig, reduziert das Olivenöl auf 25 g, das Schüttwasser auf 300–350 g und das Salz auf 12 g.

MARONENBRÖTCHEN

Diese gelaugten Minibrötchen sehen wie echte Kastanien aus und laufen damit Gefahr, auf Ihrem Buffet für Dekoration gehalten und somit nicht verspeist zu werden. Die Brötchen sind sehr saftig und sollten vor dem Servieren nochmals kurz im vorgeheizten Ofen aufgebacken werden. Sie schmecken einfach so zum Knuspern, mit Gewürz- und Kräuterbutter, Frischkäse oder Obatzdem. Für diesen verrate ich Ihnen mein Rezept auf Seite 191.

Zubereitungszeit: 18 ¾ Stunden
Arbeitszeit Vortag: 5 Minuten
Arbeitszeit Backtag: 70 Minuten
Teiggare: 18 ½ Stunden
Backzeit: 15 Minuten

Für 1 kg Brötchen

Vorteig
180 g Wasser
0,8 g Frischhefe
180 g Weizenmehl 1050

Autolyseteig
Vorteig
165 g Wasser, lauwarm
290 g Weizenmehl 550
75 g Kastanienmehl

Kastanienmasse
200 g Maronen, vorgekocht und geschält (Seite 200)
110 g Quark
12,5 g Salz
15 g Schweineschmalz
Abrieb einer halben Bio-Orange

Hauptteig
Autolyseteig
Kastanienmasse
50 g Anstellgut (Weizen)
8 g Gerstenmalzmehl, enzymaktiv (Seite 214)
7 g Frischhefe

Für die Lauge
36 g Natriumhydroxid (Seite 201)
500 g Wasser, höchstens 30 °C warm

Tag 1

VORTEIG

Die Zutaten für den Vorteig vermischen, 14 Stunden abgedeckt bei Raumtemperatur stehen lassen.

Tag 2

AUTOLYSE

Die Zutaten für den Autolyseteig zunächst mit einer Teigkarte vermengen, dann mit der Hand verkneten, zu einer Kugel formen und 30 Minuten quellen lassen.

KASTANIENMASSE

Die vorgekochten Kastanien im Mixbecher oder in der Küchenmaschine zerhäckseln. Es entsteht eine körnige Masse. Die übrigen Zutaten untermengen, bis eine homogene Masse entstanden ist. Bei der Menge der Orangenschale behutsam vorgehen, sie soll nur leicht würzen, aber nicht hervorschmecken.

HAUPTTEIG

Den Autolyseteig und die Kastanienmasse in den Teigkessel geben, Weizenanstellgut, Gerstenmalzmehl und Hefe hinzufügen. 12–14 Minuten langsam kneten, so dass ein geschmeidiger Teig entsteht, der sich vom Schüsselrand löst. In 6 Teile teilen, diese jeweils etwas dehnen und falten und zu Kugeln formen. Abgedeckt 15–20 Minuten entspannen lassen.

Inzwischen ein Backblech mit einem mit Speisestärke bepuderten Teigtuch belegen. Die Teiglinge zu 2,5–3 cm dicken Stangen ausrollen, nebeneinander auf das Blech legen. Das Blech für 2 Stunden abgedeckt ins Tiefkühlgerät legen, um die Teigrollen anzufrieren.

Die Lauge ansetzen: 500 g nur leicht temperiertes Wasser in eine säurebeständige Schüssel (z. B. Edelstahl) geben, 36 g Natriumhydroxid einrühren.

Zwei Backbleche mit Backpapier belegen. Ein hohes Gefäß mit Wasser bereitstellen, in das wir beim Schneiden der Teiglinge immer wieder das Messer tauchen.

Die angefrorenen Teigstangen werden nun mit einem möglichst scharfen Messer in 3–3,5 cm lange Stücke geschnitten. Jeweils mehrere Stücke auf einmal mit einer Schaumkelle für 5–10 Sekunden in die Lauge tauchen, gut abtropfen lassen und auf die Arbeitsfläche gleiten lassen. Die gelaugten Teigröllchen jeweils nochmals in der Mitte auseinanderschneiden und mit den frischen Schnittstellen nach oben auf die Backbleche setzen. Sollten die Oberseiten durch das Schneiden zu eckig werden, diese mit den Fingerspitzen wieder etwas rund formen. Unabgedeckt 30 Minuten ruhen lassen. Den Backofen auf 220 °C (Umluft) vorheizen.

Nach der Gehphase die Bleche in den Ofen schieben und ohne Schwaden 8 Minuten anbacken.

Die zwei Bleche im Ofen gegeneinander tauschen sowie um 180° drehen, damit die Brötchen gleich viel Hitze abbekommen. 7 Minuten fertig backen. Die Brötchen sofort nach dem Backen mit Wasser einsprühen, um einen schönen Glanz zu erzeugen, und auf einem Kuchenrost auskühlen lassen.

Warnhinweis

Natriumhydroxid kindersicher aufbewahren. Zum Verarbeiten Schutzhandschuhe und eine Schutzbrille tragen. Nicht in heißes Wasser einrühren.

GEFÜLLTE KARTOFFELBROTROLLEN

Diese Brotrollen können mit Sugo, Gemüse, Pesto oder anderen Wunschzutaten gefüllt werden. Wichtig ist, dass die Füllungen möglichst wenig Flüssigkeit enthalten, weil der Teig sonst zu sehr durchweicht. Ebenfalls aus diesem Grund benötigen wir in diesem Ausnahmefall relativ viel Hefe, da wir die Stückgare möglichst kurz halten müssen. Am besten schmecken diese Brote lauwarm. Im Anhang finden Sie drei erprobte Rezepte für mögliche Füllungen (Seite 188).

Zubereitungszeit: 16 ½ Stunden
Arbeitszeit Vortag: 15 Minuten
Arbeitszeit Backtag: 40 Minuten
Teiggare: 15 ¾ Stunden
Backzeit: 45 Minuten

Für ca. 1,2–1,4 kg Brot

Sauerteig
190 g Wasser, lauwarm
20 g Anstellgut (Roggen)
220 g Weizenmehl 1050

Hauptteig
Sauerteig
350 g (netto ca. 315 g) Kartoffeln
315 g Weizenmehl 550
30 g Roggenmehl 997
18 g Salz
15 g Rohrzucker
20 g Frischhefe

Außerdem
etwas Speiseöl zum Bepinseln
300–400 g Füllung (Seite 188)

Tag 1

SAUERTEIG

Die Zutaten für den Hauptteig vermengen und abgedeckt 14 Stunden bei warmer Temperatur gären lassen.

KARTOFFELN

Etwa 350 g Kartoffeln in leicht gesalzenem Wasser garen, schälen und noch warm durch eine Kartoffelpresse drücken. Es sollten etwa 315 g gepresste Kartoffeln übrig bleiben. Mit einem Geschirrtuch abgedeckt über Nacht ausdampfen lassen.

Tag 2

HAUPTTEIG

Die Zutaten für den Hauptteig 4 Minuten langsam, dann 8 Minuten schnell kneten. Es entsteht ein recht fester, elastischer Teig. Sollte er zu fest sein, noch bis zu 25 g Wasser hinzufügen. Den Teig abgedeckt 30 Minuten ruhen lassen. Nach 15 Minuten den Teig mehrfach dehnen und falten und dabei bereits zu einem Rechteck vorformen.

Nach der Ruhephase den Teig vorsichtig mit einem Nudelholz zu einem Rechteck von etwa 30 x 45 cm ausrollen und wiederum 20 Minuten abgedeckt ruhen lassen.

Die Teigplatte noch etwas in Form ziehen und mit Speiseöl einpinseln, dabei einen 2 cm breiten Rand an einer der Schmalseiten freilassen. Nun mit einem Löffel, einer Teigkarte oder mit den Fingerspitzen die Füllung auf die eingeölte Fläche gleichmäßig auftragen. Die Teigplatte mit der Füllung von der schmalen Seite her aufrollen. Den frei gelassenen Rand mit etwas Wasser anfeuchten, mit etwas Spannung über die Teigrolle ziehen und mit den Fingerspitzen gut andrücken. Mit dieser Naht nach unten auf ein mit Backpapier ausgelegtes Backblech setzen. Die oberste Teigschicht an den Enden vorsichtig ausdehnen und über das Rollenende stülpen, so dass die Rolle verschlossen wird. Gegebenenfalls die Rolle noch etwas nachformen. Abgedeckt 10–20 Minuten ruhen lassen. Nach der Ruhephase die Brotrolle mehrfach einschneiden.

Das Blech in den auf 240 °C (Ober-/Unterhitze) vorgeheizten Ofen schieben, nicht schwaden.

Nach 15 Minuten den Ofen auf 200 °C herunterschalten und 30–35 Minuten fertig backen, dabei ständig beobachten und die Rolle gegebenenfalls mit Alufolie abdecken, damit sie nicht zu dunkel wird.

BASICS

VON AJVAR BIS WILDSAMEN – *hier finden Sie Grundzutaten, Tipps zum Sammeln und Verarbeiten, dazu Basisrezepte, die nicht nur zum Backen geeignet sind. Ausführliche Anleitungen für (scheinbar) Kompliziertes wie Baguettes, Blätterteig oder Brioches, ein Glossar und meine persönlichen Tipps runden dieses Kapitel ab.*

BASISREZEPTE

Ein kleines Kochbuch im Backbuch – hier finden Sie vielerlei Rezepte, welche nicht nur zum Backen geeignet sind. Manches aus diesem Kapitel werden Sie sicher gerne auch pur genießen oder für andere Gerichte einsetzen.

AJVAR

Eine sehr geschmacksintensive Paprikapaste, die vor allem in den Ländern des ehemaligen Jugoslawiens verbreitet ist und kalt zu Fleisch oder auf Brot gegessen wird. Wir weichen von den klassischen Rezepten ab und köcheln eine pikantere Variante, welche wir für das Paprikabrot auch stärker einreduzieren als üblich. Wenn Sie dieses Ajvar nicht zum Backen verwenden möchten, beenden Sie den Kochvorgang, sobald Sie mit der Konsistenz zufrieden sind.

Zubereitungszeit: 3 ¼ Stunden (netto 40 Minuten)

Für ca. 600 g

2 kg rote Paprikaschoten
160 g rote Chilischoten (Schärfe nach Belieben)
170 g Zwiebeln
50 g Olivenöl
Saft einer halben Zitrone
Salz, Pfeffer, Paprikapulver, Kräuter nach Belieben

Die Paprika- und Chilischoten waschen und im Ganzen auf einem Backblech für etwa 20 Minuten in den auf 200 °C vorgeheizten Ofen legen. Die Schoten dürften dabei durchaus schwarze Stellen bekommen.

Jetzt werden die Schoten halbiert, die Kerne entfernt und die Häute abgezogen. Paprika und Chili in kleine Stücke schneiden, die Zwiebeln schälen und würfeln. In einem Topf das Olivenöl erhitzen, das Gemüse dazugeben und zunächst bei starker Hitze einige Minuten anbraten, dann bei geringer Hitze ohne Deckel 20–30 Minuten köcheln lassen.

Nun wird das Gemüse zu einer nicht zu feinen Masse püriert und in den Topf zurückgegeben. Auf kleiner Flamme ohne Deckel auf etwa ein Viertel einreduzieren, dabei immer wieder umrühren. Das kann bis zu 2 Stunden dauern. Gegen Ende der Kochzeit mit Zitronensaft, den Gewürzen und auf Wunsch mit Kräutern abschmecken. Die Paste sollte nun, wenn sie zum Backen verwendet wird, etwas fester sein als Tomatenmark.

AROMABUTTER

Hier folgen beispielhaft fünf Rezepte, doch sind der Phantasie kaum Grenzen gesetzt. Wichtig ist, dass die Zutaten, welche für das Aroma zuständig sind, möglichst wenig Flüssigkeit enthalten. Deshalb reduzieren wir Beeren und Gemüse stark ein. Somit gewinnt die Butter an Geschmack und Farbe. Selbstverständlich schmeckt Aromabutter – je nach Sorte – auch hervorragend auf Brot oder zu Grillfleisch. Die Butter kann gut auf Vorrat produziert und portionsweise eingefroren werden.

BÄRLAUCHBUTTER

Zubereitungszeit: 5 Minuten

Für 210 g

65 g Bärlauchpaste (Seite 186)
145 g Butter, weich

Die Bärlauchpaste mit der weichen Butter vermischen und kühlstellen. Wenn Sie frischen Bärlauch zur Hand haben, pürieren Sie 45 g Bärlauchblätter und vermengen das Püree mit 4,5 g Salz und 160 g weicher Butter.

OLIVENBUTTER

Zubereitungszeit: 20 Minuten

Für 210 g

65 g getrocknete Oliven
1 große Knoblauchzehe
5 g Petersilienblätter
Pfeffer, frisch gemahlen
Abrieb einer halben Bio-Zitrone
140 g Butter, weich

Eingelegte Oliven eignen sich nicht, da sie zu viel Flüssigkeit enthalten. Die Oliven halbieren und entkernen. Die Knoblauchzehe schälen und in einige Stücke schneiden. 5 g Petersilienblätter von den Stängeln zupfen. Alles zusammen im Mixbecher zu einer gleichmäßigen, nicht zu feinen Paste verarbeiten. Mit Pfeffer und Zitronenabrieb abschmecken. Zum Schluss die Paste mit 140 g weicher Butter vermengen und kühlstellen. Vorsicht, Suchtgefahr!

TOMATENBUTTER

Zubereitungszeit: 15 Minuten

Für 210 g

55 g getrocknete Tomaten, in Öl eingelegt (Seite 197)
35 g Tomatenmark
Meersalz
¼ TL Paprikapulver
125 g Butter, weich

Die Tomaten mit einem Küchentuch entölen und etwas kleinschneiden. Zusammen mit dem Tomatenmark, etwas Salz und ¼ TL Paprikapulver im Mixbecher fein pürieren. Mit 125 g weicher Butter vermengen und kühlstellen.

HEIDELBEERBUTTER

Zubereitungszeit: 30 Minuten (netto 10 Minuten)

Für 210 g

250 g Heidelbeeren, frisch oder gefroren
130 g Butter, weich
Meersalz

Die Heidelbeeren in einem Topf grob zerstampfen und bei niedriger Temperatur unter gelegentlichem Rühren ohne Topfdeckel auf knapp ein Drittel einköcheln lassen, so dass etwa 80 g Püree übrigbleibt. Abkühlen lassen und mit der weichen Butter gut vermengen. Mit Meersalz abschmecken und kühlstellen.

GELBE PAPRIKABUTTER

Zubereitungszeit: 2 ¼ Stunden (netto 25 Minuten)

Für 210 g

400 g gelbe Paprikaschoten
2 g Currypulver
Salz nach Belieben
145 g Butter, weich

Paprikaschoten enthalten etwa 93 % Wasser, so dass wir eine größere Menge recht lange einreduzieren müssen. Die Paprikaschoten vierteln, entkernen und in kleinere Stücke schneiden. In möglichst wenig Wasser etwa 20–30 Minuten weich köcheln, gut abtropfen lassen und in der Küchenmaschine pürieren. Das Püree zurück in den Topf geben und bei geringer Temperatur unter gelegentlichem Rühren auf etwa ein Sechstel einreduzieren, so dass gut 65 g Paprikapaste übrig bleiben. Mit 2 g Currypulver, etwas Salz und 145 g weicher Butter vermengen und kühlstellen.

BÄRLAUCHPASTE

Die Paste ist wegen des hohen Salzgehalts, welcher auch zur guten Haltbarkeit beiträgt, nicht zum direkten Verzehr geeignet, sondern – neben der Verwendung für Backwaren – auch für Spätzle- und Nudelteig, als Grundlage für Pestos, für Fisch- und Fleischkrusten, Suppen, Gemüsepfannen und vieles mehr. Die Paste kann praktisch überall dort eingesetzt werden, wo kein frischer Bärlauch verfügbar ist, und sie ist deutlich aromatischer als getrockneter Bärlauch.

Zubereitungszeit: 20 Minuten

Für 500 g

- 350 g Bärlauchblätter
- 115 g Rapsöl, nativ und kaltgepresst
- 35 g Meersalz

Die Bärlauchblätter gut waschen, trockenschleudern und auf Geschirrtüchern ausgebreitet trocknen lassen. Die Blätter zusammen mit dem Salz und dem Öl mit einem Pürierstab, im Mixbecher oder in der Küchenmaschine zu einer Paste verarbeiten. In Gläser füllen, glattstreichen und mit einer dünnen Ölschicht bedecken. So hält die Paste im Kühlschrank bis zu ein Jahr, sie kann aber auch sehr gut eingefroren werden.

BLAUKRAUT

Zum Backen von Blaukrautbrot ist es sinnvoll, die entsprechenden Mengen portionsweise einzufrieren. Auf die Zugabe von Mehl, Stärke oder Kartoffeln zum Andicken verzichte ich. Hier mein Standardrezept.

Zubereitungszeit: 2 ¾–3 ¾ Stunden (netto 45 Minuten)

Für ca. 2,5 kg Blaukraut

- 2 kg Blaukraut
- 2 Zwiebeln
- 2 EL Gänseschmalz (oder Schweineschmalz)
- 2 EL Rohrzucker
- ¼ Liter naturtrüber Apfelsaft
- 3–4 EL heller Essig
- Gewürze nach Belieben (Nelken, Lorbeerblätter, Wacholderbeeren, Pfefferkörner, Zimtstange, Piment, Senfsaat, Anis)
- Salz nach Belieben
- ½ Glas Johannisbeergelee

Einen Blaukrautkopf (ca. 2 kg) putzen, den Strunk entfernen und das Kraut in sehr feine (ca. 2–3 mm breite) Streifen schneiden. Besonders gut funktioniert dies mit einer Brot- oder Aufschnittmaschine.

Die Zwiebeln schälen, würfeln und in einem möglichst großen Topf im Schmalz goldbraun andünsten. Den Rohrzucker dazugeben und leicht karamellisieren lassen. Mit dem Apfelsaft und dem Essig ablöschen. Das Blaukraut (gegebenenfalls portionsweise) dazugeben, unter großer Hitze und ständigem Rühren zusammenfallen lassen. Mit so viel weiterem Apfelsaft oder Wasser aufgießen, dass der Kohl gerade eben bedeckt ist. Nun eine Gewürzkugel oder ein Gewürzsäckchen hineinhängen, mit Gewürzen nach Wahl gefüllt.

Bei niedriger Hitze 2–3 Stunden köcheln lassen, dabei immer wieder umrühren und nach Bedarf Flüssigkeit aufgießen. Mit Salz abschmecken. Zum Schluss ein halbes Glas Johannisbeergelee unterrühren. Über Nacht abkühlen lassen, erst dann einwecken oder einfrieren.

Tipp: Blaukraut schmeckt umso besser, je öfter es aufgewärmt wurde.

ERDBEERCHIPS

Früchte oder Gemüse zu darren oder zu trocknen ist die wohl älteste Konservierungsmethode überhaupt, und somit können wir bei allzu reichlicher Ernte größere Mengen haltbarer machen. Je nachdem, wie lange wir Obst und Gemüse dehydrieren, lassen sich die Früchte dann für Müslis, zum Backen oder als geschmacksintensive Sauceneinlagen verwenden. Völlig zu Chips getrocknet, erhalten wir kalorienarme Knabbereien. Wer über einen Steinbackofen verfügt, nutzt die Restwärme nach dem Backen, und wer häufig darrt und trocknet, spart bei Einsatz eines Dörrgerätes viel Energie.

Zubereitungszeit: 3 ½–4 Stunden (netto 20 Minuten)

Für ca. 100 g Chips

1 kg frische Erdbeeren.

Die Stielansätze der Erdbeeren entfernen und die Früchte in 4–5 mm dicke Scheiben schneiden. Auf mit Backpapier ausgelegte Backbleche verteilen und 2 Stunden lang im Ofen bei 80 °C (Umluft) darren, dabei einen Kochlöffel in die Ofentür klemmen, damit der Wasserdampf entweichen kann.

Die Erdbeerscheiben sind nun von ledriger Konsistenz und müssen umgedreht werden. Unter gelegentlichem Wenden weitere 60–90 Minuten darren und über Nacht vollständig trocknen lassen.

Wer die Chips etwas süßer möchte, kann sie vor dem Darren mit Puderzucker bestäuben.

FEDERWEISSER

Federweißen, also Traubenmost, können Sie rund ums Jahr leicht selbst herstellen. Hier beschreibe ich die Produktion für Federweißen, doch auch aus vielen anderen Fruchtsäften können Sie nach dieser Methode Most herstellen. Je nach Früchten sollten Sie noch zusätzlich Zucker hinzufügen, welcher durch die Gärung in Alkohol umgewandelt wird. Die Gärung kann bis zu drei Wochen dauern. Hier empfehle ich, einschlägige Fachliteratur zu studieren.

Zubereitungszeit: 1–2 Tage (netto 15 Minuten)

Für gut 2 Liter

2 Liter weißer oder roter Traubensaft, selbstgepresst, unbehandelt oder in Bio-Qualität
160 g Wasser
1 g Reinzuchthefe (im Internethandel oder in Apotheken erhältlich)
3 saubere 1-Liter-Flaschen oder 1 lebensmittelechter Plastikkanister

Anstatt der Reinzuchthefe können Sie auch 3 g Trockenhefe verwenden. Diese ist zwar nicht absolut ideal, wäre für die Herstellung von Wein weniger geeignet, doch aufgrund des niedrigen Alkoholgehalts des Federweißen und weil man ihn innerhalb weniger Tage trinkt, kann sie eine praktikable Alternative darstellen.

160 g Saft mit 160 g Wasser vermischen und auf 30–40 °C erhitzen, keinesfalls höher. Die Hefe unterrühren und den Topf am besten im Backofen für 1–2 Stunden warmhalten, ebenfalls bei höchstens 40 °C. Bitte verwenden Sie einen ausreichend großen Topf, da es zu Schaumbildung kommen kann.

Nun wird der Hefeansatz mit dem übrigen Saft, welcher eine Temperatur von etwa 20 °C haben sollte, vermischt und in Flaschen oder den Kanister gefüllt. Dabei die Behältnisse nur zu etwa zwei Dritteln füllen und keinesfalls fest verschließen, sondern den Verschluss nur lose aufsetzen, damit die Gärgase entweichen können. An einen warmen Ort stellen. Nach 1–2 Tagen ist der Federweiße fertig, je nach gewünschter Süße und bevorzugtem Alkoholgehalt.

FÜLLUNGEN FÜR KARTOFFELBROTROLLEN

Die Füllungen müssen stark einreduziert werden, so dass keinerlei Flüssigkeit mehr austritt und ein besonders intensiver Geschmack entsteht. Diese Sugos können selbstverständlich auch zu Nudeln, in Risotto u.a. gegessen werden.

SPINAT-RUCOLA-PINIENKERNE

Zubereitungszeit: 35 Minuten (netto 20 Minuten)

Für ca. 300–400 g

500 g frischer Spinat (alternativ 450 g Tiefkühl-Blattspinat)
90 g Pinienkerne
1 kleine Zwiebel
1 Knoblauchzehe
etwas Olivenöl
125 g Rucola
Salz, Pfeffer, Muskatnuss nach Belieben

Den Spinat in sprudelnd kochendem Wasser 1 Minute blanchieren, abgießen und gut ausdrücken. Bei Verwendung von Tiefkühl-Blattspinat diesen auftauen lassen und gut ausdrücken. Die Pinienkerne ohne Fett in einer Pfanne goldbraun rösten.

Zwiebel und Knoblauch schälen, sehr fein würfeln und in etwas Olivenöl farblos anschwitzen. Spinat, Rucola, Pinienkerne und Gewürze dazugeben. Zunächst im geschlossenen Topf erhitzen, dann ohne Deckel unter gelegentlichem Rühren so lange leicht köcheln lassen, bis keine Flüssigkeit mehr austritt und eine recht feste Masse entstanden ist. Diese gegebenenfalls in einem Sieb noch etwas ausdrücken und würzen.

WALDPILZE

Zubereitungszeit: 50 Minuten (netto 25 Minuten)

Für ca. 300–400 g

400 g Waldpilze (alternativ Pilze vom Markt)
1 kleine Zwiebel
1 Knoblauchzehe
1 Bund Petersilie
1–2 EL Olivenöl
Saft einer halben Zitrone
Salz, Pfeffer, Paprikapulver nach Belieben
Trüffelöl oder Steinpilzmehl nach Belieben

Die Pilze sehr fein würfeln oder portionsweise in der Küchenmaschine kleinhacken, die Stücke sollten maximal 4–5 mm groß sein. Zwiebel und Knoblauch schälen und sehr fein würfeln. Die Petersilienblätter von den Stängeln zupfen und grob hacken.

Das Olivenöl erhitzen und die Pilze bei recht hoher Hitze leicht anrösten, dann Zwiebel und Knoblauch hinzufügen. Den Herd auf niedrige Temperatur schalten. Mit dem Zitronensaft ablöschen und – zunächst behutsam – mit den Gewürzen abschmecken. Die Masse so lange einköcheln lassen, bis keine Flüssigkeit mehr austritt und eine recht feste Masse entstanden ist. Gegebenenfalls mit etwas Trüffelöl (vorsichtig dosieren) oder Steinpilzmehl (Seite 202) abschmecken.

TOMATE-GORGONZOLA

Zubereitungszeit: 1 Stunde (netto 30 Minuten)

Für ca. 300–400 g

1 kleine Zwiebel
1 Knoblauchzehe
½ Paprikaschote
2 EL Tomatenmark
etwas Olivenöl
400 g Tomaten aus der Dose, in Stücken
1 TL Senf
Salz, Pfeffer, Paprikapulver nach Belieben
200 g Blauschimmelkäse
Kräuter nach Belieben

Zwiebel, Knoblauch und Paprika sehr fein würfeln und zusammen mit dem Tomatenmark in etwas Olivenöl farblos anschwitzen, dann mit den Dosentomaten ablöschen. Mit Senf und den Gewürzen abschmecken und auf etwa ein Drittel einköcheln lassen, so dass eine recht feste Paste entsteht. Die Gewürze zunächst vorsichtig dosieren und lieber zum Schluss nochmals nachwürzen. Den gewürfelten Blauschimmelkäse unterrühren und schmelzen lassen, die gehackten Kräuter dazugeben.

GREMOLATA-PASTE

Mit etwas Öl bedeckt, hält die Paste einige Monate, verliert dabei allerdings nach und nach ihre frische Farbe. In Gläschen eingefroren, hält die Paste leicht bis zur nächsten Petersilien-Verwertungssaison. Der Phantasie sind kaum Grenzen gesetzt, wie man die Gremolata-Paste abwandeln und verfeinern kann. Für diese Paste lassen sich sehr gut die im Frühjahr sprießenden Petersilienblätter von Pflanzen aus dem Vorjahr aufbrauchen, bevor die Petersilie zu blühen beginnt und dann nicht mehr verwertbar ist.

Zubereitungszeit: 20 Minuten

Für ca. 100 g

1 großes Bund Petersilie
jeweils etwas Salbei, Oregano, Minze, ganz nach Belieben
3 Knoblauchzehen
Abrieb von 2 Bio-Zitronen
etwas Zitronensaft
25 g Olivenöl
Salz
schwarzer Pfeffer, frisch gemahlen

Petersilie und die anderen Kräuter von den Stängeln zupfen, verlesen, gegebenenfalls waschen und gut trockenschleudern. Den Knoblauch schälen und in grobe Stücke schneiden. Alle Zutaten im Mixbecher oder in der Küchenmaschine zu einer nicht zu feinen Paste verarbeiten.

HAGEBUTTENPÜREE

Alle Hagebuttensorten sind essbar, schmecken jedoch recht unterschiedlich. Deshalb sollten Sie vor dem Sammeln kleine Proben machen, um Ihre Traumhagebutten zu finden. Zur Herstellung von Hagebuttenpüree gibt es verschiedene Methoden, und je nachdem wird das Püree fester oder wässriger. Aus diesem Grund muss das Püree für das Hagebuttenbrot unterschiedlich stark einreduziert werden.

Zubereitungszeit: etwa 5 Tage (netto 30 Minuten)

Für ca. 400–600 g

1 kg Hagebutten
100 + 50 g Wasser

Die Hagebutten gründlich waschen, halbieren, die Stielansätze entfernen und die Hagebutten in eine Schüssel geben. Mit einem Tuch abgedeckt etwa 5 Tage lang an einem kühlen, trockenen Ort lagern, bis die Früchte weich sind. Die Hagebutten jeden Tag durchmischen.

Nun kommen die Hagebutten in einen Kochtopf und werden zusammen mit 100 g Wasser grob zerstampft. Fünf Minuten köcheln lassen. Die Masse zunächst durch ein grobes Sieb oder die Flotte Lotte pressen, um die Kerne und grobe Schalenstücke zu entfernen. Die übrig gebliebene Masse enthält immer noch wertvolles Püree. Deshalb wird diese nochmals mit etwa 50 g Wasser vermengt und wiederum durch das Sieb gepresst.

Zum Schluss wird das Püree ein- bis zweimal durch ein Haar- oder Passiersieb gestrichen, um die feinen Härchen zu entfernen.

HOLUNDERBLÜTENSUD

Anstatt Sirup setze ich lieber Holunderblütensud ohne Zucker an. Bereits vor vielen Jahren habe ich dieses Rezept entwickelt, da der Sud, in saubere Flaschen heiß abgefüllt, gut verkorkt und liegend gelagert, einige Jahre hält, während gesüßter Sirup relativ schnell verdirbt. Den Sud vermenge ich erst unmittelbar vor seiner Verwendung und je nach Bedarf mit Zuckersirup.

Zubereitungszeit: 5 Tage (netto 10 Minuten)

Für ca. 2 Liter

6 Bio-Zitronen
1 ½ l trockener Weißwein
500 ml Mineralwasser
8 Nelken
400 g Holunderblütendolden

Die Zitronen in dünne Scheiben schneiden und zusammen mit Wein, Wasser und Nelken zum Kochen bringen. Dann die Blütendolden zugeben. Gut zugedeckt 5 Tage bei Zimmertemperatur ziehen lassen. Dann nochmals kurz aufkochen und durch ein Tuch filtern. Wie oben beschrieben abfüllen.

LÖWENZAHNSUD

Diesen Sud herzustellen, ist schon etwas zeitaufwändig, aber wenn Sie sich ohnehin schon der durchaus meditativen Aufgabe stellen, hunderte von Blüten zu sammeln und vorzubereiten, können Sie auch gleich größere Mengen Sud kochen. Diesen können Sie beispielsweise zu Löwenzahnsirup einkochen, welcher als altes Hausmittel gegen Husten gilt. Mit Mineralwasser aufgegossen erhalten Sie ein originelles Erfrischungsgetränk. Oder Sie können Löwenzahngelee daraus zubereiten, welches geschmacklich an Lindenblütenhonig erinnert.

Zubereitungszeit: 1 Stunde (netto 30 Minuten)

Für ca. ½ Liter

200–250 Löwenzahnblüten
Saft einer ¾ Zitrone
750 g Wasser

Die grünen Blütenkelche von den Blüten schneiden, am besten im Freien, dann können in den Blüten eventuell noch vorhandene kleine Käferchen gleich weiterfliegen. Die Blüten zusammen mit dem Zitronensaft und dem Wasser ohne Deckel etwa 30 Minuten köcheln. Ein Sieb mit einem Geschirrtuch auslegen und den Sud darin abseihen. Die im Tuch verbliebenen Blüten noch etwas auspressen. Abfüllen und bis zur Weiterverarbeitung kühlstellen.

Sollte der Sud für das Löwenzahnbrot nicht ausreichen, den Sud mit etwas Wasser wieder auf die benötigte Menge auffüllen.

OBATZDA

Mein Rezept für diese bayrische, vermengte („obatzde") Käsespezialität wird von den Usern der größten Kochseite Europas seit nunmehr zwölf Jahren durchgehend am höchsten bewertet, und immer wieder bekomme ich Anfragen von Gasthäusern, ob sie mein Rezept auf ihre Karte schreiben dürfen. Aber selbstverständlich. So soll dieses Rezept auch in diesem Buch nicht fehlen, passt der Obatzde schließlich zu fast allen Brotsorten, besonders gut zu Laugengebäck.

Zubereitungszeit: 20 Minuten

Für ca. 350 g

200 g Brie (Tortenbrie)
30 g Butter
2 EL Zwiebeln, sehr fein gewürfelt
2 EL Sauerrahm
¼ TL Paprikapulver, scharf
1 TL Paprikapulver, edelsüß
2 Msp. schwarzer Pfeffer, frisch gemahlen
1 Msp. Kümmel, gemahlen
¼ TL Meersalz
½ TL mittelscharfer Senf
30 ml Bier, Helles oder Weizenbier
Frühlingszwiebelgrün für die Dekoration

Brie aus dem Kühlschrank nehmen und sogleich die Rinde wegschneiden – in warmem Zustand ist dies schwieriger. Wenn einige Rindenstücke dranbleiben, macht das nichts. Den Käse in grobe Stücke schneiden.

Alle Zutaten sich auf Raumtemperatur aufwärmen lassen. Alles außer dem Zwiebelgrün auf einem Suppenteller mit einer Gabel nicht zu fein zerdrücken und vermengen. Zwiebelgrün in Ringe schneiden und den Obatzdn damit dekorieren. Im Kühlschrank aufbewahren. Haltbarkeit: 1–2 Tage.

Tipp: Wer es schärfer liebt, kann die Menge des scharfen Paprikapulvers auf ½ TL erhöhen, die des milden auf 1 ½ TL. Wenn Sie die Zwiebeln kurz glasig andünsten, hält der Obatzde einige Tage länger, da die Zwiebeln dann nicht mehr oxidieren. Je nachdem, ob Sie Käserinde mögen, können Sie diese auch vollständig mitverarbeiten.

PESTOS

Hier folgen vier Pestorezepte, welche ich auch für die Pesto-Franzbrötchen verwendet habe, zwei Frühlingsrezepte, ein Sommer- und ein Herbstrezept. Der Phantasie bei der Herstellung von Pestos sind kaum Grenzen gesetzt. Die fertigen Pestos in Gläser füllen und dabei Hohlräume vermeiden. Mit etwas gutem Öl bedecken und im Kühlschrank aufbewahren. So halten die Pestos bis zu einem Jahr. Übriges Pesto in angebrochenen Gläsern sollte an der Oberfläche mit einem Teelöffel wieder glattgestrichen und mit etwas Öl bedeckt werden. Pestos lassen sich auch mitsamt den Gläsern sehr gut einfrieren.

BÄRLAUCHPESTO I

Zubereitungszeit: 25 Minuten

Für 500 g

110 g Bärlauchblätter
25 g Kürbiskerne
20 g Sonnenblumenkerne
40 g Pistazien
50 g Parmesan
240 g Rapsöl, nativ und kaltgepresst
1 EL Sojasauce
1 EL Zitronensaft
Meersalz
schwarzer Pfeffer, frisch gemahlen

Den Bärlauch gut waschen, trockenschleudern, auf einem Geschirrtuch zum Trocknen ausbreiten und dann in grobe Stücke schneiden. Die Kerne ohne Fett in einer Pfanne goldbraun rösten und mahlen. Den Parmesan reiben.

Den Bärlauch in der Küchenmaschine, im Mixbecher oder mit dem Pürierstab zusammen mit etwas Öl fein pürieren. Die gemahlenen Kerne und den Parmesan, das restliche Öl, die Sojasauce und den Zitronensaft dazugeben und alles gut vermengen. Mit Salz und frisch gemahlenem Pfeffer abschmecken.

Tipp

Pestos sind auch eine gute Grundlage für Pestobutter und Frischkäsezubereitungen. Die weiche Butter oder den Frischkäse ganz nach Geschmack mit dem Pesto vermengen.

BÄRLAUCHPESTO II

Zubereitungszeit: 30 Minuten

Für 500 g

115 g Bärlauchblätter
40 g Sonnenblumenkerne
40 g Kürbiskerne
45 g Pinienkerne
25 g Sesamsaat
2 kleine Knoblauchzehen
60 g Parmesan
155 g Rapsöl, nativ und kaltgepresst
4 g Meersalz
4 g Senf
12,5 g würziger Honig
Pfeffer und Paprikapulver nach Belieben

Zubereitung wie oben beschrieben. Kurz bevor die Kerne vollständig geröstet sind, den Sesam mit in die Pfanne geben und 1–2 Minuten mitrösten. Den Knoblauch schälen und sehr fein hacken. Alle Zutaten zu einer Paste verarbeiten.

TOMATENPESTO

Zubereitungszeit: 15 Minuten

Für 500 g

40 g Pinienkerne
190 g (Abtropfgewicht) Tomaten, getrocknet und in Öl eingelegt (Seite 197)
2 Knoblauchzehen, geschält
½ rote Chilischote
65 g Parmesan
20–30 Basilikumblätter
15 g Kapern
150 g Olivenöl (und/oder das Öl der eingelegten Tomaten)
1 EL Tomatenmark
Meersalz
schwarzer Pfeffer, frisch gemahlen

Die Pinienkerne in einer Pfanne ohne Fett goldbraun rösten. Tomaten, Knoblauch, Chilischote und Parmesan grob zerkleinern. Zusammen mit den übrigen Zutaten im Mixbecher, in der Küchenmaschine oder mit dem Pürierstab zu einer gleichmäßigen Paste verarbeiten.

NUSS-OLIVEN-PESTO

Zubereitungszeit: 20 Minuten

Für 500 g

45 g Walnüsse
100 g Haselnüsse
55 g trocken eingelegte Oliven, entsteint
4 Knoblauchzehen, geschält
110 g Parmesan
Abrieb einer halben Bio-Zitrone
90 g Haselnuss- oder Walnussöl
80 g Olivenöl
9 g Ahorn- oder Birkensirup (Seite 198)
5 g Zitronensaft
Meersalz
schwarzer Pfeffer, frisch gemahlen

Die Nüsse in einer Pfanne ohne Fett goldbraun rösten. Die Oliven, Knoblauch und Parmesan in grobe Stücke schneiden. Alle Zutaten in der Küchenmaschine, im Mixbecher oder mit dem Pürierstab zu einer gleichmäßigen Paste verarbeiten.

PETERSILIENÖL

Sehr einfach in der Herstellung, ist dieses Öl als Topping auf Suppen, Salaten, Nudelgerichten, Risottos u.a. einsetzbar. Sowohl geschmacklich als auch als Farbakzent ist die Wirkung hier deutlich größer als der Aufwand. Sollten Sie kein Nussöl verwenden wollen, nehmen Sie stattdessen insgesamt 60 g neutrales Speiseöl.

Zubereitungszeit: 10 Minuten

Für ca. 100 g

- 1 großes Bund Petersilie
- 40 g neutrales Speiseöl, z. B. Raps-, Distel- oder Sonnenblumenöl
- 20 g Nussöl

Die Petersilienblätter von den Stängeln zupfen und zusammen mit den Ölen sehr fein pürieren. Lichtgeschützt und kühl in einer Flasche aufbewahrt, hält sich das Öl mehrere Wochen.

PFLAUMENKETCHUP

Pflaumenketchup ist eine tolle Alternative zu Tomatenketchup, vor allem, wenn die Bäume sich wieder einmal unter der Last der Pflaumen biegen und man dringend nach Möglichkeiten sucht, der Pflaumenschwemme Herr zu werden. Man kann den Ketchup in Gläser einwecken, dann hält er ein bis mehrere Jahre lang und ist übrigens auch als Mitbringsel immer gern gesehen. Anstatt den Pflaumenketchup zu verbacken, kann man ihn auch beispielsweise zu Pommes frites oder Gegrilltem essen. Sehr gut passt der Ketchup auch zu Käse.

Zubereitungszeit: 1 ½–4 Stunden (netto 40 Minuten)

Zutaten pro 1 kg Pflaumen (alternativ Zwetschgen)

- 1 kg Pflaumen oder Zwetschgen
- 200–250 g Zwiebeln oder Schalotten
- 2 EL Speiseöl
- 1–5 EL Zucker
- 1–2 EL Balsamico oder anderen Essig
- Gewürze/weitere Zutaten nach Gusto, beispielsweise Ingwer, Orangensaft, Portwein, Chilischote, Zimt, Koriander, Pfeffer, Lorbeerblätter, Piment, Sternanis, Paprikapulver edelsüß (oder für BBQ-Ketchup geräuchert), Knoblauch, Salz

Pflaumen oder Zwetschgen halbieren und entkernen. Zwiebeln oder Schalotten und gegebenenfalls Knoblauch schälen und in grobe Stücke schneiden. In einem großen Topf in etwas Öl goldbraun anschwitzen, den Zucker darüberstreuen und kurz karamellisieren lassen, dann mit dem Essig ablöschen. Pflaumen und Gewürze dazugeben, diese gegebenenfalls vorher fein mahlen oder mörsern oder aber in einem Gewürzsack in den Topf hängen. Eine bis mehrere Stunden einkochen, bis der Ketchup die gewünschte Konsistenz aufweist. Falls notwendig, den Ketchup pürieren und noch heiß in frisch gespülte Schraubdeckelgläser abfüllen und sofort verschließen.

Hinweis

Bewusst gebe ich hier keine konkreten Zutaten und deren Mengen an, sondern nur Richtlinien, da Sie den Ketchup sicherlich ganz nach Ihrem Geschmack gestalten möchten.

ROSMARINÖL

Es lohnt sich immer, Rosmarin- oder anderes Kräuter- oder Gewürzöl im Haus zu haben. Es eignet sich zum Braten von Fleisch oder Fisch, als Verfeinerung für Salate und Gemüse.

Zubereitungszeit: 3 Wochen (netto 15 Minuten)

Für ca. 500 g

500 g sehr gutes Olivenöl
frische Kräuter und Gewürze nach Wahl, beispielsweise Rosmarin- oder Thymianzweige, Chilischote, frischer Ingwer, Bio-Zitronenschale, Knoblauch, schwarze Pfefferkörner, rote Pfefferbeeren

In einer Flasche mit weitem Hals (beispielsweise einer Milchflasche) das Olivenöl mit den frischen Kräutern und/oder Gewürzen ansetzen. 3 Wochen lang an einem kühlen, dunklen Ort ziehen lassen. Das Öl nun durch ein feines Sieb gießen und in die Flasche zurückfüllen.

Dieses Öl ist auch sehr gut geeignet, um Schafskäse darin einzulegen. Dafür wird der Schafskäse gut trockengetupft, grob gewürfelt und schichtweise in ein verschließbares Behältnis gegeben. Auf jede Käseschicht kommen Kräuter und Gewürze, wie oben genannt, außerdem rote Zwiebelringe. Mit Olivenöl aufgießen, so dass der Käse vollständig bedeckt ist. 1–3 Wochen an einem kühlen Ort durchziehen lassen. Der Käse passt hervorragend als Vorspeise zu knusprigem Brot.

SALZKARAMELL

Das Meersalz schmeckt nicht hervor, verleiht dem Karamell aber einen gewissen Kick.

Zubereitungszeit: 1 ¾–2 ¼ Stunden (netto 50 Minuten)

Für ca. 500 g

365 g Sahne
30 g Bourbon-Vanillezucker
300 g Zucker
3,5 g Fleur de Sel (oder normales Meersalz)
30 g Butter
Fleur de Sel oder Sesam zum Bestreuen, nach Geschmack

Alle Zutaten bis auf die Butter in einer möglichst breiten und hohen Pfanne (damit die Masse beim Aufschäumen nicht überläuft) aufkochen, die Hitze reduzieren und so lange leicht köcheln lassen, bis die Masse karamellbraun wird, andickt und beginnt, sich vom Pfannenboden zu lösen. Das dauert mindestens eine dreiviertel Stunde, ich benötige sogar 1 ¼ Stunden, da ich lieber mit niedrigerer Temperatur arbeite. Dabei immer wieder mit einem Holzspatel umrühren und die Masse vom Boden lösen, vor allem gegen Ende, damit der Karamell nicht zu dunkel wird. Die Masse sollte ungefähr so zäh wie etwas festerer Honig vom Holzspatel laufen.

Inzwischen zwei Stücke Backpapier in der Größe eines Backbleches vorbereiten, eines davon auf einer hitzebeständigen Fläche, beispielsweise einem umgedrehten Backblech, ausbreiten.

Die Pfanne vom Herd ziehen und zügig die Butter gut untermengen. Die Masse unter Rühren noch einige Minuten abkühlen lassen, dann auf das Backpapier gießen. Das zweite Backpapier darüberlegen und behutsam mit einem Nudelholz ausrollen, bis die Schicht etwa 8–10 mm dick ist. Das Backpapier entfernen und die Karamellmasse 20–30 Minuten abkühlen lassen. Mit einem scharfen Messer zunächst in 8–10 mm breite Streifen, dann zu Würfelchen schneiden.

Mehrere Stunden lang auskühlen lassen und die Karamellen in einen luftdichten Behälter umfüllen.

Wer will, kann die Masse nach dem Ausrollen mit Fleur-de-Sel-Flocken oder Sesam bestreuen.

SALZZITRONEN

In der marokkanischen Küche werden Salzzitronen für vielerlei Fleisch- und Fischgerichte, für Eintöpfe und zum Verfeinern von Couscous verwendet. Durch den Salzgehalt halten die Zitronen, kühl und dunkel gelagert, bis zu einem Jahr, angebrochene Gläser im Kühlschrank einige Monate lang, sie sollten dabei immer mit etwas Flüssigkeit oder Öl bedeckt sein, um Schimmelbildung zu vermeiden. Es lohnt sich, größere Mengen herzustellen, zumal sie sich auch sehr gut zum Verschenken eignen.

Zubereitungszeit: 3–4 Wochen (netto 40 Minuten)

Für 6 Salzzitronen

6 kleine Bio-Zitronen
90 g grobes Meersalz
1 TL schwarze Pfefferkörner
3 Lorbeerblätter
1–2 kleine Zweige Rosmarin
3 Zitronen für den Sud
75 g Olivenöl, beste Qualität

Außerdem

1–2 Einweckgläser, je nach Größe
1–2 saubere flache Steine, kleine Untertassen o.a. zum Beschweren

Die Bio-Zitronen heiß abwaschen, abtrocknen und die Spitzen bis zum Fruchtfleisch abschneiden. Dafür ein ausreichend großes Schneidebrett verwenden, um den Zitronensaft aufzufangen.

Nun die Zitronen längs vier- bis sechsmal bis zum Fruchtfleisch einschneiden. Reichlich Meersalz in die Einschnitte der Zitronen stopfen.

Die Einweckgläser mit kochendem Wasser sterilisieren. Die Zitronen dicht an dicht hineingeben, den aufgefangenen Zitronensaft, das restliche Salz und die Pfefferkörner dazwischen streuen, die Lorbeerblätter und die Rosmarinzweige dazwischen stecken. Nun kommen die Gläser für 24 Stunden in den Kühlschrank, um die Zitronen Saft ziehen zu lassen.

Am nächsten Tag die restlichen Zitronen auspressen und den Saft in die Gläser verteilen. Die Zitronen mit einem flachen Stein, einer kleinen Untertasse o.a. beschweren, damit die Zitronen später im Glas nicht aufsteigen können. Mit kochendem Wasser bis kurz unter die Oberkante der Zitronen auffüllen, dann mit Olivenöl abdecken.

3–4 Wochen an einem dunklen, kühlen Ort reifen lassen, die Gläser dabei ab und zu leicht durchschütteln.

SCHNITTLAUCH-DIP

Dieser Dip passt natürlich nicht nur zu den Spargel-Knusperstangen, sondern ist vielfältig zum Tunken mit Brot oder rohen Gemüsesticks geeignet, ebenso zu Grillfleisch.

Zubereitungszeit: 10 Minuten

Für ca. 300 g

250 g Quark
1–2 EL Olivenöl
1 EL Zitronensaft
Salz, Pfeffer und etwas Zucker nach Geschmack
½ Bund Schnittlauch, fein geschnitten

Alle Zutaten bis auf den Schnittlauch verrühren, zum Schluss den fein geschnittenen Schnittlauch untermengen. Die Menge des Öls richtet sich nach der von Ihnen gewünschten Konsistenz. Wenn Sie den Dip etwas grüner haben möchten, können Sie statt des Olivenöls Petersilienöl (Seite 193) verwenden.

SCHWARZE NÜSSE

Die Zubereitung ist recht aufwändig, aber die Mühe lohnt sich absolut. Die durch den Gewürzsirup kandierten Nüsse werden nach ihrer Reifezeit in dünne Scheiben geschnitten und zu Wild und dunklem Fleisch, zu Käse oder (zusammen mit dem Sud) als Dekoration auf Desserts gegessen. Auch auf winterlichen Salaten machen sie sich hervorragend und sind zudem eine Augenweide. Die Nüsse werden vor dem Johannistag (24. Juni) geerntet, die eigentliche Nussschale im Fruchtkörper darf noch nicht begonnen haben zu verholzen, die Nüsse müssen sich also noch leicht durchstechen lassen.

Zubereitungszeit: 2–3 Wochen (netto 3–4 Stunden)
Reifezeit: mindestens 6 Monate

Für 25–30 Gläschen à 5–6 Nüsse

- 2,5 kg grüne Walnüsse (ca. 150 Stück)
- 4 Bio-Zitronen
- 75 ml starken Espresso
- 4 Zimtstangen
- 2–3 Vanilleschoten (je nach Größe)
- 2,5 l Wasser
- 1 kg Gelierzucker
- 1,65 kg Einmachzucker (oder normalen)
- 20 Gewürznelken
- ½ TL Salz
- 1 geh. TL Pimentkörner
- 1 große Msp. geriebene Muskatblüte
- 2 Msp. Chilipulver

Die Nüsse waschen und mit einer Rouladennadel, dünnen Stricknadel, Schaschlikspieß o.ä. rundherum jeweils etwa 15–20 Mal bis etwa zur Nussmitte einstechen. Dabei unbedingt Gummihandschuhe tragen – die Hände und Fingernägel werden ansonsten schwarz, und es dauert viele Wochen, bis die Hände wieder normal aussehen.

Die Nüsse in einer Glas- oder Metallschüssel oder einem großen Kochtopf mit kaltem Wasser bedecken und 2–3 Wochen lang wässern. Vorsicht: Keramikschüsseln könnten sich verfärben! In den ersten 10 Tagen zweimal pro Tag das Wasser wechseln, dann einmal täglich. Die Nüsse verfärben sich schwarz, und das anfangs ebenfalls dunkle Wasser wird im Laufe der Zeit immer klarer.

Frühzeitig Gläser mit Twist-Off-Deckeln besorgen – ich nehme Gläser mit einem Fassungsvermögen von etwa 250 ml.

Nun werden die Nüsse in einem Topf mit kaltem Wasser aufgesetzt und zum Kochen gebracht. 10–15 Minuten köcheln lassen, in ein Sieb kippen und mit reichlich kaltem Wasser abschrecken.

Währenddessen den Gewürzsirup zubereiten: Die Zitronen mit einem Sparschäler schälen, die Schalen in etwas kleinere Stücke schneiden. Den Saft aus den Zitronen pressen. 75 g Espresso zubereiten. Die Zimtstangen im Mörser ein wenig zerkleinern. Die Vanilleschoten längs aufschlitzen und ebenfalls in kleinere Stücke schneiden.

2,5 Liter Wasser zusammen mit dem Gelierzucker, 1,5 kg Einmachzucker, Espresso, Zitronensaft und den Gewürzen zum Kochen bringen. Eine halbe Stunde leicht vor sich hinsimmern lassen.

Dann die Nüsse dazugeben und 10–15 Minuten leicht köcheln lassen. Abgedeckt bis zum nächsten Tag abkühlen lassen.

Nun werden die Nüsse in ein Sieb geschüttet und der Sud dabei aufgefangen. Diesen zusammen mit den restlichen 150 g Einmachzucker wieder zum Köcheln bringen, die Nüsse hineingeben und nochmals einen Tag ziehen lassen.

Nun werden die Nüsse im Sud letztmals sachte erhitzt, dann mitsamt den Gewürzen auf die Gläser verteilt und mit dem Sud bis etwa 1 cm unter den Rand der Gläser aufgefüllt.

Zur Sicherheit sterilisieren wir die Gläser samt Inhalt noch, indem wir sie mit leicht aufgelegten Deckeln auf Backblechen in den auf 85 °C vorgeheizten Ofen stellen. Nach 30–45 Minuten verschließen wir die Gläser und lassen sie abkühlen.

Nun müssen die Nüsse mindestens 6 Monate reifen – pünktlich also zur Weihnachtszeit und für das winterliche Gewürzbrot sind sie genussfertig. Die Nüsse werden aber im Laufe der Jahre – manche schwören auf eine Reifezeit von 3–12 Jahren – immer besser.

An Sud stelle ich lieber zu viel als zu wenig her, da die benötigte Menge von den verwendeten Gläsern und der Größe der Nüsse abhängt. Übrigen Sud wecke oder friere ich ein und verwende ihn dann beispielsweise für Pflaumen- oder Apfelkompott.

Hinweis

Die Zutatenmengen mögen Ihnen recht hoch erscheinen, doch einerseits halten die Nüsse sehr lange, andererseits haben Sie immer nette und originelle Mitbringsel zur Hand. Also auf geht's in die Massenproduktion.

SESAMKROKANT

Nach diesem Rezept können Sie jegliche Arten von Krokant, beispielsweise Mandel- oder Nusskrokant, herstellen. Dafür die Nüsse zunächst grob hacken und erst dann anrösten.

Zubereitungszeit: 35 Minuten

Für gut 150 g

60 g Sesam schwarz (oder hell)
30 g Wasser
100 g Zucker
10 g Butter

Ein Backblech im Ofen auf 200 °C vorheizen. Zwei Stücke Backpapier sowie ein Nudelholz bereitlegen.

Sesam ohne Fett so lange rösten, bis er duftet und leichte Knistergeräusche von sich gibt. Wasser und Zucker in einem Topf erhitzen und bei mittlerer Temperatur unter Rühren karamellisieren lassen. Die Masse wird zunächst fest und schmilzt dann wieder. Sobald sie beginnt, braun zu werden, die Butter und den Sesam unterrühren.

In dem Moment, da der Zucker eine schöne Karamellfarbe annimmt, das Blech aus dem Ofen nehmen, umgedreht auf eine hitzebeständige Unterlage legen und ein Backpapier darauf ausbreiten. Die Karamellmasse daraufgießen, das zweite Backpapier auflegen und die Masse sofort mit dem Nudelholz auf einige Millimeter Dicke ausrollen. Das vorgeheizte Backblech dient dazu, dass die Masse nicht sofort erstarrt, sondern sich leichter ausrollen lässt. Das Backpapier vorsichtig entfernen (es klebt ein bisschen an) und die Masse noch heiß mit einem angefeuchteten Messer in Stücke schneiden. Abkühlen lassen.

TOMATEN TROCKNEN UND EINLEGEN

Bevor wir uns über die Zumutung einer zu reichlichen Tomatenernte ärgern, trocknen wir sie lieber und legen sie dann gegebenenfalls ein. So halten die Tomaten bis zu einem Jahr lang.

Zubereitungszeit: 8 ½–12 ½ Stunden (netto 30 Minuten)
Reifezeit: mindestens 2 Wochen

Für 200 g (Abtropfgewicht)

2 kg vollreife Tomaten
20 Basilikumblätter oder andere frische oder getrocknete Kräuter
2–3 Knoblauchzehen
1 EL Kapern
140–200 g Olivenöl, beste Qualität

Für 200 g getrocknete Tomaten benötigen wir etwa 2 kg frische Tomaten. Diese werden gewaschen, die Stielansätze entfernt, je nach Größe halbiert oder geviertelt und mit der Schnittfläche nach oben auf ein mit Backpapier ausgelegtes Backblech gelegt. Bei 80 °C (Umluft) je nach Größe der Tomaten 8–12 Stunden trocknen, dabei die Ofentüre einen Spalt offen lassen (Kochlöffel einklemmen), damit der Wasserdampf entweichen kann. Ab und zu die Tomaten wenden. Backhausbesitzer stellen das Blech mit den Tomaten am Morgen nach dem Backtag in die Resthitze des Backhauses. Hier sorgt das Gewölbe des Backraumes für die Aufnahme der Feuchtigkeit.

Basilikum oder andere Kräuter in grobe Stücke rupfen. Die Knoblauchzehen schälen und in Scheiben schneiden. Nun werden die Tomaten schichtweise in ein Glas gefüllt. Jede Schicht mit einigen Kapern, Kräutern und Knoblauchscheiben bedecken. Den Inhalt des Glases mit einem Löffel etwas andrücken, um Hohlräume zu verringern. Mit dem Olivenöl auffüllen, bis die Tomaten mit Öl bedeckt sind. An einem kühlen, dunklen Ort mindestens zwei Wochen durchziehen lassen.

GRUNDZUTATEN

Ein keines Glossar über das Sammeln und Weiterverarbeiten von Grundzutaten, dazu Hinweise, wofür Sie diese außer zum Backen verwenden können.

Altbrot

Hierbei handelt es sich um Semmel- oder Brotbrösel, für deren Herstellung wir Brotreste verwenden. Als Quellstück angesetzt, bereichern Altbrotbrösel das Brot mit zusätzlichem Aroma, machen es saftiger und somit haltbarer.

Schneiden Sie übrig gebliebenes Brot zunächst in Scheiben, dann in Würfel und lagern Sie diese an einem trockenen Ort in einem Baumwollbeutel, bis Sie eine lohnenswerte Menge beisammen haben. Verteilen Sie die Brotwürfel auf einem Backblech und rösten diese im Backofen bei 160 °C so lange, bis die Würfel goldbraun sind. Nun können Sie die Brotwürfel in der Küchenmaschine fein mahlen, jedoch etwas gröber als Mehl.

Bäckerglanz

Die Gebäcke werden unmittelbar nach dem Backen mit Bäckerglanz eingepinselt, um einen schönen Glanz zu erzeugen oder um Dekorationselemente, welche beim Backen verbrennen würden, nachträglich aufzubringen.

150 g Wasser zum Kochen bringen. Inzwischen 8 g Speisestärke mit 10 g kaltem Wasser klümpchenfrei glattrühren und mit einem Schneebesen in das kochende Wasser einrühren. 1 Minute leicht köcheln lassen, dabei ständig umrühren. Abgedeckt abkühlen lassen. Vor der Verwendung nochmals kräftig durchmischen.

Die Menge reicht für mehrere Laibe Brot. Bäckerglanz hält im Kühlschrank einige Tage lang.

Birkenwasser/Birkensirup

Es handelt sich um eine klare, ganz leicht süßliche Flüssigkeit, welcher gesundheitsfördernde Eigenschaften zugeschrieben werden. Birkenwasser kann man online oder in Drogeriemärkten kaufen, doch auch selbst zapfen. Je nach Witterung kann der Saft etwa von Anfang März bis Mitte April gewonnen werden, in jedem Fall, bevor die Birke austreibt. Selbst gezapfter Saft hält im Kühlschrank mehrere Tage.

In jedem Fall sollte man den Besitzer der Bäume vorher um Erlaubnis fragen. Ich beschreibe hier eine möglichst schonende Anleitung zum Zapfen von Birkenwasser, welche der Birke absolut nicht schadet. Von manchen Videoanleitungen im Internet rate ich dringend ab, da – beispielsweise durch Bohren von Löchern mit mehreren Zentimetern Durchmesser – den Bäumen großer Schaden zugefügt wird. Wir zapfen lieber langsamer, dafür schonender. Wir entnehmen jedem Baum nur einige Liter Saft, verschließen die Bohrlöcher durch einen passenden Holzpfropfen oder Baumwachs, damit er nicht „ausblutet". Außerdem lassen wir den Baum dann für einige Jahre in Ruhe. Sie benötigen folgendes Equipment:

- Akku- oder Handbohrmaschine
- Holzbohrer, 5 mm Durchmesser
- Trinkhalm mit Gelenk, 5 mm Durchmesser
- Flasche mit Bügelverschluss, mindestens 1 Liter Fassungsvermögen
- einen großen Nagel
- Hammer
- Watte oder ein Stück Baumwolltuch
- Holzpfropfen, 5 mm dick, oder Baumwachs

In den Stamm einer möglichst großen Birke ein Loch von etwa 1–3 cm Tiefe bohren, je nach Dicke der Borke. Den Trinkhalm 5–10 mm einführen und am Gelenk senkrecht nach unten biegen. Den Trinkhalm in den Flaschenhals stecken und den Nagel in einer Höhe in den Baumstamm schlagen, dass man die Flasche an ihrem Bügel daran aufhängen kann. Nun muss der Flaschenhals mit etwas Watte oder einem Tuchstück gut verschlossen werden. Denn Ameisen lieben Birkenwasser und ertrinken sonst in der Flasche. Nun regelmäßig prüfen, wann die Flasche voll ist. An guten Tagen kann man pro Zapfstelle etwa einen Liter Birkensaft tanken. Zum Schluss, wie oben beschrieben, das Loch ordentlich verschließen.

Weitere Möglichkeiten bestehen darin, einen dicken Ast an seiner Unterseite anzubohren oder ein Stück eines Astes abzuschneiden. Hier tropft das Birkenwasser aus der Schnittstelle, der Ast muss jetzt nur noch in den Flaschenhals gesteckt werden.

Birkensirup schmeckt ähnlich wie Ahornsirup, nur säuerlicher. Dazu das Birkenwasser in einen möglichst großen Topf schütten und bei niedriger Temperatur über viele Stunden so lange einköcheln lassen, bis ein Sirup entsteht, welcher die Konsistenz etwa von Ahornsirup oder sehr dünnflüssigem Honig aufweist. Noch heiß in Gläser oder Fläschchen füllen und kühl lagern. Für 100 g Birkensirup werden etwa 10–12 Liter Birkenwasser benötigt.

Blüten, essbare

Sollten Sie keine Möglichkeit haben, Blüten selbst zu sammeln und zu trocknen, so finden Sie im Online- oder Fachhandel eine große Auswahl an verschiedenen essbaren Blüten oder auch fertige Blütenmischungen.

Bitte machen Sie sich vor dem Sammeln unbedingt kundig, ähnlich wie bei Pilzen, welche essbar sind. Die Blüten werden auf einem Backblech ausgebreitet und bei warmem Wetter an einem windgeschützten Ort im Schatten getrocknet; in der Sonne könnten die Blüten ausbleichen. Hilfreich ist hier ein Lochbackblech zum Abdecken, damit die Blüten nicht fortgeweht werden. Nach dem Trocknen die Blüten gegebenenfalls etwas zerkleinern und in Gläsern aufbewahren. Diese sollten lichtgeschützt sein oder aber an einem dunklen Ort aufbewahrt werden.

Vielerlei Blüten sind essbar, hier nur einige Beispiele: Kornblumen, Ringelblumen, Rosenblüten, Pfingstrosen, Kamilleblüten, Kapuzinerkresse, Sonnenblumen (die Blätter können allerdings etwas ledrig werden). Die Blüten vieler Kräuter können ebenfalls gut getrocknet werden und schmecken meist sehr aromatisch, wie beispielsweise Borretsch- oder Lavendelblüten. Für Grüntöne können Sie sehr junges Birkenlaub oder junge Brombeerblätter trocknen.

Brombeerpüree

Zur Brombeersaison ernte ich immer große Mengen und verarbeite sie zu reinem Püree, welches ich portionsweise einfriere. Dieses Püree im Haus zu haben, ermöglicht uns nicht nur die spontane Produktion von Brombeerbrot, sondern auch von Fruchtspiegeln, Brombeereis, Marmelade oder Cronuts-Füllungen.

Die Beeren werden in einen Topf gefüllt, etwas zerstampft und einige Minuten lang geköchelt. Die Masse etwas abgekühlt durch ein Sieb streichen, um die lästigen Brombeerkerne zu entfernen. Sie müssen damit rechnen, dass von den Beeren nur noch etwa die Hälfte an Püree übrig bleibt.

Bucheckern

Hierbei handelt es sich um die Früchte der Rotbuche. Gerade nach heißen, trockenen Sommern lassen sich Bucheckern ab September in großen Mengen sammeln, wobei die Buchen nur alle fünf bis acht Jahre einen reichen Fruchtertrag aufweisen. Das frühzeitige Auslegen von feinen Netzen unter dem Baum erspart beim Sammeln viel Mühe. Hohle Bucheckern lassen sich durch gezieltes Pusten aussortieren, oder aber man gibt sie in eine große Schüssel mit kaltem Wasser. Die hohlen Früchte schwimmen dann obenauf und können abgeschöpft werden.

Verteilen Sie die ungeschälten Bucheckern auf einem Backblech und rösten Sie diese bei 180 °C etwa 10–20 Minuten lang, die Kerne sollten dann leicht goldbraun sein. Öffnen Sie ab und zu probeweise eine Buchecker, um festzustellen, wie weit der Röstvorgang fortgeschritten ist. Geröstet lassen sich die Nüsschen leicht mit einem Fingernagel knacken. Um die braunen Häutchen zu entfernen, geben Sie die geschälten Bucheckern portionsweise in ein Geschirrtuch und rubbeln die Häutchen ab.

Durch das Rösten gewinnen die Bucheckern nicht nur an Aroma, sondern es wird auch der leicht toxische Wirkstoff Fagin abgebaut. Rohe Bucheckern sollten Sie nur in kleinen Mengen genießen. Außer in Bucheckernbrot schmecken die Nüsschen hervorragend als Topping auf Salat oder Gemüse und können auch zu einem schmackhaften Pesto verarbeitet werden.

Eichelmehl

Die Eicheln entweder einige Tage in der Sonne trocknen lassen oder bei 160 °C im Ofen so lange rösten, bis die Schalen mürbe werden. Mit den Fingern oder einem Nussknacker öffnen und die Kerne in der Küchenmaschine zu Schrot verarbeiten.

Da Eicheln einen hohen Anteil Tannine (Bitterstoffe) besitzen, müssen sie gewässert werden, um den größten Teil der Bitterstoffe auszuspülen. Dazu den Schrot in einen Baumwollbeutel füllen und für mindestens einige Tage in eine große Schüssel mit Wasser hängen. Das Wasser regelmäßig austauschen, bis es klar bleibt. Gut geeignet zum Ausspülen der Tannine sind auch Regentonnen, in die man den Beutel für einige Tage oder Wochen hängt, oder aber, falls vorhanden, ein klarer Gebirgsbach.

Der Schrot wird nun getrocknet (in der Sonne, im Ofen oder Dörrautomat bei niedriger Temperatur oder in der Resthitze des Backhauses oder Steinbackofens) und zu Mehl vermahlen. Das Mehl hat einen bitter-nussigen Geschmack und kann zum Backen verwendet werden, aber auch zum Abschmecken von Suppen und Saucen. In einer Pfanne ohne Fett angeröstet und mit heißem Wasser aufgegossen, erhält man einen koffeinfreien Eichelkaffee, welcher früher als Kaffeeersatz getrunken wurde und unter dem Namen „Muckefuck“ bekannt ist.

Heu

Wer keine ungedüngten Wiesen in seiner Nähe hat, auf denen man selbst Heu ernten und dann trocknen kann, kann auf Produkte aus dem Supermarkt oder Zoofachhandel zurückgreifen. Dort gibt es Heu in Bioqualität als Hasen- und Kaninchenfutter, welches Sie völlig unbedenklich für die Zubereitung von Heusuppe oder Heubrot verwenden können. Hier gibt es mitunter eine große Auswahl von normalem Heu für arme Hasen bis hin zu Heu mit Kräutern und Blüten für Luxushasen.

Hopfensprossen

Wilder Hopfen wächst bevorzugt in Auwäldern. Man erkennt ihn leicht, weil sich die dünnen, lianenartigen, im Laufe des Winters abgestorbenen Pflanzenteile bis in die Kronen der Bäume hinaufranken. Im Frühjahr etwa ab Mitte März treiben die Pflanzen am Boden neu aus. Die Spitzen dieser Triebe können wir ernten, indem wir die jungen Triebe etwa 20 cm unterhalb ihres Endes zwischen die Finger nehmen und an der „Sollbruchstelle“ abbrechen. Während die verbleibenden Triebe für den Verzehr bereits zu holzig sind, sind die gesammelten Spitzen der Triebe zart und schmecken ähnlich wie grüner Spargel. Kleine Blättchen können mitverzehrt werden. Einige Minuten in einer Pfanne mit etwas Butter geschwenkt, mit Meersalz und frisch gemahlenem Pfeffer gewürzt, erhalten Sie ein wunderbares Gemüse aus der freien Natur.

Joghurt

In allen Rezepten gebe ich „Joghurt griechische Art“ an, denn dieser enthält im Gegensatz zu anderen stets einen ähnlichen Wasseranteil und Fettgehalt. Stattdessen können Sie auch Joghurt nach bulgarischer Art verwenden, welcher eine ähnliche Konsistenz aufweist. Wenn Sie normalen Joghurt verwenden, sollten Sie die Menge zunächst etwas niedriger dosieren und bei Bedarf während des Knetvorgangs noch löffelweise Joghurt hinzufügen.

Kastanien/Maronen

Frische, selbst gegarte Kastanien schmecken deutlich besser als die in Supermärkten angebotenen vakuumierten, welche schon geschält und vorgegart sind. Es lohnt sich, eine größere Menge Kastanienpüree, wie im Maronenbrot-Rezept beschrieben, herzustellen, weil dieses vielfältig zu Desserts verarbeitet werden kann.

Die Kastanien kreuzweise einschneiden, am besten geht dies mit einem Cutter oder sehr guten Teppichmesser. In gesalzenem Wasser je nach Größe 30–45 Minuten köcheln lassen. Die Kastanien sind gar, sobald sich die Schale an den Einschnitten aufwölbt. Nicht abschrecken, sondern in noch warmem Zustand die äußere Schale sowie die Fruchthaut entfernen.

Knoblauch, schwarzer

Hierbei handelt es sich um normalen Knoblauch, welcher über einen Zeitraum von 40–90 Tagen bei erhöhter Luftfeuchtigkeit und bei durchgehend etwa 65–80 °C fermentiert wird. Dadurch tritt eine Maillard-Reaktion ein, durch die sich der Knoblauch schwarz färbt, weich und leicht klebrig wird. Der Geschmack ist süßlich mit leichten Lakritzaromen und zählt zu den Umami-Geschmacksrichtungen. Er ist vielfach einsetzbar für Aufstriche und Marinaden oder als natürlicher Geschmacksverstärker. Schwarzer Knoblauch enthält etwa zehnmal mehr Antioxidantien als frischer, vermag also auch manchem Virus den Garaus zu machen.

Da es fermentierten Knoblauch mittlerweile vielerorts zu kaufen gibt und sich eine Eigenproduktion nur bei größeren Mengen lohnt, möchte ich diese hier nicht näher erläutern. Nur so viel: Wer über keine Fermentationskammer verfügt, kann sich mit einem Dörrautomaten oder Reiskocher, auf Warmhaltefunktion eingestellt, behelfen. Anleitungen zum Fermentieren finden Sie im Internet.

Maiwipferl

Unter Maiwipferl versteht man die hellgrünen, frischen Triebe von Fichten oder Tannen, welche je nach Witterung etwa von April bis Mai gesammelt werden können. Sollten Sie sich mit Nadelgehölzen nicht auskennen, lassen Sie sich bitte vor dem Sammeln von einem Förster oder anderen botanisch Kundigen beraten.

Außer zum Backen kann man Maiwipferl zu Sirup, Gelee, Hustensaft oder Likör verarbeiten. Fein gehackt und mit Meersalz vermengt, ergeben sie ein tolles Gewürzsalz.

Die Wipferl werden einfach von den Zweigen gezupft und in einen Stoffbeutel gesammelt. Bitte pflücken Sie von jedem Zweig nur einige Triebe, um den Baum zu schonen, und auf gar keinen Fall die Wipferl am Ende der Äste, da sonst das Wachsen des Baumes eingeschränkt wird.

Natriumhydroxid

Auch Ätznatron genannt. Wird zum Anrühren von Brezenlauge verwendet und ist in Apotheken erhältlich. Stattdessen können Sie auch Laugenperlen kaufen. Bitte nicht mit Haushaltsnatron verwechseln, welches nur bedingt zum Laugen geeignet ist. Fertig angerührte Lauge kann in Glasflaschen aufbewahrt und noch mehrmals verwendet werden. Das Natriumhydroxid unbedingt kindersicher aufbewahren. Zum Verarbeiten sind Schutzhandschuhe und gegebenenfalls eine Schutzbrille zu verwenden. Das Pulver nicht in heißes, sondern nur leicht temperiertes Wasser einrühren.

Olivensamen

Hierbei handelt es sich um die Samenkörner, welche sich in den Olivenkernen befinden. Der Geschmack ist außergewöhnlich, sehr würzig, natürlich mit Oliven-, aber auch mit Kaffeearomen. Außerdem besitzen sie eine leichte Schärfe sowie Bitterstoffe. Aufgrund der Geschmacksintensität sollten die Samen sehr vorsichtig dosiert eingesetzt werden.

Spinatmatte

Diese Samen selbst zu gewinnen, ist sehr aufwändig, deshalb empfehle ich, sie im Internethandel zu kaufen. Die Samen werden getrocknet angeboten, und zwar im Ganzen oder in bereits pulverisierter Form.

Quendel

Bei Quendel handelt es sich um wilden Thymian, welcher häufig aromatischer ist als andere Thymiansorten. Sie erkennen ihn leicht an seinem thymianartigen Aussehen und am Geruch, wenn Sie einige Blättchen zwischen den Fingern verreiben. Quendel bevorzugt magere oder sandige Böden. Wilden Thymian können Sie an Wegrändern oder in trockenen, sonnigen Wiesen finden. Meinen habe ich an den Rändern eines Bahndamms entdeckt, welcher seit vielen Jahren nicht mehr gepflegt wird und daher dort ein vielfältiges, naturbelassenes Biotop entstanden ist.

Ruchmehl

Die Rezepte in diesem Buch sind auf die Verwendung von Ruchmehl aus der Schweiz ausgelegt. Deutsche Ruchmehle binden in der Regel – ebenso wie Weizenmehl – deutlich weniger Wasser. Deshalb sollten Sie, wenn Sie statt Schweizer Ruchmehl ein deutsches oder gar Weizenmehl verwenden, das Schüttwasser im Hauptteig zunächst deutlich niedriger dosieren und im Laufe des Knetvorganges gegebenenfalls in kleinen Schritten erhöhen.

Salz

An der Qualität von Salz sollte man bei der kleinen Menge, die man zum Backen benötigt und der vielen Arbeit (aber vor allem natürlich Freude), die das Backen bereitet, nicht sparen. Verwenden Sie keine übertrieben teuren Salze (z. B. Fleur de Sel), doch möglichst unbehandelte, hochwertige Stein-, Ur- oder Meersalze. Ich selbst backe seit vielen Jahren mit einem handgeernteten und sonnengetrockneten Meersalz aus Südafrika, welches ich auch in meinem Shop anbiete.

Spinatmatte

Hierbei handelt es sich um eine aus Spinat extrahierte Paste, welche einen besonders hohen Anteil an Chlorophyll enthält. Sie ist zum natürlichen Färben von Lebensmitteln wie Nudelteig, Brotteig, Saucen, Suppen u.a. geeignet und sogar farbintensiver, als die meisten künstlichen Lebensmittelfarben. Hier lohnt es sich, eine größere Menge herzustellen. Im Kühlschrank hält die Spinatmatte eine gute Woche, man kann sie aber auch einfrieren. Ebenfalls kann man die Masse, dünn auf Backpapier gestrichen, trocknen und dann pulverisieren. In einem lichtgeschützten Behälter aufbewahren, sonst bleicht das Pulver aus. Zubereitung siehe folgende Seite.

1 Kilogramm frischen Spinat (bei Verwendung von Tiefkühl-Spinat diesen zunächst auftauen lassen) möglichst fein pürieren. Das geht am besten in einer Küchenmaschine oder im Mixbecher. Bei Verwendung eines Pürierstabs muss etwas Wasser dazugegeben werden. Durch den Püriervorgang werden die Pflanzenzellen aufgebrochen und somit das Chlorophyll freigesetzt.

Das Püree am besten über Nacht unter gelegentlichem Wenden in einem feinen Passiersieb abtropfen lassen, dabei die Flüssigkeit auffangen. Die übrige Masse kann entsorgt, gegessen oder aber anstatt des Schüttwassers für Spinatbrot verwendet werden.

Die aufgefangene Flüssigkeit, in der sich nun ein Großteil des Chlorophylls befindet, behutsam auf etwa 80 °C erhitzen. Hierbei flockt das Chlorophyll aus. In ein Küchensieb mit Mull- oder Geschirrtuch geben und abtropfen lassen. Die Flüssigkeit wegschütten, im Tuch verbleibt die Spinatmatte.

Steinpilzmehl/Pilzpulver

Steinpilzmehl ist ein sehr aromatisches Allround-Würzmittel, nicht nur zum Backen: Für Nudelteig, Risottos, als natürlicher Geschmacksverstärker für Pilzsaucen und -suppen. Meine Gäste fragen mich immer, wie ich es schaffe, dass meine Pilzsaucen so aromatisch sind. Großes Pilzsaucengeheimnis. Aber auch jegliche Arten von Ragouts, Hackfleischsaucen u.v.m. erhalten durch Zugabe von etwas Steinpilzmehl eine geschmackliche Tiefe.

Die Pilze mit einem Pinsel reinigen, wurmige Stellen entfernen und in 3–4 mm dicke Scheiben schneiden. Auf mit Backpapier ausgelegte Backbleche verteilen und bei 40 °C Umluft trocknen, dabei die Ofentür einen Spalt geöffnet lassen (Kochlöffel dazwischenklemmen). Die Pilze ab und zu wenden. Einfacher funktioniert das Trocknen im Dörrautomat bei ebenfalls 40 °C, auch bleiben hier die Aromen besser erhalten. Ich selbst trockne Pilze immer in der Resthitze meines Backhauses bei 50 °C abfallender Resttemperatur. Hierbei sorgt das Ziegelgewölbe für die Aufnahme der Feuchtigkeit.

Sobald die Pilze staubtrocken sind und keinerlei Flüssigkeit mehr enthalten, werden sie portionsweise im Mixbecher oder einer Schlagwerk-Kaffeemühle zu möglichst feinem Mehl gemahlen. In Gläsern, am besten im Dunkeln aufbewahrt, hält das Pilzpulver viele Jahre.

Tomatenkerne

Möchte man diese Samen selbst gewinnen, ist Geduld gefragt. Den Glibber aus dem Inneren der Tomaten mitsamt den Kernen in kaltes Wasser geben, Glibber und Fruchtfleischreste abwaschen, dann die Kerne auf einem Backpapier trocknen lassen. Kleine Reste von Fruchtfleisch stören dabei nicht. Ohne Fett in der Pfanne geröstet, ergeben sie auch ein tolles Topping für Salate, Desserts oder andere Speisen.

Weizenmehl 812

Diese Mehltype wird eher selten angeboten. Stattdessen können Sie Weizenmehl 550 und Weizenmehl 1050 im Verhältnis 1:1 mischen.

Wildkräuter

Ein so umfassendes, interessantes und spannendes Thema, dass es unmöglich ist, hier näher darauf einzugehen, nur so viel: Selbstverständlich können Sie die Wildkräuter ganz nach Belieben durch andere Garten- und Küchenkräuter ersetzen und kreieren je nach Zusammenstellung jedes Mal ein anderes Geschmackserlebnis. Im Übrigen ist das Ulmer Verlagshaus ganz besonders spezialisiert auf Bücher zu den Themen Wildkräuter entdecken, sammeln und verarbeiten.

Wildsamen

Wildsamen können selbstverständlich nicht nur zum Backen verwendet werden, sondern auch als Topping für Salat und Gemüse, für Wildsamenbutter oder Frischkäsezubereitungen. Hier beschreibe ich exemplarisch das Sammeln und Verarbeiten von vier verschiedenen Wildsamen. Zum Vertiefen des Themas empfehle ich das Buch „Essbare Wildsamen" von Anke Höller und Doris Grappendorf, Ulmer 2019.

BRENNNESSELSAMEN

Diese schmecken sehr intensiv nach Brennnesseln und sind wie fast alle Wildsamen äußerst gesund. Außer zum Backen können die Samen beispielsweise für Kräuterquark und -butter eingesetzt werden. Die Samen werden in den Monaten August bis Oktober gesammelt, am besten mittags oder nachmittags, wenn die Samenstände trocken sind. Es gibt weibliche und männliche Brennnesseln, wobei die weiblichen Pflanzen deutlich mehr Samen produzieren. Sie erkennen sie daran, dass sie von der Pflanze herabhängen, anstatt horizontal vom Stängel abzustehen.

Die Samenstände abschneiden, die Samen aus den Rispen herausstreifen und trocknen lassen. Durch Sieben können Sie dann die Samen von den Samenhüllen trennen. Brennnesselsamen gibt es auch in Apotheken oder im Internethandel zu kaufen.

FICHTEN-/TANNENSAMEN

Die Samen schmecken nussig-harzig. Die Gewinnung ist recht aufwändig. Möglichst geschlossene Zapfen sammeln, am besten nach einem Sturm, da finden Sie große Mengen Zapfen oder sogar abgebrochene Baumkronen,

1 *Springkrautsamen* 2 *Hagebuttenkerne* 3 *Brennnesselsamen* 4 *Fichten-/Tannensamen*

von denen Sie ganz gemütlich die Zapfen ernten können. In bereits geöffneten Zapfen finden sich manchmal kleine Käfer, die wir verschonen wollen. Die Zapfen für einige Tage an einen warmen Ort legen, bis sie sich geöffnet haben. Nun werden die Samen aus den Zapfen geklopft und müssen von ihren Flügelblättern befreit werden. Dazu die Samen portionsweise auf die Handfläche oder in ein Geschirrtuch geben, die Flügelblätter abrubbeln und vorsichtig wegpusten.

HAGEBUTTENKERNE

Diese bleiben beispielsweise beim Backen des Hagebuttenbrotes übrig und sind viel zu schade, entsorgt zu werden. Die Hagebutten werden halbiert und das Innere mit einem Mokkalöffelchen herausgeschabt. Die Kerne in einer Pfanne ohne Fett goldbraun rösten, dann in ein Geschirrtuch einschlagen. Durch leichtes Reiben bleiben die juckenden Härchen im Tuch hängen, und die Kerne können in einer Schlagwerk-Kaffeemühle zu Mehl verarbeitet werden. Im Ganzen sind die Kerne nicht genießbzw. beißbar. Das Mehl schmeckt leicht säuerlich und enthält viele wertvolle Inhaltsstoffe.

SPRINGKRAUTSAMEN

Sowohl die Samenkörner des europäischen (gelbblühenden) als auch des indischen (rosarot oder purpurfarben blühenden) Springkrauts sind essbar und haben einen nussigen Geschmack. Im Gegensatz zu den übrigen Pflanzenteilen des Springkrauts sind die Samen nicht toxisch. Die Samen, leicht angeröstet, können in Müslis, zu Salat und Gemüse, aber natürlich auch zum Backen verwendet werden. Die Samen werden im September oder Oktober gesammelt. Da die Samenstände bei leichter Berührung aufplatzen und die Samen davonhüpfen, was infantile Gefühle in uns erweckt, müssen die Samenstände behutsam in eine große Tüte gesteckt werden. Dann die Pflanze schütteln, und die Samen hüpfen freudig in die Tüte. Ausgebreitet etwas trocknen lassen und die Samen unter Zuhilfenahme eines Siebes oder von Hand von den Samenhüllen trennen.

SCHRITT-FÜR-SCHRITT

In diesem Kapitel finden Sie ausführliche Anleitungen in Wort und Bild, wie Sie etwas kompliziertere Gebäcke herstellen und formen können, darüber hinaus eine detaillierte Beschreibung zur Produktion von Backmalz.

BAGUETTES FORMEN UND EINSCHNEIDEN

Hierfür gibt es viele verschiedene Techniken und Vorlieben. Im Folgenden beschreibe ich meine persönliche Methode, die ich auch in meinen Backseminaren vermittle, und mit der ich bislang schätzungsweise 15.000 Baguettes gebacken habe.

Sie weicht in folgenden Punkten von den meisten anderen Techniken ab: Die Teiglinge werden zunächst behutsam zu Kugeln gewirkt und dann zu ovalen Platten ausgezogen, wodurch die Teiglinge bereits eine regelmäßige Grundform haben. Diese werden zu Rollen vorgeformt und nach einer kurzen Teigruhe direkt auf ihre endgültige Länge ausgerollt, ohne die Teiglinge nochmals vorformen zu müssen. Somit entgasen wir den Teig möglichst wenig und erzeugen doch eine hohe Oberflächenspannung, die zu einem großen Gebäckvolumen beiträgt. Anstatt beim Einschneiden das Baguettemesser von Anfang bis Ende im gleichen schrägen Winkel zu halten, drehen wir dieses während des Schneidens ein Stück um die eigene Achse, so dass die Baguettes noch schöner aufreißen.

Den Teig in beliebig viele Stücke teilen. Der Gewichtsverlust beim Backen beträgt bei Baguettes etwa 20 %, so dass wir beispielsweise für eine 250 g-Baguette gut 300 g Teig benötigen. **1** Die Teiglinge vorsichtig zu Kugeln wirken, ohne den Teig zu entgasen: Mit den Fingern ein Stück Teigrand nach außen ziehen, zur Mitte des Teiglings einschlagen und mit den Fingerspitzen andrücken. Diesen Vorgang etwa zehnmal wiederholen und dabei den Teigling jeweils ein Stückchen drehen, bis eine gleichmäßige Kugel entstanden ist. Mit dem Schluss nach unten 15 Minuten ruhen lassen.

2 Die Teigkugeln umdrehen und mit den Händen zu ovalen Teigplatten ausziehen.

3 Zu Teigrollen vorformen: Zunächst eine der Längskanten der Teigplatte ein Stück über den Teigling schlagen und nur mit den Fingerspitzen andrücken, um den Teig möglichst wenig zu entgasen. Diesen Vorgang je nach Größe des Teiglings drei- bis viermal wiederholen. Nun die übrige Teigkante ebenfalls über die Rolle schlagen und gut andrücken. Diese vorgeformten Teigrollen 15 Minuten mit dem Schluss nach unten ruhen lassen.

4 Die Teigrollen mit beiden Händen von der Mitte nach außen unter Verwendung von möglichst wenig oder gar keinem Mehl auf die gewünschte Länge/Dicke ausrollen. Dabei können die Baguetteenden ganz nach Belieben rundlich oder spitz zulaufen. Mit dem Schluss nach unten in Bäckerleinen nochmals 10–15 Minuten ruhen lassen und dann auf ein Backblech setzen. Dies gelingt besonders gut unter Zuhilfenahme einer Kippdiele, doch es funktioniert mit ein wenig Übung auch nur mit den Händen.

5 Für das Einschneiden eignet sich am besten ein spezielles Baguettemesser mit gebogener Rasierklinge. Je nach Länge der Baguettes schneiden wir diese drei- bis sechsmal ein.

Die Einschnitte beginnen und enden jeweils etwa einen Zentimeter von den Außenkanten der Baguettes entfernt. Hierbei hilft, sich Linien parallel zu den Baguettekanten vorzustellen (die gestrichelten Linien auf der Abbildung **6**), zwischen denen dann die Schnitte ausgeführt werden.

Die Einschnitte verlaufen je nach Belieben (von einer Baguettespitze aus gerechnet) in einem Winkel zwischen ca. 130–160°, wobei sich die Schnitte mehr oder weniger überlappen.

Die Klinge zu Beginn senkrecht (oder leicht von unserem Körper weg geneigt) auf den Teigling setzen und den Messergriff während des Schneidens um etwa 45° im Uhrzeigersinn drehen, so dass die Klinge während der einzelnen Schnitte immer schräger in den Teig eindringt. Eine Schnitttiefe von gut 5 Millimetern reicht völlig aus. Das Schneiden sollte zügig erfolgen. Wenn wir den Teigling mit der anderen Hand bei jedem Schnitt an den Außenkanten leicht festhalten, verringern wir die Gefahr, dass der Teig an den Schnittstellen Falten wirft.

1 *Teiglinge vorsichtig zu Kugeln vorformen.*

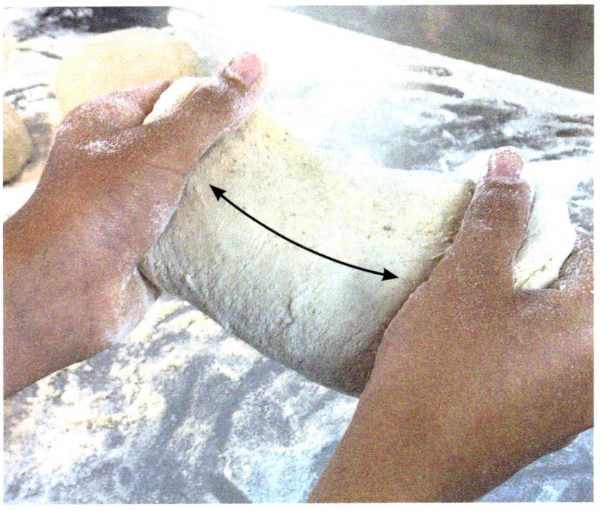

2 *Die Kugeln zu ovalen Platten ausziehen.*

3 *Zu Teigrollen vorformen.*

4 *Die Teigrollen auf die endgültige Länge ausrollen.*

5 *Einschneiden, dabei den Messergriff im Uhrzeigersinn drehen.*

6 *Zwischen zwei gedachten Linien (gestrichelt) die Baguettes einschneiden.*

BLÄTTERTEIG SELBER HERSTELLEN

Blätterteig selbst herzustellen, bedarf durchaus einer gewissen Portion Idealismus. Es ist aber auch reizvoll, sinnlich zu erleben, wie einfach es ist, einen solch vielfältig einsetzbaren Teig, der doch völlig anders funktioniert als nahezu alle anderen Teige, mit nur wenig Arbeit selbst zu produzieren. Darüber hinaus verwenden wir selbstverständlich nur allerbeste Zutaten: Mehl aus der Mühle unseres Vertrauens und reine Butter – kein Billigmehl und kein industriell produziertes Ziehfett. Für die Panini dell' Harry's Bar (Seite 167) müssen wir den Teig ohnehin selbst herstellen.

Blätterteig ähnelt am ehesten einem Plunderteig, auch in der Herstellung. Es gibt jedoch ein paar wesentliche Unterschiede: Blätterteig enthält im Gegensatz zu Plunderteig keine Hefe als Triebmittel – Teigschichten und Teiglockerung entstehen ausschließlich durch den beim Backen entstehenden Wasserdampf. Für Blätterteig wird deutlich mehr Ziehfett verwendet, also Butter, die in den Grundteig eintouriert (eingearbeitet) wird. Außerdem hat Blätterteig deutlich mehr Schichten: Während Plunderteig je nach Verwendung 12 bis 36 Fettschichten aufweist, hat (deutscher) Blätterteig 144 Fettschichten.

Die Grundformel für Standard-Blätterteig ist ganz einfach: 1 Teil Wasser, 2 Teile Mehl, 2 Teile Ziehfett sowie 2 % Salz bezogen auf die Mehlmenge.

Optional kann man dem Grundteig noch etwas Butter, Eigelb oder Zucker beifügen. Dadurch wird der Teig geschmackvoller und geschmeidiger, somit leichter zu verarbeiten, und durch den Zucker bräunt das Gebäck schöner.

Statt Weizenmehl Type 550 kann für Blätterteig auch die haushaltsübliche Type 405 verwendet werden. In diesem Fall können die Ruhezeiten zwischen den Bearbeitungsvorgängen etwas abgekürzt werden. Eine bessere Lockerung werden Sie aber mit Type 550 erzielen, da Teig aus diesem Mehl aufgrund des höheren Klebergehalts ein besseres Gashaltevermögen aufweist.

Die Backtemperatur beträgt für gefüllte Gebäcke (z. B. Strudel, Fruchttaschen) 210 °C, für nicht gefüllte (Tortenböden, Käsegebäck, Blätterteigbrezen, Schweinsohren etc.) 220 °C. Es wird ohne Schwaden gebacken. Die Backdauer liegt je nach Gebäck zwischen etwa 7 und 18 Minuten.

1 *Den Teig gut doppelt so groß wie die Butterplatte ausrollen.*

2 *Für eine einfache Tour den Teig in drei Lagen übereinanderklappen.*

3 *Für eine doppelte Tour zunächst ein Viertel überschlagen, dann den Rest …*

4 *… und nochmals übereinanderklappen.*

Grundrezept Blätterteig

Zubereitungszeit: 15–18 Stunden (netto 45 Minuten)

Für ca. 1 kg fertigen Blätterteig

370 g Weizenmehl 550
185 g Wasser, kalt
7,5 g Salz
400 g Süßrahm-Butter
1 kl. Eigelb (ca. 15 g)
15 g Zucker

Tag 1

GRUNDTEIG

Mehl, Wasser, Salz, 30 g Butter, Eigelb und Zucker in den Teigkessel geben. 2 Minuten langsam, dann 7 Minuten schnell kneten. Zu einer Kugel wirken, in Frischhaltefolie wickeln und über Nacht kühlstellen.

Tag 2

HAUPTTEIG

Die restlichen 370 g Butter zwischen zwei Bögen Frischhaltefolie legen, mit den Handballen zunächst etwas geschmeidig drücken, dann mit dem Nudelholz etwa 8 mm dick ausrollen und für 60 Minuten mitsamt der Folie in den Kühlschrank legen. Bei der Weiterverarbeitung sollten Butter und Grundteig etwa die gleiche Festigkeit haben.

1 Nun den Grundteig etwas mehr als doppelt so groß ausrollen wie die Butterplatte, diese auf eine Teighälfte legen, die andere Hälfte darüber klappen und an den Rändern gut andrücken. Etwas ausrollen, die Teigplatte in Frischhaltefolie hüllen und für 30 Minuten kühlstellen.

Um auf 144 Ziehfettschichten zu kommen, folgen nun 2 einfache und 2 doppelte Touren, die im Wechsel durchgeführt werden. Unter einer einfachen Tour verstehen wir, dass der Teig in drei Lagen, unter einer doppelten Tour, dass der Teig in vier Lagen übereinandergelegt wird. Die Lagen der einzelnen Touren werden miteinander multipliziert: 3 x 4 x 3 x 4 Lagen = 144 Fettschichten.

2 Nach der Kühlphase die Teigplatte unter Verwendung von etwas Mehl auf etwa 8 mm Dicke ausrollen, ein Teigdrittel darüber klappen, dann das andere Drittel. Wichtig ist, dabei das überschüssige Mehl gut mit dem Mehlbesen abzukehren, weil der Teig sich ansonsten nicht so gut verbindet und das Gebäck trocken werden könnte.

Wer weniger geübt ist, rollt den Teig nun wieder etwas aus und stellt ihn gut verpackt kühl. Geübte dagegen schließen direkt die nächste Tour an: Den Teig um 90° drehen und auf 8 mm ausrollen. **3** Ein Viertel des Teiges überschlagen, dann den restlichen Teig. Nicht vergessen, das Mehl abzukehren. **4** Nun nochmals zusammenklappen, den Teig wieder etwas plattdrücken und ausrollen, in Folie hüllen und für 30–60 Minuten kühlstellen.

Es schließen sich nochmals eine einfache und eine doppelte Tour an, wie oben beschrieben. Der Teig ist nun fertig. Vor der Weiterverarbeitung wird der Teig nochmals für 30 Minuten kühlgestellt.

Der Teig kann nun auch – gut eingewickelt – einige Tage im Kühlschrank aufbewahrt oder eingefroren werden: Am Stück oder bereits beliebig dünn ausgerollt und in Portionsstücke geschnitten. Die Teigplatten etwas einmehlen und Frischhaltefolie dazwischenlegen. Selbstverständlich können Sie den Teig auch bereits zu Teiglingen aufarbeiten und diese roh einfrieren.

Tipp

Fertig gebackenes Blätterteiggebäck eignet sich nicht sehr gut zum Einfrieren und Auftauen: Es wird bröselig, die Schichten trennen sich voneinander und die Eistreiche platzt ab.

BRIOCHES FORMEN

Verarbeitung von normalem oder dem Maronen-Briocheteig (Seite 169) zu einigen klassischen Brioche-Formen sowie zu Hamburger-Buns (Seite 212).

Brioches individuelles (kleine Portions-Brioches)

Auf dem Bild auf Seite 169 die kleinen Brioches im Vordergrund.

Diese Brioches sind ideal zum Frühstück oder für Buffets. Sie wiegen etwa 45 Gramm, mithin weniger als klassische Brötchen, sind aber natürlich gehaltvoller. Es lohnt sich, eine größere Menge herzustellen und die Brioches dann einzufrieren. Sie müssen dann zum Frühstück nur noch kurz im Backofen bei etwa 160 °C aufgebacken werden. Brioches individuelles werden in Mini-Brioche-Förmchen gebacken. Auch gibt es Brioche-Formen aus Silikon mit Mulden für 12 Stück. Alternativ kann ein normales Muffin-Blech verwendet werden. Die Förmchen gut mit flüssiger Butter auspinseln.

Zubereitungszeit: 2 ¼ Stunden (netto 30 Minuten)

Für 12 Stück

600 g Brioche-Teig
Eigelb, etwas Sahne, jeweils eine Prise Zucker und Salz für die Eistreiche
etwas Butter zum Ausstreichen der Förmchen

Den Teig nicht akklimatisieren lassen – er ist zwar recht hart, die Verarbeitung etwas anstrengend, aber so lässt er sich bestens verarbeiten, ohne zu kleben. Den Teig in 12 Stücke à etwa 50 g teilen.

Um dann daraus die klassischen Brioches mit dem Knubbel obendrauf zu formen, gibt es drei Möglichkeiten, hier beschreibe ich die einfachste und beste.

1 Die Teiglinge zu Kugeln schleifen. **2** Mit der Handkante (oder bei kleinen Brioches mit einem Kochlöffelstiel) durch Hin- und Zurückrollen eine Rille im Teigling bilden.

Es entstehen zwei durch einen Hals verbundene Kugeln, wobei das Verhältnis der Kugeln etwa bei 1:4 liegen sollte. Nun werden die Teiglinge mit der kleinen Kugel nach oben aufrecht auf die Arbeitsfläche gesetzt, **3** dann wird rund um den Kopf mit einer Fingerspitze eine Rinne gedrückt, in die dann vorsichtig der Kopf etwas hineingedrückt wird. **4** Die Brioches in die Förmchen setzen.

90 Minuten bei Zimmertemperatur gehen lassen. Frühzeitig den Backofen auf 230 °C (Ober-/Unterhitze) vorheizen. Die Zutaten für die Eistreiche gut verquirlen und die Teiglinge damit einpinseln. 12–15 Minuten auf der untersten Schiene backen, bis die Brioches goldbraun sind. Noch lauwarm aus den Förmchen nehmen und auf einem Rost abkühlen lassen.

1 *Den Teig abwiegen und zu kleinen Kugeln schleifen.*

2 *Mit einem Löffelstiel eine Rille bilden.*

3 *Mit einer Fingerspitze rundherum eine Rinne drücken.*

4 *In gut ausgebutterte Förmchen setzen.*

Wer häufig in der Kastenform backt, kann sich aus Pappe eine Schablone herstellen. Diese muss man dann jeweils nur auf das Backpapier legen und die Umrisse anzeichnen, oder aber das Papier direkt mit einem Cutter ausschneiden.

Tipp

Brioche parisienne (Pariser Brioche)

Diese Brioches sind besonders für Desserts geeignet. Die Brioches werden ausgehöhlt und nach Belieben gefüllt, beispielsweise mit frischem Obstsalat, Mousse oder Bayrischer Creme. Das Innere der Brioche kann einfach so gegessen oder für andere Desserts weiterverwendet werden, beispielsweise zerbröselt und goldbraun geröstet als Knuspertopping.

Auf dem Bild auf Seite 169 die Brioche oben rechts.

Zubereitungszeit: 2 ¼ Stunden (netto 15 Minuten)

Pro Stück 300 g Brioche-Teig – je nach Größe der Brioche-Form. Als Faustregel gilt, halb so viel Teig zu verwenden, wie die Backform an Fassungsvermögen aufweist, beispielsweise 300 g Teig für eine 600 ml fassende Form.

Eigelb, etwas Sahne, jeweils eine Prise Zucker und Salz zum Bestreichen
etwas Butter zum Ausstreichen der Form

Den Teig aus dem Kühlschrank holen und direkt, wie unter den „Brioches individuelles" (Seite 208) beschrieben, verarbeiten und in die gut eingebutterte Backform setzen. 90 Minuten bei Raumtemperatur gehen lassen.

Dann die Zutaten für die Eistreiche gut verrühren und die Brioche einpinseln. Nun die große Kugel in regelmäßigen Abständen (etwa bei jeder Rippe der Backform) senkrecht mit einer Rasierklinge oder einem scharfen Messer einschneiden.

In den auf 200 °C (Ober-/Unterhitze) vorgeheizten Ofen einschießen und 35 Minuten backen. Auf die Bräunung achten, die Brioche gegebenenfalls mit Alufolie abdecken.

SO GELINGT DAS AUSHÖHLEN: Man schneidet den Kopf der Brioche ab und höhlt die Brioche vorsichtig aus. Dazu wird mit einem scharfen Sägemesser das Innere bis auf einen etwa 1 cm breiten Außenrand und ebenso dicken Boden herausgeschnitten. Um das Briocheinnere vom Boden zu lösen, wird seitlich unten das Messer waagerecht in die Brioche gestoßen und unter vorsichtigen Sägebewegungen abgeschnitten.

Brioche Nanterre

Sehr leicht herzustellen, wunderbar als luftiges Frühstücksbrot, gut einzufrieren, so hat man immer frische Brioche auf dem Sonntagstisch. Brioches sollten noch lauwarm gut verpackt eingefroren werden. Eine Stunde vor dem Frühstück aus dem Tiefkühlgerät holen und antauen lassen. Im auf 200 °C (Ober-/Unterhitze) vorgeheizten Ofen 10 Minuten aufbacken und lauwarm servieren.

Auf dem Bild auf Seite 169 der Briochelaib in der Bildmitte.

Zubereitungszeit: 3 Stunden (netto 25 Minuten)

Pro Stück 490 g Brioche-Teig (die Menge kann je nach Bodenfläche der Kastenform etwas variieren)

Eigelb, etwas Sahne, jeweils eine Prise Zucker und Salz zum Bestreichen
etwas Butter zum Ausstreichen der Form

Die Kastenform mit Backpapier auslegen. Dazu die Form mittig auf das Backpapier stellen und zunächst den Boden anzeichnen. Dann die Form nacheinander auf alle vier Seitenwände kippen und diese ebenfalls anzeichnen. Mit einer Schere ausschneiden.

Das Backpapier gut einbuttern. Den Teig in 6 Stücke à 70 g sowie 2 Stücke à 35 g teilen. Die Teiglinge zu Kugeln schleifen, die 6 größeren dann etwas länglich rollen. Die Form damit auslegen, wobei die kleinen Kugeln in zwei diagonal gegenüberliegende Ecken kommen.

2 Stunden bei Raumtemperatur gehen lassen. Die Eistreiche anrühren und die Teigoberfläche damit einpinseln. Mit einer Rasierklinge oder einem scharfen Messer alle acht Teigkugeln kreuzweise einschneiden. In den auf 200 °C (Ober-/Unterhitze) vorgeheizten Ofen schieben (untere Schiene) und 35 Minuten backen. Sollte die Brioche zu braun werden, diese mit Alufolie abdecken. Lauwarm aus der Form nehmen, das Backpapier abziehen und auf einem Rost auskühlen lassen.

Hamburger-Brötchen (Buns)

Hamburger-Brötchen aus edlem Brioche-Teig werden heutzutage zu einem geradezu unverzichtbaren Bestandteil unseres Daseins, da Hamburger immer mehr in den Fokus von Gourmets geraten, weg vom bösen Fastfood, hin zur anbetungswürdigen Sterneküche, belegt mit Hummerschwänzen, Bison-Filet, Perigord-Trüffeln und natürlich mit Blattgold garniert ...

Zubereitungszeit: 1 ½–2 Stunden (netto 15 Minuten)

Für 12 Stück

1200 g Brioche-Teig
1–2 Eigelb, etwas Sahne, jeweils eine Prise Zucker und Salz zum Bestreichen
Sesam zum Bestreuen (optional)

Die Teigstücke (jeweils etwa 100 g) zu Brötchen schleifen und etwas plattdrücken. Auf ein mit Backpapier belegtes Backblech setzen. 60–90 Minuten bei Raumtemperatur abgedeckt gehen lassen. Dann mit der Eistreiche einpinseln und nach Wunsch mit Sesam bestreuen.

Das Blech in den auf 200 °C (Ober-/Unterhitze) vorgeheizten Ofen (untere Schiene) schieben. 15–20 Minuten backen, bis die Buns goldbraun sind.

KÜRBISBRÖTCHEN

Woher die Idee ursprünglich stammt, Brot oder Brötchen durch Verschnüren in Kürbisform zu bringen, ist mir nicht bekannt, nur so viel, dass mich meine liebe Backfreundin Gyrit auf die Anleitung auf einem chinesischen Blog aufmerksam gemacht hat. Seitdem geistert diese Idee durch verschiedene soziale Netzwerke – wobei „geistern" durchaus ernst gemeint ist, werden diese Brötchen schließlich mit Vorliebe zu Halloween gebacken.

Zubereitungszeit: 1 ½ Stunden (netto 30 Minuten)

Für 8 Stück (oder entsprechend mehr kleinere)

1 Rezept Hokkaido-Brotteig (Seite 106)
Küchengarn oder Rouladenschnur
etwas Speiseöl
als Stielansätze kleine Zweigstückchen beispielsweise vom Haselnussstrauch

1 Nach der 30-minütigen Teigruhe 8 Stücke à 145 g abwiegen. Man kann den Teig auch vor der Weiterverarbeitung abgedeckt im Kühlschrank ruhen lassen, so lässt sich der Teig noch besser verarbeiten, allerdings verlängern sich dann entsprechend die Garzeiten.

2 Zu Kugeln rundschleifen und etwa 15 Minuten ruhen lassen.

Inzwischen 8 Stücke Küchengarn zu je etwa 105 cm (oder zur Sicherheit etwas länger) abschneiden und in eine Schüssel mit etwas Speiseöl legen. So lassen sich die Schnüre nach dem Backen besser entfernen.

Jeweils ein Stück Küchengarn auf der Arbeitsfläche auslegen und einen Teigling mit dem Schluss nach unten auf die Mitte des Garns legen. **3** Dann wie ein Geschenk kreuzweise verschnüren. **4** Diesen Vorgang wiederholen, so dass 8 Segmente entstehen. Den Küchengarn zwar straff um die Teiglinge wickeln, diese jedoch nicht zu sehr einschneiden, da die Teiglinge dann nochmals gehen müssen.

Das Garn an der Unterseite der Brötchen verknoten und die Garnenden abschneiden.

5 Die Teiglinge mit dem Knoten nach unten nochmals etwa 15–20 Minuten abgedeckt ruhen lassen, bis sie sich flauschig anfühlen.

Auf ein Backblech setzen und in den auf 230 °C (Ober-/Unterhitze) vorgeheizten Ofen einschießen und schwaden. Die Backzeit beträgt etwa 15–20 Minuten.

6 Nach dem Abkühlen die Garne mit einer Schere durchschneiden und vorsichtig entfernen. Kleine Zweigstücke als Dekoration in die Mitte der Brötchen stecken.

1 *Teiglinge à 145 g abwiegen.*

2 *Zu Kugeln schleifen und ruhen lassen.*

3 *Zunächst wie ein Geschenk kreuzweise verschnüren …*

4 *… und diesen Vorgang wiederholen.*

5 *Während der Stückgare entsteht die Kürbisform.*

6 *Die Schnüre durchschneiden und vorsichtig entfernen.*

BACKMALZ SELBST HERSTELLEN

Malzmehl zählt zu den ersten Backmitteln in der Geschichte des Bäckerhandwerks, ist somit ein völlig natürliches Backmittel. Man unterscheidet enzymaktives und enzyminaktives Backmalz.

Enzymaktives Malzmehl dient als Nahrung für die Hefe und beschleunigt die Gärung. Somit werden das Gebäckvolumen, der Geschmack und die Krustenbräunung unterstützt. Hierfür wird das gekeimte Getreide bei maximal 75 °C gedarrt und vermahlen.

Für enzyminaktives Malz wird das gedarrte Getreide zusätzlich geröstet, die Enzyme dadurch inaktiviert. Somit hat das Malz keine Auswirkung mehr auf die Teiggare, dient jedoch einem besseren Geschmack: Es trägt Malz- und Karamellaromen bei.

Sehr dunkel (fast schwarz) geröstetes Malzmehl (auch Farbmalz genannt) sollte sehr sparsam eingesetzt werden, da die Gebäcke ansonsten bitter werden. Es wird vorwiegend dafür verwendet, Brote dunkel zu färben, um den Kunden den Anschein eines besonders gesunden Brotes vorzugaukeln. Das haben wir natürlich nicht nötig, und ich finde Farbmalz ohnehin ziemlich überflüssig. Trotzdem beschreibe ich hier auch die Herstellung dieses natürlichen „Farbstoffes".

Getreide selbst zu mälzen ist völlig simpel, bedarf allerdings mehrerer Tage Zeit. Dafür hält es, in Schraubdeckelgläser abgefüllt, sehr lange.

Das Keimen und Darren des Getreides läuft bei allen Malzarten auf die gleiche Weise ab, also lasst uns beginnen …

1 *Roggenmalz enzymaktiv* 2 *Roggenmalz enzyminaktiv* 3 *Roggenfarbmalz*
4 *Gerstenmalzschrot* 5 *Gerstenmalz enzymaktiv* 6 *Gerstenmalz enzyminaktiv*

7 *Das Getreide in einem Stoffbeutel in einer Schüssel mit lauwarmem Wasser einweichen.*

8 *Zum Abtropfen beispielsweise an einen Wasserhahn hängen.*

Keimen des Getreides

Meist wird für Backmalz Gerste verwendet, doch man kann auch Weizen, Dinkel, Roggen oder Mais keimen lassen. Unbedingt zu beachten ist, dass das Getreide unbehandelt und nicht etwa gespelzt ist, weil dadurch der Keim zerstört worden ist. Gerade Gerste wird häufig bereits vorbehandelt angeboten. Hier hat sich die Gerste der Firma Davert als besonders gut geeignet erwiesen. Die ideale Menge pro Backblech liegt bei 200 g.

Am frühen Abend die Getreidekörner in einen (nicht zu dicht gewebten, möglichst unbedruckten, naturbelassenen) Baumwollbeutel füllen und diesen in eine große Schüssel mit reichlich lauwarmem Wasser hängen. Die Körner mit einer Hand im Beutel/Wasser herumwirbeln, dann den Beutel herausnehmen und etwas abtropfen lassen. Das Wasser abgießen und frisches, lauwarmes Wasser in die Schüssel füllen. Das Getreide mitsamt Baumwollbeutel darin einweichen.

Nach jeweils 1, 2, 3 und 4 Stunden erneut die Körner mit der Hand im Wasser herumrühren und jedes Mal das Wasser wechseln. Das dient dem Ausspülen der sich aus dem Korn lösenden organischen Säuren, welche ansonsten die Keimanlagen „ersticken“ können.

Nach dem vierten Spülvorgang, insgesamt also nach 4 Stunden Einweichzeit, den Beutel aufhängen, eine Schüssel zum Auffangen des Tropfwassers unterstellen, oder aber an der Dusch- oder Badewannenarmatur aufhängen.

Die ideale Keimtemperatur liegt bei 18–20 °C. Ist es zu kühl, dauert das Keimen zu lange, ist es zu warm, könnte das Getreide zu gären beginnen.

Am nächsten Tag morgens, mittags, nachmittags und abends das Getreide im Beutel abbrausen oder in eine Schüssel mit Wasser tauchen, dann wieder aufhängen.

Am Mittag sollten die Keimspitzen schon aus dem Korn hervorgetreten sein.

Ist das nicht der Fall, den Beutel in einen wärmeren Raum bringen. Die Keimlinge sollten nach insgesamt 40 Stunden Keimzeit etwa halb so lang sein wie die Körner, maximal ebenso lang. Sollte das Getreide zu schnell keimen, den Kornbeutel in einen kühleren Raum, im Extremfall in den Kühlschrank legen.

Das Getreide muss unbedingt weiterverarbeitet werden, bevor grüne Sprossen aus den Körnern sprießen. Es empfiehlt sich, die Körner in einem dunklen Raum keimen zu lassen.

1 *Gekeimter Weizen* **2** *Gekeimter Roggen* **3** *Gedarrter Roggen* **4** *Gerösteter Roggen*

Darren/Trocknen

Das mittlerweile gut abgetropfte Getreide wird auf einem Backblech verteilt. Im Ofen bei 65 °C, maximal 75 °C, 1 Stunde trocknen, dabei ab und zu wenden. Hier empfiehlt sich Umluft, die Ofentür sollte einen Spalt breit (Kochlöffel dazwischen klemmen) geöffnet sein.

Enzymaktives Backmalz

Um sicherzugehen, dass das Getreide wirklich trocken ist, lassen wir es noch einige Zeit im ausgeschalteten Ofen. Nach dem Abkühlen fein mahlen (Getreidemühle, Schlagwerk-Kaffeemühle, Thermomix).

Enzyminaktives Backmalz

Nach dem Darren den Ofen auf 140 °C hochschalten, unter gelegentlichem Wenden das Getreide 30–60 Minuten lang rösten. Das Getreide sollte gold- bis dunkelbraun sein und einen süßlich-malzigen Geruch verbreiten. Die Röstdauer hängt vom Ofen und der Getreidesorte ab: Gerste und Weizen benötigen nur 30–45 Minuten, Roggen dagegen eine gute Stunde.

Die Malzkörner können nun in Gläsern aufbewahrt werden und entweder ganz, geschrotet oder fein gemahlen verwendet werden.

Farbmalz

Das gedarrte Getreide mittelgrob schroten und bei hoher Temperatur in eine Bratpfanne geben. Unter ständigem Rühren dunkel rösten. Nach dem Abkühlen mahlen.

Dosierung

Enzymaktives Backmalz einzusetzen, ist nur bei Teigen mit hohem Weizenanteil sinnvoll. Es wird im Teigkessel direkt auf das Mehl gestreut oder mit diesem vermischt. Als Faustregel gilt 1 % Backmalz bezogen auf die Mehlmenge. Es können bis zu 3 % Backmalz verwendet werden.

Bei enzyminaktivem Backmalz als Geschmacksstoff empfehle ich eine Menge bis zu 5 % bezogen auf die Mehlmenge.

Farbmalz nur sparsam verwenden, da das Gebäck sonst bitter wird. Hier empfehle ich maximal 2 % bezogen auf die Mehlmenge.

SERVICE

BEGRIFFSERKLÄRUNGEN

Eine kleine Auswahl von Fachbegriffen, welche in diesem Buch immer wieder auftauchen.

ANSPRINGEN LASSEN: Hefevorteige lässt man gewöhnlich zunächst abgedeckt 1–2 Stunden bei Raumtemperatur stehen, bevor sie zur Teigreife in den Kühlschrank gestellt werden.

ANSTELLGUT: Sauerteig, welcher meist am Vorabend mit Wasser und Mehl verrührt wird und dafür sorgt, dass das Mehl versäuert wird. Vor der Herstellung des Hauptteiges muss eine kleine Menge vom versäuerten Teig abgenommen und im Kühlschrank gelagert werden – außer man hat ohnehin eine größere Menge Anstellgut bevoratet. Diese kleine Teigmenge dient am nächsten Backtag wiederum als Anstellgut.

BRÄUNWISCH (AUCH BROTSTREICHER): Großer Pinsel meist mit Naturborsten. Der Bräunwisch wird in Wasser oder Bäckerglanz getaucht und die Backwaren vor und/oder nach dem Backen feucht abgestrichen, meist, um Glanz zu erzeugen. Der Bräunwisch kann auch anstatt eines Mehlbesens zum Abkehren überflüssigen Mehles auf den Broten verwendet werden.

EINSCHIESSEN: Das Befördern der Backwaren in den Ofen, entweder auf einem Backblech oder unter Zuhilfenahme eines Schießholzes.

SCHIESSHOLZ: Flaches Holzbrett mit Griff oder Stiel. Verwendet man beim Backen auf Backstein, Backstahl oder im Backhaus. Das Brot wird zunächst im Gärkorb mit etwas Mehl bestreut, dann in einer schnellen Bewegung an die vordere Kante auf das Schießholz gestürzt. Das Schießholz wird nun mit der Vorderkante in leicht schrägem Winkel auf den vorgeheizten Backstein, Backstahl oder Backraumboden gesetzt und mit einer schnellen, ruckartigen Bewegung herausgezogen, so dass das Brot auf der richtigen Position im Ofen landet.

SCHLEIFEN: Das Rundwirken von Brötchen. Hierfür wird der Teigling auf die Arbeitsplatte oder eine Handfläche gelegt. Mit der anderen Handfläche wird der Teig nun zu einer Kugel geformt. Zunächst muss die Handfläche flach sein, dann wölbt man sie während des Schleifens. Somit entsteht auf dem Teigling eine Oberflächenspannung.

SCHLUSS: Beim Wirken von Brotlaiben oder dem Schleifen von Brötchen entsteht eine glatte Seite, während die andere Seite eine Nahtstelle (Brote) bzw. eine kleine, trichterförmige Vertiefung (Brötchen) aufweist. Wünscht man, dass die Kruste rustikal aufreißt, werden die Brote mit dem Schluss nach unten in den Gärkorb gelegt, die glatte Seite befindet sich also oben. Möchte man das Brot einschneiden und somit die Kruste gezielt aufreißen lassen, legt man das Brot mit der glatten Seite nach unten in den Gärkorb.

SCHWADEN/ENTSCHWADEN: Bei den meisten Backwaren sollte zu Beginn des Backprozesses der Backraum mit Wasserdampf gesättigt („geschwadet") werden. Das Wasser kondensiert auf der Oberfläche der Backwaren und hält diese zunächst elastisch. Die Gebäcke erhalten ein größeres Volumen, und die Kruste reißt schöner auf. Entschwaden: Nach wenigen Minuten sollte die Backofentür kurz geöffnet („entschwadet") werden, um den überschüssigen Wasserdampf herauszulassen. Dies erübrigt sich beim Backen im Backhaus oder Steinbackofen: Hier sorgen der Backraumboden und das Gewölbe für die Aufnahme überschüssigen Wasserdampfes.

TOURIEREN: Das Einarbeiten von Butter in den Teig für Blätter- oder Plunderteig. Hierfür wird der Teig auf etwa 8 mm ausgerollt und mit der Butter – je nach Rezept in Flocken oder als Butterplatte – belegt, zusammengefaltet und wieder ausgerollt. Dieser Vorgang wird je nach Rezept drei- bis viermal wiederholt. Butter und Teig sollten in etwa gleich fest sein, um ein Reißen des Teiges zu verhindern. Teig und Butter dürfen dabei nicht zu warm werden. Deshalb wird der Teig jeweils nach ein oder zwei Tourievorgängen kühlgestellt.

WIRKEN: Das Formen des Teiglings zu einem runden oder länglichen Laib. Während Bäcker meist zwei Laibe mit jeweils einer Hand gleichzeitig auf der Arbeitsfläche wirken, formen die meisten Hobbybackenden nur einen Laib auf einmal. Hierfür wird jeweils ein Teil des Teigrandes nach außen gezogen, auf die Mitte des Teiglings geklappt und mit den Fingerspitzen etwas angedrückt. Diesen Vorgang so oft wiederholen, bis der Teigling die gewünschte Form und Stabilität angenommen hat, und dabei den Teigling immer ein Stück drehen. Während roggenlastige Teige nur leicht zu Kugeln gewirkt werden müssen, sollten Weizen- und sehr weiche Teige intensiver gewirkt werden, um die Oberflächenspannung zu optimieren.

TIPPS

Immer wieder nachgefragt, und immer wieder erhält man die unterschiedlichsten Antworten. Hier einige Tipps aus meiner persönlichen Erfahrung.

GARTEMPERATUREN: Fast alle Zeitangaben in diesem Buch sind auf die Gare von Vor- und Hauptteigen bei Raumtemperatur ausgelegt, also zwischen 18 und 22 °C. Je nachdem, wie warm Ihr Raum ist, können sich die Gär- und Gehzeiten verlängern oder verkürzen. Sie können dies durch Wahl von kühleren oder wärmeren Plätzen beeinflussen: kühle Kellerräume oder Terrasse/Balkon, Backofen nur mit eingeschalteter Lampe, Heizungskeller, auf dem Fensterbrett bei laufender Heizung u.a.

In der Regel werden Hefevorteige zunächst für 1–2 Stunden abgedeckt bei Raumtemperatur gelagert, damit der Vorteig mit der geringen Menge an Frischhefe „anspringt", also die Vermehrung der Hefe angeregt wird. Dann kommt der Vorteig in den Kühlschrank, um ihn langsam reifen zu lassen. Im Winter, wenn der Keller kühl ist, zwischen 12 und 16 °C, lasse ich Hefevorteige von Anfang an über Nacht dort gehen, ohne sie in den Kühlschrank zu stellen. Meist wird die Krume der Gebäcke dann lockerer.

GÄRKÖRBE: Die Gärkörbe werden mit Mais- oder Kartoffelstärke eingerieben. Die Stärke bildet dann die eigentliche Trennschicht zwischen Korb und Laib. Die Teiglinge mit etwas Mehl abstreuen, bevor sie in den Gärkob gelegt werden.

Bei besonders weichen oder klebrigen Teigen legen wir den Gärkorb zuvor mit einem Teigtuch aus, welches ebenfalls mit Stärke eingerieben wurde.

Die übrige Stärke kann in den Körben verbleiben und wird vor dem nächsten Backen wieder im Korb verrieben, gegebenenfalls durch etwas weitere Stärke ergänzt.

Klebt doch einmal Teig im Gärkorb fest, diesen trocknen lassen und dann mechanisch entfernen. Ab und zu die Gärkörbe nach dem Backen in die Resthitze (80–90 °C) des Ofens oder Backhauses legen. Damit reduzieren Sie die Gefahr eines Schädlingsbefalls.

EINFRIEREN/AUFTAUEN: Die Backwaren vollständig auskühlen lassen, in Gefrierbeutel geben und einfrieren.

Große Gebäcke wie Brot unbedingt im Beutel auftauen lassen, weil sie ansonsten austrocken, bei Raumtemperatur oder im Mikrowellengerät bei Auftaufunktion. Kleingebäck wie Brötchen oder Baguettes aus den Gefrierbeuteln nehmen, mit dem Bräunwisch oder feuchten Händen rundum abstreichen und so lange antauen lassen, bis der Ofen die richtige Temperatur erreicht hat.

Für Brote den Backofen auf volle Temperatur (Ober-/Unterhitze oder Umluft) vorheizen. Die Brote auf einem Gitterrost 5–7 Minuten so lange aufbacken, bis die Kruste knusprig ist. Bei niedrigerer Temperatur und somit längerer Backzeit trocknen die Brote zu sehr aus. Mit dieser Methode werden Sie keinen Unterschied zu frisch gebackenen Broten feststellen.

Für Kleingebäck je nach gewünschter Bräune den Ofen auf 160–200 °C (Ober-/Unterhitze oder Umluft) vorheizen. Etwa 3–5 Minuten aufbacken. Bei halbgebacken eingefrorenen Kleingebäcken erhöht sich die Backzeit auf 5–10 Minuten.

Brot kann auch gut scheibenweise eingefroren und dann portionsweise entnommen werden. Die Brotscheiben ohne Auftauen im Toaster oder auf einem Gitterrost im vorgeheizten Ofen rösten. So bleibt das Brot innen saftig und wird außen knusprig.

BROT AUFBEWAHREN

TUCH: Am liebsten wickle ich Brot in ein eng gewobenes Geschirrtuch oder gebe es in einen speziellen Brotsack aus Leinen. Das Brot wird dann mit der Schnittfläche nach unten gelagert. Das Brot trocknet zwar schneller aus, bleibt aber meist knusprig und neigt kaum zu Schimmelbildung.

BROTTOPF AUS STEINGUT ODER KERAMIK: Ein recht gutes Behältnis, allerdings sollten Brottöpfe je nach Witterungsverhältnissen etwa einmal pro Woche mit Essigwasser ausgerieben werden, da ansonsten gerade feuchte Brote leicht schimmeln. Brottöpfe mit unglasierter Innenseite nehmen besser überflüssige Feuchtigkeit aus den Broten auf, sind aber nicht ganz so hygienisch.

BROTKÄSTEN/-DOSEN AUS HOLZ: Darin halten Brote relativ gut, aber nicht ideal. Das Holz nimmt zwar Feuchtigkeit auf, ist aber schwierig zu reinigen. Auch Brotkästen sollten ab und zu mit Essigwasser ausgerieben werden, welches jedoch in das Holz einzieht. Brotkästen aus Zirbenholz halten das Brot lange frisch, da das Holz antibakterielle Stoffe enthält, allerdings muss man damit rechnen, dass das Brot den Zirbenholzgeschmack annimmt.

PAPIER/BROTPAPIER: Manche Bäckereien verkaufen ihre Brote in mit Plastik beschichtetem Papier. Darin halten die Brote, mit der Schnittfläche nach unten gelagert, relativ gut ohne zu schimmeln, trocknen allerdings auch recht schnell aus. Umweltfreundlich sind solche Papiere nicht. Eine etwas bessere Lösung sind unbeschichtete Papiere wie Packseide.

BACKBLOGS

WWW.BROTHANDWERKER.DE

Mein eigener Blog mit teils außergewöhnlichen Rezepten für Brot, Klein- und Knabbergebäck sowie einigen süßen Backwaren. Jedem Rezept ist ein PDF mit einem exakten Zeitplan hinterlegt. Außerdem finden Sie auf meinem Blog die mit vielen Fotos versehene Entstehungsgeschichte meines Backhauses vom ersten Spatenstich bis zum fertigen Brot.

Die Blogs meiner BackfreundInnen sind in der Reihenfolge unseres persönlichen Kennenlernens aufgeführt.

WWW.PLOETZBLOG.DE

Lutz Geißler muss man wirklich niemandem mehr als den führenden Brotblogger im deutschsprachigen Raum, Perfektionisten und Buchautor vorstellen. Kurz nach Erscheinen seines ersten Buches haben wir in meinem Backhaus einen Tag lang gemeinsam gebacken.

WWW.BROTDOC.COM

Der brotbackende Mediziner, Buchautor, wandelndes Fachlexikon und Freund Björn Hollensteiner. Bei meinen privaten Backtreffen ist er als stets gut gelaunter Alphabäcker nicht mehr wegzudenken. Zusammen mit Lutz Geißler gründete Björn die Facebookgruppe „Angebacken", mittlerweile fusioniert mit Katja Schmids Backgruppe „mipano – gemeinsam gutes Brot backen".

WWW.CHILI-UND-CIABATTA.DE

Petra Holzapfel ist das Urgestein unter den Brotbloggern, und sehr viele Hobbybrotbäcker haben schon frühzeitig nach ihren Rezepten gebacken und sich Anregungen geholt. Heute überwiegen auf Petras Blog ausgefallene Kochrezepte aus der ganzen Welt.

WWW.SCHELLIKOCHT.DE

Manfred Schellin ist ebenfalls ein wandelndes Lexikon, speziell was Sauerteige und deren Verarbeitung betrifft. Manfred gibt auch online sein Fachwissen weiter.

WWW.BROTBACKLIEBEUNDMEHR.COM

Valesa Schell führt neben ihrem Blog auch die derzeit größte Facebookgruppe „brotbackliebe ... und mehr" zum Brotbacken, aber auch mit interessanten Kochrezepten. Außerdem publiziert sie ebenfalls bei Ulmer Brotbackbücher.

WWW.HOMEBAKING.AT

Dietmar Kappl gilt als einer der besten Bäcker Österreichs. Neben zahlreichen Backrezepten gibt es auch Tabellen und viele nützliche Tipps u.a. zu Gebäckfehlern.

BEZUGSQUELLEN

Zahlreiche Grundzutaten, welche für die Rezepte in diesem Buch benötigt werden, sind in meinem Onlineshop (www.backhausladen.de) erhältlich. Daneben gibt es auch Back- und Küchenzubehör, handgefertigte Holzschneidebretter, Brotmesser der Franz Güde GmbH u.a. Angeschlossen ist auch meine auf Brotbackbücher spezialisierte Online-Buchhandlung www.backbuchladen.de.

ERRATA/DRUCKFEHLER

Über diesen QR-Code oder www.brothandwerker.de/errata gelangen Sie auf eine Seite mit Fehlerkorrekturen, welche Sie direkt abrufen und in Ihr Buch eintragen können.

DER AUTOR

Matthias Loidl ist Antiquar. Seine Leidenschaft für das Brotbacken entdeckte er bereits mit 15 Jahren. 2010 errichtete er ein Dorfbackhaus, in dem er regelmäßig für Nachbarn und Freunde backt. Seit 2015 betreibt er den Blog „Brothandwerker“ mit Schwerpunkt auf Broten mit Zutaten aus Garten und Natur.

DANKSAGUNGEN

BACKEN

Meine Lieblingsbackfreundin Monika Moehwald-Doelz hat viele Rezepte nachgebacken, wobei ihr meine Rezepte grundsätzlich besser gelingen als mir selbst. Sie hat dabei Geschmack und Rezepttauglichkeit getestet. Von Monika habe ich viele Anregungen für dieses Buch erhalten. Zahlreiche Rezepte haben wir – über Chat verbunden – synchron gebacken und währenddessen live entwickelt. Dabei hat sie mir viel Input gegeben. Außerdem hat mir Monika immer wieder Wildkräuter und andere Zutaten geschickt sowie Dekomaterial für die Fotos.

Mein damaliger Lieblingsbackfreund Dominik Hinmüller war gerade mal zwölf Jahre alt, als er für dieses Buch insgesamt drei Rezepte in elf Varianten gebacken hat: Pyrenäisches Zwiebelbrot, Grissini und die Panini dell' Harry's Bar. Natürlich nach meinen Rezepten, doch völlig eigenständig, mit außerordentlichem handwerklichen Geschick und eigenen Verbesserungsvorschlägen. Ich freue mich, dass seine Backwerke nun in diesem Buch abgebildet sind. Außerdem hat Dominik mit seiner guten Intuition die Reihenfolge der Rezepte festgelegt, ist somit auch für das äußere Erscheinungsbild des Buches maßgeblich verantwortlich.

ANREGUNGEN UND SONSTIGE UNTERSTÜTZUNG

Wertvolle Ideen für dieses Buch habe ich von Ur-Brot-Bloggerin Petra Holzapfel erhalten (Frühlingszwiebelbrot, Vogelmiere-Kubaneh), außerdem von Meisterbäcker und Brot-Sommelier Tobias Exner (Erbsenbrot) sowie Sternekoch Thomas Kellermann (Selleriebrot). Von meinem lieben Freund und Lieblingskoch Toni Krank habe ich immer wieder Tipps zu Geschmackskombinationen und Zubereitungsmethoden erhalten. Anna Hellmann hat mir Kräuter aus ihrem Bauerngarten sowie Tipps gegeben, und Manfred Kuscher, der „Gwexhauskoch“ hat mich bezüglich Zutaten aus der Natur beraten. Kochen ist zwar kein Backen, aber von Tim Mälzer und seiner Sendung „Kitchen impossible“ habe ich ebenfalls einige Anregungen übernommen (Wildsamen, Birkenwasser, Laub). Last but absolut not least danke ich Milena Drefke. Sie hat unglaublich viel Zeit investiert, indem sie das vollständige Buchmanuskript mit großem Herz und Sachverstand vorlektoriert hat.

DEKORATION

Lisei Albert hat mir für die Fotos in diesem Buch zahlreiche wertvolle, teils über 100 Jahre alte und teils handgefertigte Stoffe und Tücher zur Verfügung gestellt. Außerdem ist sie mit mir immer wieder durch die Natur gestreift, um Wildkräuter und Hopfensprossen zu sammeln sowie Trüffel zu suchen. Schreinermeister Heinz Meier-Echtler fertigt nicht nur die wunderschönen Schneidebretter aus heimischen Edelhölzern für meinen Onlineshop, sondern er hat auch die Holzuntergründe für die Fotos vorbereitet. Die in diesem Buch abgebildeten Brotmesser hat mir die Franz Güde GmbH zur Verfügung gestellt. Hier danke ich besonders K.-Peter Born für seinen persönlichen Einsatz.

FOTOS UND VERLAG

Ohne Jean-Claude Winkler wäre dieses Buch bei Weitem nicht das, was es nun ist. Wir haben hervorragend Hand in Hand gearbeitet, hatten sieben zwar sehr lange und stressige, aber vor allem äußerst harmonische gemeinsame Shooting-Tage. Alleine mit ihm wieder zusammenzuarbeiten wäre es wert, ein weiteres Backbuch zu schreiben. Matthias Ulmer und seinem Verlagshaus danke ich sehr, dass sie sich auf dieses ungewöhnliche Buchprojekt eingelassen haben. Vor allem Lisa Seibel ist zu verdanken, dass man sich als Autor in diesem Verlag heimisch und sehr gut betreut fühlt, und sie hatte es nicht leicht mit mir: Meinem Hang zum Perfektionismus, meinen vielen Bedenken und ständig neuen Ideen ist sie stets ebenso bravourös, geduldig wie freundschaftlich begegnet. Außerdem danke ich Produktionsleiter Volker Hühn und Außenlektorin Claudia Boss-Teichmann für die hervorragende Zusammenarbeit und Kommunikation.

SCHNELL NACHGESCHLAGEN

Bildquellen

Alle Fotos stammen von Jean-Claude Winkler (www.jean-claudewinkler.com) mit Ausnahme der folgenden:
Titelfoto: Sylwia Gervais
Matthias Loidl: S. 185, 189, 191, 196, 198, 199, 201, 203, 205 (alle), 206 (alle), 208, 209 (alle), 210 (alle), 213 (alle), 214, 215 (alle), 216

Impressum

Die in diesem Buch enthaltenen Empfehlungen und Angaben sind vom Autor mit größter Sorgfalt zusammengestellt und geprüft worden. Eine Garantie für die Richtigkeit der Angaben kann aber nicht gegeben werden. Autor und Verlag übernehmen keine Haftung für Schäden und Unfälle. Bitte setzen Sie bei der Anwendung der in diesem Buch enthaltenen Empfehlungen Ihr persönliches Urteilsvermögen ein.
Der Verlag Eugen Ulmer ist nicht verantwortlich für die Inhalte der im Buch genannten Websites.

Anmerkung zur Schreibweise (Gendering) der weiblichen, männlichen und unbestimmten Form: Ausschließlich aufgrund der deutlich besseren Lesbarkeit wird in diesem Werk auf die jeweilige Mehrfachnennung oder Anpassung der Schreibweise bestimmter Bezeichnungen verzichtet.

BIBLIOGRAFISCHE INFORMATION DER DEUTSCHEN NATIONALBIBLIOTHEK
Die Deutsche Nationalbibliothek verzeichnet diese Publikation in der Deutschen Nationalbibliografie; detaillierte bibliografische Daten sind im Internet über http://dnb.d-nb.de abrufbar.

Wollgrasweg 41, 70599 Stuttgart (Hohenheim)
E-Mail: info@ulmer.de
Internet: www.ulmer.de
Projektleitung: Lisa Seibel
Lektorat: Claudia Boss-Teichmann
Herstellung: Judith Schumann
Umschlag-Gestaltung: Anette Vogt, red.sign, Stuttgart
Layout und Satz: Susanne Junker, red.sign, Stuttgart
Reproduktion: timeray, Jettingen
Druck und Bindung: Firmengruppe APPL, aprinta druck, Wemding
Printed in Germany

ISBN 978-3-8186-1166-8